21 世纪全国高职高专市场营销类规划教材

市场营销实务

主　编　薛长青
副主编　金　晗　程莉莎

内 容 简 介

市场营销是一门以经济科学、行为科学、管理理论和现代科学技术为基础，研究以满足消费者需求为中心的市场营销活动及其规律性的综合性应用科学。本书依据高职高专教育的培养目标和人才培养模式的基本特征，围绕适应社会需要和职业岗位群的要求，坚持以提高学生的整体素质为基础，以培养学生的应用能力、创新能力和综合能力为主线，确立内容体系。本书从职业岗位能力要求和企业市场营销工作过程出发，将全部内容分为概论篇、分析篇、战略篇和策略篇4个部分，具体包括市场营销学概论、市场营销新发展、市场营销环境分析、消费者市场与组织市场购买行为分析、市场营销调研和预测、目标市场营销战略、市场竞争营销战略、产品策略、定价策略、分销策略、促销策略共 11 个学习单元。本书在科学阐述西方市场营销理论的基础上，坚持理论联系实际，结合当前我国企业市场营销面临的现实问题，通过精选大量案例，设计实训任务，引导学生分析讨论案例，完成实训任务，从而使学生在掌握营销理论与方法的基础上，重点培养自己的实践能力。

本书适用于高等职业技术院校相关专业市场营销课程的教学，也可作为企业市场营销培训及自学用书。

图书在版编目（CIP）数据

市场营销实务/薛长青主编．—北京：北京大学出版社，2009.8
（21 世纪全国高职高专市场营销类规划教材）
ISBN 978-7-301-15502-8

Ⅰ．市… Ⅱ．薛… Ⅲ．市场营销学—高等学校：技术学校—教材 Ⅳ．F713.50

中国版本图书馆 CIP 数据核字（2009）第 116612 号

书　　　名：	市场营销实务
著作责任者：	薛长青　主编
责任编辑：	成　淼
标准书号：	ISBN 978-7-301-15502-8/F・2248
出　版　者：	北京大学出版社
地　　　址：	北京市海淀区成府路 205 号　100871
网　　　址：	http://www.pup.cn
电　　　话：	邮购部 62752015　发行部 62750672　编辑部 62765126　出版部 62754962
电子邮箱：	xxjs@pup.pku.edu.cn，hwy@pup.pku.edu.cn
印　刷　者：	三河市博文印刷有限公司
发　行　者：	北京大学出版社
经　销　者：	新华书店
	787 毫米×980 毫米　16 开本　18 印张　393 千字
	2009 年 8 月第 1 版　2018 年 5 月第 5 次印刷
定　　　价：	38.00 元

未经许可，不得以任何方式复制或抄袭本书之部分或全部内容。

版权所有，侵权必究
举报电话：010-62752024；电子邮箱：fd@pup.pku.edu.cn

前　　言

市场营销既是市场营销专业的核心课程，也是其他工商管理类专业普遍开设的专业课程。高职高专教学的目标是培养高素质、高技能型人才，教学理念要突出技能与操作训练。本书立足于高职高专市场营销课程教学改革的实际需要，按照"基于职业能力的培养目标"和"以岗位为基础，以能力为本位"的原则，在教学内容与课程设计上坚持将营销理论与营销实践密切结合，注意突出职业和岗位特色，通过分析讨论精选案例和设计典型营销岗位工作任务的实训与演练，培养学生的实际操作能力。本书科学、合理地抓住了理论教学内容和基本方法、基本技能知识之间的结合点，在编写过程中主要体现了以下几个特点。

（1）定位准确。本书专门针对高职高专院校市场营销专业及开设本课程的其他相关专业而开发。全书内容由4篇11个学习单元组成。每一个学习单元都包含基础知识、案例分析、技能训练、单元测试4个模块，彻底打破传统教科书的编排模式，实现了从内容到形式的创新，更符合高职高专教学改革的要求。

（2）突出实用性。本书对理论方面不求系统、完整、深化，而求实用。一些概念直接给出定义；原则、原理一类知识从简，侧重技能、技巧等知识的运用。

（3）注重配套性。本书针对高职高专学生的特点，配有相应的案例分析、技能训练、配套习题，同时提供大量背景知识链接、图文并茂，增强趣味性、可读性，可以激发学习兴趣，满足学生学习的心理需求。

（4）强化技能训练。本书通过设计实际工作任务，将所学知识和案例分析总结的经验、方法和技巧加以灵活运用，从而教会学生应该如何做，注重职业岗位能力的培养。

本书编写力求反映高职高专课程和教学内容改革方向，贴近职业岗位需要，突出理论知识应用和实践技能培养。本书给出的章前引例和章后案例都具有较强的针对性，不仅能够从现实中印证理论，而且可以引导学生进行思考和分析，对增强感性认识、提高解决实际问题的动手能力有积极的意义。

本书由薛长青担任主编，负责设计全书结构与编写大纲，并完成总纂及定稿；由金晗、程莉莎担任副主编。具体编写分工为：薛长青编写单元一至单元三，金晗编写单元四至单元七，程莉莎编写单元八至单元十一。本书在编写过程中，参考了大量的相关教材和著作，并得到了北京大学出版社的大力支持，在此一并表示衷心的感谢。

由于编者水平有限，加之编写时间仓促，书中难免存在疏漏之处，敬请广大读者批评指正。

编　者

2009 年 5 月

目 录

概 论 篇

单元一 市场营销学概论 ... 3
 模块一 基础知识 ... 5
  一、市场的含义 ... 5
  二、市场营销的含义 ... 5
  三、市场营销核心概念 ... 6
  四、市场营销观念 ... 7
  五、市场营销管理 ... 9
 模块二 案例分析 ... 12
  案例一 ... 12
  案例二 ... 12
 模块三 实训练习 ... 14
  实训一 ... 14
  实训二 ... 15
 模块四 单元测试 ... 15

单元二 市场营销新发展 ... 18
 模块一 基础知识 ... 20
  一、整合营销 ... 20
  二、服务营销 ... 22
  三、关系营销 ... 24
  四、内部营销 ... 26
 模块二 案例分析 ... 28
  案例一 ... 28
  案例二 ... 33
 模块三 实训练习 ... 37
  实训一 ... 37
  实训二 ... 37
 模块四 单元测试 ... 38

分 析 篇

- 单元三 市场营销环境分析 ... 43
  - 模块一 基础知识 ... 46
    - 一、宏观营销环境 ... 47
    - 二、微观营销环境 ... 55
    - 三、环境分析与营销对策 ... 56
  - 模块二 案例分析 ... 60
    - 案例一 ... 60
    - 案例二 ... 62
    - 案例三 ... 64
  - 模块三 实训练习 ... 67
    - 实训一 ... 67
    - 实训二 ... 67
  - 模块四 单元测试 ... 68
- 单元四 消费者市场与组织市场购买行为分析 ... 70
  - 模块一 基础知识 ... 71
    - 一、消费者市场购买行为分析 ... 72
    - 二、组织市场购买行为分析 ... 80
  - 模块二 案例分析 ... 86
    - 案例一 ... 86
    - 案例二 ... 87
    - 案例三 ... 89
  - 模块三 实训练习 ... 92
    - 实训一 ... 92
    - 实训二 ... 92
    - 实训三 ... 93
  - 模块四 单元测试 ... 93
- 单元五 市场营销调研与预测 ... 96
  - 模块一 基础知识 ... 98
    - 一、市场营销调研 ... 99
    - 二、市场需求的测量与预测 ... 103

模块二　案例分析 110
　　　　案例一 110
　　　　案例二 113
　　模块三　实训练习 114
　　　　实训一 114
　　　　实训二 115
　　　　实训三 116
　　模块四　单元测试 116

战　略　篇

单元六　目标市场营销战略 121
　　模块一　基础知识 124
　　　　一、市场细分 125
　　　　二、目标市场选择战略 131
　　　　三、市场定位战略 136
　　模块二　案例分析 141
　　　　案例一 141
　　　　案例二 142
　　　　案例三 145
　　　　案例四 148
　　模块三　实训练习 150
　　　　实训一 150
　　　　实训二 150
　　模块四　单元测试 151

单元七　市场竞争营销战略 154
　　模块一　基础知识 156
　　　　一、市场竞争者的识别 156
　　　　二、竞争优势分析 160
　　　　三、竞争战略定位及实施 168
　　模块二　案例分析 175
　　　　案例一 175
　　　　案例二 178

模块三　实训练习 180
　　　　实训一 180
　　　　实训二 180
　　模块四　单元测试 181

策　略　篇

单元八　产品策略 185
　　模块一　基础知识 187
　　　　一、产品的整体概念 187
　　　　二、产品组合策略 188
　　　　三、产品生命周期 189
　　　　四、品牌策略 191
　　　　五、包装策略 193
　　模块二　案例分析 194
　　　　案例一 194
　　　　案例二 197
　　　　案例三 200
　　　　案例四 203
　　模块三　实训练习 204
　　　　实训一 204
　　　　实训二 204
　　　　实训三 205
　　模块四　单元测试 205
单元九　定价策略 208
　　模块一　基础知识 211
　　　　一、影响定价的因素 211
　　　　二、定价方法 212
　　　　三、定价策略 213
　　　　四、价格变动策略 216
　　模块二　案例分析 218
　　　　案例一 218
　　　　案例二 220

案例三 222
　模块三　实训练习 223
　　　实训一 223
　　　实训二 224
　　　实训三 224
　　　实训四 225
　模块四　单元测试 225

单元十　分销策略 228
　模块一　基础知识 230
　　　一、分销渠道 230
　　　二、分销渠道的层次 231
　　　三、分销渠道的宽度 232
　　　四、影响分销渠道选择的因素 232
　　　五、分销渠道的设计 233
　　　六、中间商类型 234
　模块二　案例分析 237
　　　案例一 237
　　　案例二 239
　　　案例三 241
　模块三　实训练习 246
　　　实训一 246
　　　实训二 247
　　　实训三 247
　模块四　单元测试 247

单元十一　促销策略 250
　模块一　基础知识 253
　　　一、促销和促销组合 253
　　　二、广告策略 253
　　　三、人员推销策略 255
　　　四、营业推广策略 256
　　　五、公共关系策略 259
　模块二　案例分析 263
　　　案例一 263

案例二 266
　　　案例三 269
　模块三　实训练习 272
　　　实训一 272
　　　实训二 273
　　　实训三 273
　模块四　单元测试 274
参考文献 277

概论篇

市场营销是一门以经济科学、行为科学、管理理论和现代科学技术为基础，研究以满足消费者需求为中心的市场营销活动及其规律性的综合性应用科学。目前，市场营销的应用范围越来越广泛，不仅应用于生产领域，而且扩展到了服务领域，甚至是社会领域、政治领域等各个领域。

随着市场营销环境的不断变化和营销实践的迅速发展，市场营销理论蓬勃发展，有关市场营销的一些新动向、新问题不时被提出，逐渐形成一些新概念、新理论，并持续推动市场营销不断地发展。

单元一　市场营销学概论

学习目标：

1. 能够解释市场及市场营销的含义。
2. 能够阐明市场营销的核心概念。
3. 能够认识市场营销观念的演变过程，树立现代市场营销观念。

引例

福特的经营观念

美国汽车大王福特，在生产他那闻名世界的 T 型汽车时，步入了自我意识的陈旧观念泥潭，从而使福特汽车公司在 20 世纪 20 年代初期处于无所适从的十字路口。

1908 年，福特突然宣布，他的公司日后将只生产一种汽车，即 T 型汽车。T 型汽车在当时的确集中了先前所有各种型号汽车的优点。而且直到第一次世界大战结束，T 型车的销售量逐年增加，而价格则逐年下降。对于这种汽车的赞扬声来自四面八方，甚至创立于 1924 年的美国税收上诉委员会（BTA）也在 1928 年回顾说，T 型车"是一种很好的经济实惠的汽车。它的声誉极好，各阶层的人都使用它。它是市场上最便宜的汽车，而按它的价格来说，它的实用价值又超过任何别的汽车。T 型车市场的需求量比任何公司的汽车市场需求量都大"。

然而，对于在发生变化的汽车工业中的竞争条件，以及逐渐增长的城市居民的多样化消费需求心理，福特的适应能力则差一些。第一次世界大战后，经济繁荣了一阵子，但到 1920—1921 年出现了大衰退。福特通过大幅度降低成本勉强渡过了这个难关。但是，20 世纪 20 年代初期的汽车市场竞争激烈，主要来自占市场销售额大约 20% 的通用汽车公司。通用汽车公司希望继续扩大市场占有额，增加了产品系列，利用独立部门销售，以适应不同的市场；雪佛莱是低价车，接着是别克、奥尔兹和庞蒂别克，最后则是最为昂贵和豪华的卡迪拉克。

补锅匠出身的老福特认为，对付竞争的唯一办法是遵循洛克菲勒和卡内基的先例，降低 T 型汽车的成本。这一方针的焦点是在底特律附近鲁日河边建立一个巨大的中心生产工厂，一年 365 天，每天都能以较低的成本生产出更多的汽车。然而，到 1923 年，情况已经很清楚，福特的低价政策并没有吸引买主，他的个人统治为他带来的好处也不及通用汽车公司权力分散的管理制度为扩大销售量带来的好处。

通用汽车公司扩展市场的策略基于美国人买车的赊购方法以及更重要的生活习惯——每一两年改变一下汽车的式样。而在福特的生产和经营观念中，这是十足的邪门歪道。福特汽车公司的高级职员敦促福特改变他的基本方针，以便更好地应付竞争，甚至福特的夫人也劝告他不要再固执己见。但是福特拒绝了，他争辩道："我们希望造出某种永远能用下去的机器，我们希望买了我们一件产品的人永远不需要再买另一件。我们决不会做出使先前样式废弃不用的任何改进。"

他这样做的直接后果是他的大多数助手纷纷离去以及销售量的大幅度下降。到1927年，他把所有34家工厂关闭6个月，以便重新安排生产。但是关闭以后整整有一年时间生产没有全面展开。到1936年，在轿车销售量方面，他的公司屈居第三，排在通用汽车公司（占34%）和克莱斯勒（占25%）之后。

1927年以后，通用汽车公司的实力表现在每年大张旗鼓地介绍新式汽车，研究及试制行驶性能更好的封闭汽车，以及精明老练地处理二手车的业务。而福特则喜欢取笑这些科学的管理制度。他把组织系统表比作一棵树，认为"结满累累的果实，每个果子上写了一个人或一个机构的名字，每个人都有头衔和一些职责，他们都严格受到果实大小的限制……"。一个下级职员要把信息传递给董事会主席或总裁大约需要6个星期，而到那个时候，他要报告的事很可能已成为历史。

亨利·福特不仅仅是补锅匠，他还是处于农村和城市之间的美国人的代表性人物。他的价值标准根植于农村，他所理解的城市，大规模生产的价值，是越来越多人买得起这些产品（T型车在1925年降到290美元的历史最低价），买卖中不做手脚，以及卖主和买主的长久关系；他提供服务也大体上符合农村的良好传统。然而，对于T型车而言，福特收到了最糟的宣传效果——不满意的顾客。因为有些城市的价值标准与农村的价值标准是完全不同的。

降低汽车价格是有限度的，这种限度却很少适用于西尔斯、彭尼、洛克菲勒和卡内基出售的低价商品。因为人们的价值观念、消费观念是变化的，而且是迅速变化的，到20世纪20年代，汽车已成为美国人个性的延伸。随着城市居民第一次超过农村居民，美国人发出了要求体现个性的呼声，而这在渴望自由呼吸的城市大街上拥挤的人群中曾受到长期的压抑。

统一样式的T型汽车，用福特本人的说法就是："任何顾客都可以把他的车子漆上他喜欢的颜色，只要它是黑色的就行。"而通用汽车公司的口号则是："为不同经济能力的人和不同用途提供汽车。"在这一口号下，通用汽车公司提供给顾客的是大家都买得起的形形色色的汽车。而福特公司在老福特的错误观念引导下，一直只生产一种型号的汽车，甚至只生产一种颜色——黑色的汽车，最终导致它在当时激烈的市场竞争中败下阵来。直到1947年福特去世以后，他的公司改变策略，才重新获得了它早期那种在经济上的领先地位。

（资料来源：市场营销学60例. http://www.iboss.cn/bbs/attachment.php?aid=1355）

市场营销活动是在一定经营观念指导下进行的,因此,准确把握市场营销的核心概念,正确认识市场营销的重要作用,全面理解现代市场营销观念的内涵,对更好地进行市场营销、加强经营管理、提高经济效益具有重要意义。

模块一 基础知识

一、市场的含义

市场营销,从字面上理解可以是与市场相关的活动,因此,首先需要了解什么是市场。在一般消费者看来,市场是商品交换的场所,买卖双方在一定时间聚集在这个场所一起进行交换。

经济学家从宏观的角度来看,市场是供求关系的总和,是社会分工和商品生产的产物。

市场营销学家从微观的角度来看,市场是指某种产品的现实购买者和潜在购买者需求的总和。市场由三个因素统一构成,缺一不可,即:有某种需要的人,为满足这种需要的购买能力,购买欲望。只有三者结合起来才能构成现实的市场,才能决定市场的规模和容量(见图1-1)。

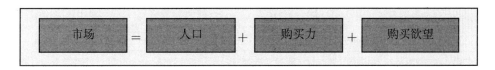

图1-1 市场的含义

二、市场营销的含义

市场营销是从英文 Marketing 一词翻译过来的。市场营销是指以满足人类各种需要和欲望为目的,通过市场将潜在交换变为现实交换的一系列活动和过程。

正确理解市场营销的概念,要把握以下3点。

1. 市场营销是企业有目的、有意识的活动行为。
2. 市场营销的最终目标是满足需要和欲望。
3. 交换是市场营销的核心,是满足双方需要和欲望的社会过程和管理过程。

三、市场营销核心概念

（一）需求

需求（Demand），是指有支付能力和愿意购买某种物品的欲求。可见，消费者的欲望在有购买力做后盾时就变成为需求。因此，市场营销者不仅要了解有多少消费者欲求其产品，还要了解他们是否有能力购买。

将需要、欲望和需求加以区分，其重要意义就在于阐明这样一个事实，即：需要存在于市场营销活动出现之前，市场营销者并不创造需要；市场营销者，只是影响了人们的欲望，并试图向人们指出何种特定产品可以满足其特定需求，进而通过使产品富有吸引力，适应消费者的支付能力且使之容易得到，从而影响需求。

（二）产品

产品是指用以满足消费者需求的任何事物，产品包括有形的与无形的。有形产品是为顾客提供服务的载体。无形产品（或服务）是通过其他载体，诸如人、地、活动、组织和观念等来提供的。产品是为了满足顾客需求，如果只注重产品而忽视消费者需求，就会产生"市场营销近视症"。

（三）交换

人们有了需求和欲求，企业亦将产品生产出来，还不能解释为市场营销，产品只有通过交换，才能使市场营销产生。

> **小链接：**
> 一个饿汉可以通过打猎、捕鱼或采集野果来充饥。这个人不必与其他任何人发生联系。在这种情况下，既没有市场，更无所谓市场营销；第二种方式是强制取得，一个饿汉可以从另一个人那里夺取或偷得食物，对另一个人而言，除了可能未被伤害之外，毫无益处；第三种方式是乞讨，一个饿汉可以向别人乞讨食物，除了一声"谢谢"之外，乞讨者没有拿出任何有形的东西作回报；第四种方式是交换，一个饿汉可以用自己的钱、其他物品或服务与拥有食物的人进行交换。
>
> （资料来源：佩勒尔特. 市场营销学基础. 北京：机械工业出版社，2002.）

所谓交换，是指通过提供某种东西作为回报，从别人那里取得所需物的行为。人们获得所需产品可以通过四种方式：自产、强取、乞讨、交换。产品只有通过交换，买卖双方彼此获得所需的产品，才产生市场营销。

交换发生必须具备 5 个条件。
1．有两个或两个以上的买卖者。
2．交换双方都拥有对方认为有价值的东西。
3．交换双方都拥有沟通信息和向另一方传送货物或服务的能力。
4．交换双方都可以自由接受或拒绝对方的产品。
5．交换双方都认为值得与对方进行交换。

四、市场营销观念

（一）生产观念

生产观念是指导销售者行为的最古老的观念之一，是一种以生产为中心的市场营销观念。企业经营不是从消费者需求出发，而是从企业生产出发。其主要表现是"我生产什么，就卖什么"，是一种重生产、轻市场的观念。例如，美国汽车大王亨利·福特曾傲慢地宣称："不管顾客需要什么颜色的汽车，我只有一种黑色的。"这就是这种观念的典型表现。显然，生产观念是一种重生产、轻市场营销的商业哲学。

（二）产品观念

产品观念是一种相对较早的企业经营观念，也是重生产、轻营销的观念。产品观念认为，消费者最喜欢高质量、多功能和具有某种特色的产品，企业应致力于生产高值产品，并不断加以改进。

> **小链接：**
>
> 杜邦公司在 1972 年发明了一种具有钢的硬度，而重量只是钢的 1/5 的新型纤维。杜邦公司的经理们设想了大量的用途和一个 10 亿美元的大市场，然而这一刻的到来比杜邦公司所预料的要长得多。因此，只致力于大量生产或精工制造而忽视市场需求的最终结果是其产品被市场冷落，使经营者陷入困境。
>
> （资料来源：王俊杰，徐风华．如何提高销售能力．北京：机械工业出版社，2008．）

在这种观念的指导下，企业最容易导致"市场营销近视"，即把注意力放在产品上，而不是放在市场需求上，在市场营销管理中缺乏远见，只看到自己的产品质量好，看不到市场需求在变化，致使企业经营陷入困境。

小链接：

美国爱尔琴钟表公司自1869年创立到20世纪50年代，一直被公认为是美国最好的钟表制造商之一。该公司在市场营销管理中强调生产优质产品，并通过由著名珠宝商店、大百货公司等构成的市场营销网络分销产品。1958年之前，公司销售额始终呈上升趋势。但此后其销售额和市场占有率开始下降。造成这种状况的主要原因是市场形势发生了变化：这一时期的许多消费者对名贵手表已经不感兴趣，而趋于购买那些经济、方便、新颖的手表；而且，许多制造商迎合消费者需要，已经开始生产低档产品，并通过廉价商店、超级市场等大众分销渠道积极推销，从而夺得了美国爱尔琴钟表公司的大部分市场份额。美国爱尔琴钟表公司竟没有注意到市场形势的变化，依然迷恋于生产精美的传统样式手表，仍旧借助传统渠道销售，认为自己的产品质量好，顾客必然会找上门。结果，致使企业经营遭受重大挫折。

（资料来源：市场营销学60例. http://www.iboss.cn/bbs/attachment.php?aid=1355）

（三）推销观念

推销观念产生于资本主义国家由"卖方市场"向"买方市场"过渡的阶段。推销观念是一种以销售为中心的市场营销观念，其具体表现为"我卖什么，顾客就买什么"。推销观念认为，消费者通常有一种购买惰性或抗衡心理，如若听其自然，消费者就不会自觉地购买产品，因此企业必须积极推销和大力促销，以诱导和刺激消费者购买产品。

（四）市场营销观念

市场营销观念是一种以目标消费者需求为导向的市场营销观念。20世纪50年代，社会生产力迅速发展，市场趋于供过于求的买方市场，消费者购买力大幅度提高，需求不断发生变化，对产品的选择和挑剔进一步增强。因此，企业之间的竞争更加激烈，许多企业开始认识到，必须转变经营观念：只有从消费者的需求出发，提供能够满足消费者需求并令其满意的产品和服务，才能求得生存和发展。市场营销观念认为，实现企业目标的关键在于正确确定目标市场及其需求，一切以消费者为中心，其具体表现为"顾客需要什么，我就生产什么"。在这种观念的指导下，企业对市场进行调研，确定自己的目标市场，提供满足消费者需求的产品和服务，以满足目标消费群的需求。

小链接：

日本本田汽车公司要在美国推出一种雅阁牌新车。在设计新车前，他们派出工程技术人员专程到洛杉矶地区考察高速公路的情况，实地丈量路长、路宽，采集高速公路的柏油，拍摄进出口道路的设计。回到日本后，他们照此专门修了一条9英里长的高速公路，就连路标和告示牌都与美国公路上的一模一样。在设计行李箱时，设计人员意见有分歧，他们就到停车场看了一个下午，看人们如何放取行李。这样一来，意见马上统一起来。结果本田公司的雅阁牌汽车一进入美国市场就备受欢迎，被称为"全世界都能接受的好车"。

（资料来源：汽车市场营销.http://www.3722.cn/softdown/list.asp?id=220650）

（五）社会市场营销观念

社会市场营销观念是以社会长远利益为中心的市场营销观念，是对市场营销观念的修改和补充。社会市场营销观念要求市场营销者在制定市场营销政策时，要统筹兼顾三方面的利益，即企业利润、消费者需要的满足和社会利益。

上述生产观念、产品观念和推销观念属于早期传统的企业经营理念，而市场营销观念和社会市场营销观念则是符合现代市场经济条件和人类社会发展要求的新的企业经营理念。作为企业经营指导思想，两者在经营活动的出发点、经营中心、经营手段等方面有显著区别（见表1-1）。

表1-1 新旧营销观念的区别

区 别	旧 观 念	新 观 念
出发点不同	企业	市场
中心不同	现有产品	顾客需要
手段不同	推销及促销	整体营销
终点不同	通过销售获得利润	通过顾客满意获利

五、市场营销管理

市场营销管理是为了实现企业目标，创造、建立和保持与目标市场之间的互利交换关系，而对设计方案进行的分析、计划、执行和控制。市场营销管理的本质是需求管理。

市场营销管理的任务，就是为促进企业目标的实现而调节需求的水平、时机和性质，其实质是需求管理。根据需求水平、时间和性质的不同，市场营销管理的任务也有所不同。

（一）负需求

负需求，是指绝大多数人对某种产品感到厌恶，甚至愿意出钱回避它的一种需求状况。此时，市场营销管理的任务是改变市场营销，即分析人们不喜欢这些产品的原因，并针对目标顾客的需求重新设计产品、定价，作更积极的促销，或改变顾客对某些产品或服务的观念，把负需求转变为正需求。

> **小链接:**
>
> 欧美人对动物内脏很反感,不喜欢吃动物内脏。如何改变这个负需求呢?专家做了个实验:他们找来了40个家庭主妇,将之分为两个小组。专家告诉第一小组的20个人,运用传统的方式怎样把动物的内脏做成菜,怎样做才好吃。而他们则和第二小组的20个家庭主妇在一块座谈,在聊天中告诉她们动物内脏富含哪些矿物质,对人体有哪些好处,并赠送了相应的菜谱。一个月后,第一小组只有5%的家庭妇女开始食用动物内脏,第二小组有30%的妇女食用动物内脏。
>
> (资料来源:张先云.市场营销学.北京:机械工业出版社,2003.)

(二)无需求

无需求,是指目标市场顾客对某种产品毫无兴趣或漠不关心。通常情况下,市场对下列产品无需求。

1. 人们一般认为无价值的废旧物资。如大多数人对垃圾是没有需求的。
2. 人们一般认为有价值,但在特定市场无价值的东西。如洗衣机、冰箱、电视等大家电在家庭中已经处于饱和状态时,家庭对这些产品就没有需求。
3. 新产品或消费者平常不熟悉的物品等。如农场主对一件新式农具可能无动于衷。

此时,市场营销管理的任务是刺激市场营销,即通过大力促销及其他市场营销措施,努力使产品所能提供的利益与人们的自然需要和兴趣联系起来。如果企业面临的是一种对某种产品或服务无需求的市场状况,营销人员必须有针对性地采取有效的措施来创造需求。

(三)潜伏需求

潜伏需求,是指相当一部分消费者对某物有强烈的需求,而现有产品或服务又无法使之满足的一种需求状况。此时,市场营销管理的重点就是开发潜在市场。

(四)下降需求

下降需求,是指市场对一个或者几个产品的需求呈下降趋势的一种需求状况。人们对一切产品和劳务的兴趣和需求,总会有发生动摇或下降的时候。此时,市场营销管理的任务是重振市场营销,即分析需求衰退的原因,进而开拓新的目标市场,改进产品特色和外观,或者采用更有效的沟通手段来重新刺激需求,使产品开始新的生命周期,并通过创造性的产品再市场营销来扭转需求下降的趋势,使人们已经冷淡下去的兴趣得以恢复,即实行恢复性营销。

（五）不规则需求

不规则需求，是指某些产品或服务的市场需求在一年不同季节，或一周不同日子，甚至一天不同时间上下波动很大的一种需求状况。如运输业、旅游业、娱乐业都有这种情况。此时，市场营销管理的任务是协调市场营销，即通过灵活的定价策略、多样的促销策略及其他刺激手段来改变需求的时间模式，鼓励淡季消费，使产品或者服务的市场供给与需求在时间上协调一致，使不规则需求转为均衡需求。

例如，酒店有着明显的淡旺季，客人的需求不规则，一般4月、5月、9月、10月为最高峰，12月、1月为低峰（淡季）。饭店管理者必须通过灵活的价格及其他方法来调整供求关系，实施与不规则的淡旺季同步的营销方案，比如实行淡季价格与旺季价格；冬季养客，夏季吃客等。

（六）充分需求

充分需求又称饱和需求，是指某种产品或者服务的目前需求水平和时间等于预期的需求水平和时间的一种需求状况。这是企业最理想的一种需求状况。此时，市场营销管理的任务是维持市场营销，即努力保持和不断提高产品质量，密切关注市场营销环境的变化，经常测量消费者满意程度，通过降低成本来保持合理的价格水平，并激励推销人员和经销商大力推销，尽可能长时间地维持目前需求状态。

（七）过量需求

过量需求，是指某种物品或者服务的市场需求超过了企业所能提供或者愿意提供的水平的一种需求状况。过量需求可能是暂时性缺货，也可能是价格太低，还可能是由于产品长期过分受欢迎所致。此时，市场营销管理的任务是及时降低市场营销，即通过提高价格，合理分销产品，适量减少服务和促销等措施，暂时或永久降低市场需求水平；或者是设法降低来自盈利较少或服务需要不大的市场的需求水平。

（八）有害需求

有害需求，是指市场对某些有害物品或服务的需求。有害需求的产品或服务对消费者、社会公众或供应者有害无益，如毒品、黄色书刊、色情服务等，都受到社会公众的反对和抵制。此时，市场营销管理的任务是反市场营销，即劝说喜欢有害产品或者服务的消费者放弃这种爱好和需求，大力宣传有害产品或者服务的严重危害性，大幅度提高价格，以及停止生产供应等。

模块二 案例分析

案例一

美国皮尔斯堡面粉公司经营理念的转变

美国皮尔斯堡面粉公司，于1869年成立，从成立到20世纪20年代以前，这家公司一直沿用"本公司旨在制造面粉"的口号。因为在那个年代，人们的消费水平很低，面粉公司无须太多宣传，只要保持面粉质量，降低成本与售价，销量就会大增，利润也会增加，而不必研究市场需求特点和推销方法。1930年前后，美国皮尔斯堡公司发现竞争加剧，销量开始下降。为扭转这一局面，公司第一次在内部成立商情调研部门，并选派大量推销员，扩大销售量，同时把口号变为"本公司旨在推销面粉"，更加注意推销技巧，进行大量广告宣传，甚至开始硬性兜售。然而随着人们生活水平的提高，各种强力推销未能满足顾客变化的新需求，这迫使面粉公司从满足顾客心理向实际需求的角度出发，对市场进行分析研究。1950年前后，公司根据战后美国人的生活需要，开始生产和推销各种成品和半成品的食品，使销量迅速上升。

1958年后，公司着眼于长期占领市场，着重研究今后3～30年的市场消费趋势，不断设计和制造新产品，培训新的推销人员。

（资料来源：万方数据. http://d.wanfangdata.com.cn/Periodical_ncbst200103009.aspx）

思考题：

1. 分析是什么原因促使皮尔斯堡公司的营销观念发生了转变。
2. 根据这一转变，说明市场营销观念的转变和各阶段的特点。
3. 根据该公司的转变，说明这对我国企业有何借鉴意义。

案例二

英国雷利自行车公司的兴衰

英国雷利自行车公司是成立于1887年的世界老字号自行车生产商。雷利自行车公司自成立以来，由于生产的自行车质量好而饮誉世界。以前，人们若能有幸拥有一辆雷利自行车，就如获至宝，引以为豪。不少买了雷利自行车的顾客，即使使用了六七十年，车子仍十分灵巧。有这样一个事例，某位顾客在1927年以9英镑买下一辆雷利自行车，直到1986年还每天在骑，仍舍不得把它以古董的高价卖出去。雷利自行车成为高质量的代名词，它行销世界各地，尤其在欧美更是抢手货。

然而，随着时间的推移，市场需求却在悄悄地发生变化，而此时的雷利公司仍固守原来的经营理念，没有什么创新。自行车是作为一种方便、灵活的交通工具流行起来的，但到了20世纪六七十年代，比自行车更理想的交通工具——轿车，在一些经济发达国家开始普及。自行车与轿车相比，就显得速度慢、活动半径小。所以消费者纷纷选购轿车作为自己便利的交通工具，自行车消费陷入低潮，雷利自行车也难逃此运。

另外，在新技术的冲击下，发达国家中自行车主要消费者——青少年的消费偏好也发生了很大变化。以往，16岁以下青少年购买雷利自行车的，约占英国国内自行车消费量的70%；而现在，青少年感兴趣的已是电子游戏机了。在欧美工业化国家中，自行车即使免费赠送给青少年，也未必受欢迎。青少年消费偏好的这一变化，给雷利自行车带来了很大的打击。面对变化了的市场，许多精明的企业家或进行多角化经营，分散经营风险；或根据市场的新情况研制、开发新产品，增强企业的生存能力与发展能力。在自行车行业，一些富有开拓精神的企业家，很快设计生产出新型的自行车，使它集游玩、体育锻炼、比赛于一体。这样一来，自行车又很快成为盈利丰厚的"黄金商品"。如美国的青少年，迷上这种多功能自行车的比比皆是，购买一辆新车需200～300美元，一顶头盔约150美元，各种配套用品约250美元，更换零件平均约100美元，这种连带消费，使那些应变能力强、率先开发出新式自行车的厂商财源滚滚。

然而，雷利公司却一直坚持"坚固实用"的生产经营理念。直到1977年，实在很难再维持下去，它才投资筹建成千上万的自行车比赛队，想让雷利自行车在体育用品市场上大显身手。1980年，雷利自行车终于成为自行车大赛的冠军车，因此名声大振，当年在法国销售达4万辆。雷利公司尝到甜头后，便集中力量发展作为体育运动器械用的自行车，想借此重振雄风。谁料天公不作美，1986年夏天，北欧各国一直是阴雨绵绵、寒冷潮湿的天气，使自行车运动无法进行，购买自行车的人锐减，造成雷利自行车积压严重，公司周转资金严重不足。

亚洲一些国家和地区的自行车业的崛起和低价销售，也使雷利自行车不得不退出传统而利润丰厚的美国等市场，从而加快了它衰落的步伐。雷利自行车原来有30%是出口外销的，其出口目标主要是欧美国家，特别是美国市场。但20世纪80年代以后，亚洲一些国家、地区的厂商以低廉的价格和灵活多样的行销方式，相继夺走了雷利自行车在欧美的市场份额。例如，一度风行美国的花式自行车，每年都可销售几百万辆。这本来是雷利自行车公司的传统市场，但在台湾省厂商与美国行销商的默契合作下，这笔生意却被台湾厂商抢走了。他们采取台湾生产商品，挂上美国商标的推销方法。台湾的自行车厂家由于对美国市场不太了解，不想为自己的商标花重金进行广告宣传，于是将自行车直接以出厂价供给美国的经销商。美国经销商再将这些自行车运回美国，打上自己的商标然后出售。这种自行车销价低且质量可靠,很快在市场上打开了销路。到1986年,这种自行车在美国的销售量达580万辆。

雷利自行车公司不仅失去了欧美的自行车市场,而且也失去了第三世界的自行车市场。以往,尼日利亚年均进口雷利自行车都达数万辆。1986年以后,英国与尼日利亚两国关系日渐恶化,尼日利亚政府对英国设置贸易壁垒,从而使雷利自行车无法进入这一市场。而且,祸不单行,两伊战争爆发后,昔日雷利自行车的另一大买主——伊朗,由于战争原因,几乎全部停止了雷利自行车的进口。此外,往日的财政困难、产品积压、人员过剩等一系列问题日趋严重,使得雷利自行车出口更加困难。

(资料来源:谢卫民.工业企业管理基础知识.北京:浙江大学出版社,2008.)

思考题:

1. 分析营销环境对雷利自行车公司的影响,并根据你对未来环境发展变化趋势的判断,提出你对自行车行业发展的建议。
2. 雷利自行车衰落的原因是什么?给我们哪些启示?

模块三 实 训 练 习

实训一

【实训目的】

1. 建立市场营销的基本概念。
2. 形成现代市场营销观念。
3. 建立营销职业意识,学习用市场营销的思想分析问题。

【组织方式】

根据班级学生人数来确定数个小组,每一小组人数以4~8人为宜。小组中要合理分工。在教师指导下进行选题并分别采集不同的资料和数据,以小组为单位组织研讨,在充分讨论的基础上,形成小组的课题报告。

【实训内容】

1. 综合认识市场营销职业

(1) 目前对从事市场营销职业的种种称呼;

(2) 市场营销职业涉及的行业,在该行业的受重视程度;

（3）市场营销各职业岗位的主要工作任务；
（4）从事市场营销职业需要掌握的核心技能要求和综合素质要求。
2．营销基本原理的应用
结合地区经济发展的状况，对一具体的企业市场行为进行调查，应用营销基本原理分析其企业行为的科学性。

实训二

【实训目的】

1．能够分析市场需求的状态。
2．能够根据需求状态，明确市场营销管理的任务。

【组织方式】

根据班级学生人数来确定数个小组，每一小组人数以4～8人为宜。各小组收集资料并进行分析，结合PPT演示，以课堂讲演的方式完成。

【实训内容】

1．在市场上寻找八种不同需求状况的具体表现，可附以照片。
2．针对具体产品或服务的需求状况寻求具体的市场营销管理任务。
3．将需求状态的具体情况、照片及相应的市场营销管理任务制成PPT。

模块四　单 元 测 试

（一）名词解释

市场　需求　市场营销学　社会市场营销观念　潜伏需求　过量需求　不规则需求　交换　有害需求

（二）单项选择题

1．在社会营销观念中所强调的利益是（　　）。
　　A．企业利益　　　　　　　　　　B．消费者利益
　　C．社会利益　　　　　　　　　　D．企业、消费者与社会的整体利益
2．一种观点认为，只要企业能提高产品的质量、增加产品的功能，便会顾客盈门。这种观念就是（　　）。

A．生产观念　　　　B．产品观念　　　　C．推销观念　　　　D．市场营销观念
3．最容易导致企业出现市场营销近视症的经营思想是（　　）。
   A．生产观念　　　　B．产品观念　　　　C．推销观念　　　　D．营销观念
4．生产观念产生的条件是（　　）。
   A．买方市场　　　　B．卖方市场　　　　C．工业品市场　　　D．消费品市场
5．为了适应社会对于环境保护的要求，许多企业主动采取绿色包装以降低白色污染。这种做法反映了企业的（　　）。
   A．社会营销观念　　B．销售观念　　　　C．市场观念　　　　D．生产观念
6．在无需求情况下，市场营销管理的任务是（　　）。
   A．改变市场营销　　　　　　　　　　　B．刺激市场营销
   C．开发市场营销　　　　　　　　　　　D．协调市场营销
7．市场营销观念的核心是（　　）。
   A．推销已经生产出来的产品　　　　　　B．发现并设法满足消费者的需要
   C．制造质优价廉的产品　　　　　　　　D．制造大量产品并推销出去
8．生产观念强调的是（　　）。
   A．以量取胜　　　　B．以廉取胜　　　　C．以质取胜　　　　D．以形象取胜
9．执行推销观念的企业，其口号是（　　）。
   A．我们生产什么就卖什么　　　　　　　B．我们卖什么就让人们买什么
   C．市场需要什么就生产什么　　　　　　D．好酒不怕巷子深
10．市场营销管理的实质是（　　）。
   A．需求管理　　　　B．产品管理　　　　C．顾客管理　　　　D．市场管理

（三）多项选择题

1．传统的营销管理指导思想包括（　　）。
   A．生产观念　　　　B．产品观念　　　　C．推销观念
   D．市场营销观念　　E．社会市场营销观念
2．从营销的角度看待市场，市场是由（　　）、（　　）和（　　）有机组成的总和。
   A．供求　　　　　　B．人口　　　　　　C．场所
   D．购买力　　　　　E．购买欲望
3．社会营销观念强调（　　）利益、（　　）利益和（　　）利益的协调一致。
   A．社会　　　　　　B．银行　　　　　　C．消费者
   D．公众　　　　　　E．企业和职工

（四）简答题

1. 如何正确理解市场的含义？
2. 市场营销学的学科性质与研究对象分别是什么？
3. 推销观念是在什么背景下产生的？它与市场营销观念有何不同？
4. 新旧两类营销观念的区别何在？

单元二　市场营销新发展

学习目标：

1. 能结合市场营销理论知识，在实践中应用整合营销。
2. 能根据具体的行业，灵活运用服务营销。
3. 能运用关系营销，协调各环节的关系。
4. 能够理解内部营销的实质，根据企业具体情况合理运用内部营销相关理论。

引例

携程网（ctrip.com）卖的是什么？

携程网（简称携程）是一家吸纳海外风险投资组建的旅行服务公司，创立于1999年年初，主要的投资者有美国凯雷集团（Carlyle Group）、日本软银（Softbank）、美国国际数据集团（IDG）、上海实业、美国兰花基金（Orchid）及香港晨兴集团（Morningside）等。它是国内最大的旅游电子商务网站，最大的商务及度假旅行服务公司，提供酒店、机票、度假产品的预订服务，以及国内、国际旅游实用信息的查询。

携程网于1999年10月接受IDG的第一轮投资，次年3月接受以软银集团为首的第二轮投资，2000年11月收购国内最早、最大的传统订房中心——现代运通，成为中国最大的宾馆分销商，并在同月接受以凯雷集团为首的第三轮投资，三次共计吸纳海外风险投资近1800万美元；2001年10月携程实现赢利；2002年4月收购了北京最大的散客票务公司——北京海岸航空服务公司，并建立了全国统一的机票预订服务中心，在十大商旅城市提供送票上门服务。

携程网的交易额、毛利、会员数以及宾馆业务连年呈直线快速上升。公司在30个月内实现了赢利，2002年10月的交易额突破1亿元，其中酒店预订量达到了18万间夜。2002年全年的交易额超过10亿元，其中网上交易额达到40%。到2002年12月止，携程网拥有注册会员超过500万人，其中使用过携程网服务及产品的常用客户约50万人。

互联网时代，每个公司都是以同样——屏界面的方式展现在消费者面前。这一点非常容易引起人们的错觉，前台看来好像每个公司都差不多，实际上相互间的差距可谓山高水远，网站之间真正比拼的是其后台。尽管任意一个人都可以建立一个网站，号称可以提供相关服务，但最后决定胜负的还是企业的整体实力。

携程网创业就像小时候做数学题一样，从最简单的入手。携程网先从酒店订房开始，这是携程网的"初级版本"。相对订票，订房是更为简单直接的切入点。只要顾客在网上拿到订房号，自己带着行李入住即可。所以第一年携程网集中全力打通酒店订房环节。这种"帮人订房"的"简单工作"，或许是很多海归所不屑的。但是，"不要忘了，你是在中国，要服务的是中国大众"。

"上市公司的股价你无法控制，但是你可以不断地把公司的核心竞争力加强再加强。只要是金子总会发光。"给核心竞争力加分的秘诀在于"细节"。

比如，携程网从2004年前开始的"预留房"服务。目前有800个酒店为携程网协议保留一定数量的预留房。在洽谈这个条款时，携程网并没有期望能马上得到回报。但是其意义却非同一般。它保证了携程网的酒店订房业务在旅游旺季依然能够游刃有余，更为携程网的长期竞争力或者说携程股票的长期不俗表现加分。

2004年10月19日，携程旅行网和携程翠明国旅在上海召开新闻发布会，正式对外宣布推出全新360°度假超市，超市"产品"涵盖海内外各大旅游风景点，旅游者可以根据自己的出游喜好自由选择搭配酒店、航班等组合套餐。面对国内发展迅猛的旅游市场，度假超市的推出对整个国内旅游业的发展起到积极而深远的影响。

随着国内旅游者出游频率的逐年增加，旅游者的旅游经验日趋丰富，旅游者的旅游需求也在不断提高，传统旅行社组团在个性化、自由度方面已无法满足现代游客的出游需求。在此背景下，以"机票+酒店"套餐为主的自助游产品应运而生，即旅游网站等给游客提供机票和酒店等旅游产品，由旅游者自行安排行程。自由行的出游模式已逐渐成为人们出行的一个热门选择。

面对旅游市场这一新的变化，国内许多旅游企业开始新一轮的排兵布阵，携程网也将度假业务的重点放在自助游。携程网执行副总裁范敏介绍，针对市场上自助游产品线路少、产品单一的状况，2004年10月推出的360°度假超市主要是由携程翠明提供的自助旅游产品和携程网自行开发的"机票+酒店"套餐产品构成。携程网依托与酒店、航空公司以及中国香港、新加坡、马来西亚等当地旅游局的合作伙伴关系，通过强大的技术力量搭建了度假产品查询、预订界面的度假超市。整个"超市"包括香港、马尔代夫、普吉岛、巴厘岛、三亚、广西、云南、滨海假期等几十个自由行精品店，每个"精品店"内拥有不同产品的组合线路至少5条以上。另外，度假超市为旅游者同时提供了景点门票等增值服务以及众多的可选项服务，旅游者可以根据时间、兴趣和经济情况自由选择希望游览的景点、入住的酒店以及出行的日期。

目前携程网已把酒店、机票预订拓展到境外，可预订的海外酒店就超过500家。

这比一般旅行社的数字都要大。由于携程网保持了电子商务公司的性质，在未来发展中，其酒店预订、机票预订以及旅游项目三块主业，无一不促使其和相应传统渠道存在特殊的关系：既竞争抢食，又合作发展。为此，携程开始在度假旅行方面下工夫，并推出一些组合性的套餐产品：预先帮客户设计了一些可供选择的方案，客户可以据此安排自己的行程。度假旅行属于自助游的范畴，我国自助游的发展空间很大，在未来自助游将会成为主流。相比传统旅行社，携程的优势很明显。首先携程网的成本比他们低得多，另外自助游的选择也很多，按传统方式操作，客户很难在短时间内全面了解清楚，而在网上一切就方便多了。还有，携程网的散客量很大，一年有 50 万人订房，100 万人订票，没有一间传统旅行社能达到这样的规模。同时，携程对传统旅行社还是充满兴趣的。

在美国纳斯达克成功上市后，携程网目前已经发展成为国内最大的旅游电子商务网站和最大的商务及休闲度假旅行服务公司。在酒店预订和机票预订获得双丰收后，2004 年 2 月，携程网与上海翠明国旅合作并将其正式更名为携程翠明国际旅行社，全力进军度假市场领域。

（资料来源：郭松克. 市场营销学. 广州：暨南大学出版社，2008.）

模块一　基　础　知　识

一、整合营销

整合营销，是指一种对各种营销工具和手段的系统化结合，根据环境进行即时性的动态修正，以使交换双方在交互中实现价值增值的营销理念与方法。

（一）整合营销的特征

1. 以消费者为核心。
2. 以建立资料库为基础。
3. 核心工作是培养真正的消费者价值观。
4. 以一致的信息为支撑点进行传播。
5. 以各种传播媒介的整合运用为手段进行传播。

（二）整合营销的优点

1. 符合社会经济发展潮流及其对企业市场营销所提出来的新要求。
2. 有利于配置企业资源，优化企业组合，提高企业的经济效益。

3．有利于企业更好地满足消费者的需求，有利于企业的持续发展。
4．有利于从观念到行为的整合。
5．有利于企业上下各层次的整合。
6．有利于企业各个部门的整合。
7．有利于营销策略的整合。
8．有利于企业长远规划与近期活动的整合。
9．有利于企业开展国际化营销。

（三）影响整合营销执行的因素

从整合营销执行的过程看，影响营销计划方案执行的因素主要来自实施、评价和反馈三方面的能力，集中体现为以下4个要素。

1．营销贯彻技能

企业营销计划自最高层和营销部门起，由少数人的无形的思想，转变成企业全体相关人员的行动，并最终形成预期的成果。要使这种贯彻执行快捷、有效，企业的功能、规划、政策层次都必须运用一套技能，即分配、监控、组织和配合。

2．营销诊断技能

当营销执行的结果偏离预期目标，或是在向预期目标前进中遇到越来越大的阻力时，首先要判断问题是出现在营销计划本身还是执行不力。其次要确认问题所在并采取对策解决。

3．问题评估技能

营销执行中的问题可能发生在3个层次：一是行使营销功能的一层，如广告代理、经销商；二是营销规划一层，即各种营销功能和资源的组合；三是营销政策一层。层次越向后，解决时涉及的范围越大，难度也越高。在问题发现后就应评定问题所处的层面及解决中可能涉及的范围。

4．评价执行结果技能

营销活动整体的目标，必须分成各个阶段的目标和各部门、各小组的目标才能有效实施。对各分目标完成结果和进度的评价是否及时准确，是能否对营销活动实施控制和调整的前提，也是营销活动能否正确贯彻的保证。

（四）整合营销执行过程

确立整合营销目标后，应将整合营销计划转化为行动和任务的部署，确保营销执行，以实现营销计划所制订的目标。完成的整合营销执行过程，要注意以下4项内容。

1．资源的最佳配置和再生

资源包括企业运用于整合营销活动的人力、物力、财力等资财总和，也包含信息和时间。在整合营销执行过程中，要实现资源的最佳配置，一方面要利用内部资源运用主体的竞争，实现资源使用的最佳效益；另一方面要利用最高管理层和各职能部门，形成对稀缺资源的规管，组织资源共享，在最大限度上避免资源浪费。

随着营销活动的展开，资源在被耗用的同时又得到更新、积蓄，新的储备和现有资源交织在一起，又会形成将来资源的储备，以进一步展开将来的营销目标。资源的再生现象，使资源成为联结营销现时和未来目标的媒介，在营销目标规划中，应充分考虑到资源所起的动态相辅和动态相成的作用效果。

2．人员的选择、激励

整合营销执行需要企业大量人员参与和推动，人是实现整合营销目标的最能动的因素。整合营销常以非长期的团队小组来执行其分目标，这就需要员工有较高的合作能力和综合素质，并配以激励机制，以强化人员信心，发挥其主观能动性，促使创新性变革的产生。

3．学习型组织

整合营销团队既具有自身独特的营销目标，又要服务于统一的企业营销目标，二者之间存在一定的冲突和矛盾。整合营销团队具有动态性特点，而组织角度又要求其具有稳定性。要解决这两对矛盾，达到局部目标和整体目标的统一、内核稳定性和外壳流动性的统一，必须运用学习型组织的理论。

4．监督管理机制

整合营销的实施同样离不开监督管理，与其他组织实施监督管理不同的是，整合营销监督管理划分管理层次，注重监督管理内在化。尽管整合营销团队拥有相对独立的行动和自我监管权力，但是仍存在最高层的终端控制，在整合营销团队行动严重脱离企业目标时，最高层仍可实行有力的间接调整使之扭转。

二、服务营销

服务营销，是指企业在充分认识满足消费者需求的前提下，为充分满足消费者需要在营销过程中所采取的一系列活动。与传统的营销方式相比，服务营销是一种营销理念，企业营销的是服务；而传统的营销方式只是一种销售手段，企业营销的是具体的产品。服务营销观念认为，消费者购买了产品仅仅意味着销售工作的开始而不是结束，企业关心的不仅是产品的成功售出，更注重消费者在享受企业通过产品所提供的服务的全过程的感受。

（一）服务营销的特点

1．供求分散性

服务营销活动中，服务产品的供求具有分散性。服务供求的分散性，要求服务网点要广泛而分散，尽可能地接近消费者。

2．营销方式单一性

服务营销由于生产与消费的统一性，决定其只能采取直销方式，中间商的介入是不可能的，储存待售也不可能。服务营销方式的单一性、直接性，在一定程度上限制了服务市场规模的扩大，也限制了服务企业在许多市场上出售自己的服务产品，这给服务产品的推销带来了困难。

3．营销对象复杂多变

服务市场的购买者是多元的、广泛的、复杂的。消费者购买服务的动机和目的各异，某一服务产品的购买者可能牵涉社会各界各业各种不同类型的家庭和不同身份的个人，如信息咨询、邮电通信等。

4．服务消费者需求弹性大

服务需求受外界条件影响人，如季节的变化、气候的变化及科技发展的日新月异等对信息服务、环保服务、旅游服务、航运服务的需求造成重大影响。需求的弹性是服务业经营者最棘手的问题。

5．服务人员的技术、技能、技艺要求高

服务者的技术、技能、技艺直接关系着服务质量。服务者的服务质量不可能有唯一的、统一的衡量标准，而只能有相对的标准和凭购买者的感觉来体会。

（二）服务营销的管理

有效地利用服务营销实现企业竞争的目的，企业应针对自己固有的特点，注重服务市场的细分，服务差异化、有形化、标准化，以及服务品牌、服务公关等问题的研究，以制定和实施科学的服务营销战略，保证企业竞争目标的实现。

1．服务市场细分

任何一种服务市场都有为数众多、分布广泛的服务需求者，由于影响人们需求的因素是多种多样的，服务需求具有明显的个性化和多样化特征。因此，每个企业在实施服务营销战略时都需要把其服务市场或对象进行细分，在此基础上选定自己服务的目标市场，有针对性地开展营销组合策略，以取得良好的营销效益。

2．服务差异化

服务差异化是服务企业面对较强的竞争对手而在服务内容、服务渠道和服务形象等方面采取有别于竞争对手而又突出自己特征，以战胜竞争对手，在服务市场立住脚跟的一种做法。

3．服务有形化

服务有形化是指企业借助服务过程中的各种有形要素，把看不见摸不着的服务产品尽可能地实体化、有形化，让消费者感知到服务产品的存在，提高享用服务产品的利益的过程。服务有形化包括服务产品有形化、服务环境有形化、服务提供者有形化等三个方面的内容。

4．服务标准化

由于服务产品不仅仅是靠服务人员，还往往要借助一定的技术设施和技术条件，因此，这为企业服务质量管理和服务的标准化生产提供了条件。企业应尽可能地把这部分技术性的常规工作标准化，以有效地促进企业服务质量的提高。

5．服务品牌

服务品牌是指企业用来区别于其他企业服务产品的名称、符号、象征或设计，它由服务品牌名称和展示品牌的标志语、颜色、图案、符号、制服、设备等可见性要素构成。创服务名牌，是服务企业提高规模经济效益的一项重要措施。因而，企业应注意服务品牌的研究，通过创名牌来树立自己独特的形象，以建立和巩固企业特殊的市场地位，在竞争中保持领先的优势。

6．服务公关

服务公关是指企业为改善与社会公众的联系状况，增进公众对企业的认识、理解和支持，树立良好的企业形象而进行的一系列服务营销活动。其目的是要促进服务产品的销售，提高服务企业的市场竞争力。通过服务公关活动，可以沟通与消费者的联系，影响消费者对企业服务的预期愿望，使其尽可能地与企业提供的实际服务相一致，保证企业服务需求的稳定发展。

三、关系营销

关系营销，是指把营销活动看成一个企业与消费者、供应商、分销商、竞争者、政府机构及其他公众发生互动作用的过程。其核心是建立和发展与这些公众的良好关系。

（一）关系营销的特征

1．双向沟通

在关系营销中，沟通应该是双向的，而非单向的。只有广泛的信息交流和信息共享，才可能使企业赢得各个利益相关者的支持与合作。

2．合作

关系只有通过合作才能实现协同，因此合作是双赢的基础。

3．双赢

关系营销旨在通过合作增加关系各方的利益，而不是通过损害其中一方或多方的利益来增加其他各方的利益。

4. 亲密

关系营销不只是要实现物质利益的互惠,还必须让参与各方能从关系中获得情感的需求满足。

5. 控制

关系营销要求建立专门的部门,用以跟踪顾客、分销商、供应商及营销系统中其他参与者的态度,由此了解关系的动态变化,及时采取措施消除关系中的不稳定因素和不利于关系各方利益共同增长的因素。

(二)关系营销的市场范围

一个企业必须处理好与下面 6 个子市场的关系。

1. 供应商市场

任何一个企业都不可能独自解决自己生产所需的所有资源。在现实的资源交换过程中,资源的构成是多方面的,至少包含了人、财、物、技术、信息等方面。另外,公司在市场上的声誉也是部分地来自于与供应商所形成的关系。例如,当 IBM 公司决定在其个人电脑上使用微软公司的操作系统时,微软公司在软件行业的声誉便急速上升。

2. 内部市场

任何一家企业,要想让外部顾客满意,首先得让内部员工满意。只有工作满意的员工,才可能以更高的效率和效益为外部顾客提供更加优质的服务,并最终让外部顾客感到满意。内部市场不只是企业营销部门的营销人员和直接为外部顾客提供服务的其他服务人员,它包括所有的企业员工。

3. 竞争者市场

在竞争者市场上,企业营销活动的主要目的是争取与那些拥有与自己具有互补性资源的竞争者协作,实现知识的转移、资源的共享和更有效的利用。现代竞争已发展为协作竞争,在竞争中实现双赢的结果才是最理想的战略选择。

4. 分销商市场

在分销商市场上,零售商和批发商的支持对于产品的成功至关重要。

5. 顾客市场

顾客是企业存在和发展的基础,市场竞争的实质是对顾客的争夺。企业在争取新顾客的同时,还必须重视留住老顾客,培育和发展顾客忠诚。企业可以通过数据库营销、发展会员关系等多种形式,更好地满足顾客需求,增加顾客信任,密切双方关系。

6. 影响者市场

金融机构、新闻媒体、政府、社区,以及诸如消费者权益保护组织、环保组织等各种社会压力团体,对于企业的生存和发展都会产生重要的影响。因此,企业有必要把它们作为一个市场来对待，并制定以公共关系为主要手段的营销策略。

（三）关系营销的基本模型

1．关系营销的中心——顾客忠诚

顾客忠诚之所以受到企业的高度重视，是因为忠诚的顾客会重复购买。顾客忠诚的前提是顾客满意，而顾客满意的关键条件是顾客需求的满足。只有满意的顾客才会对企业带来有形或无形的好处，如重复购买该企业产品、宣传企业形象。

2．关系营销的构成——梯度推进

贝瑞和帕拉苏拉曼归纳了三种创造顾客价值的关系营销层次，即一级关系营销、二级关系营销和三级关系营销。其中，一级关系营销是最低层次的关系营销，它维持顾客关系的主要手段是利用价格刺激增加目标市场顾客的财务利益；二级关系营销主要通过建立顾客组织，包括顾客档案和正式的、非正式的俱乐部以及顾客协会等，以增加社会利益，同时也附加财务利益；三级关系营销是要与客户建立结构性关系，提高客户转向竞争者的机会成本，同时也将增加客户脱离竞争者而转向本企业的收益。

3．关系营销的模式——作用方程

企业不仅面临着同行业竞争对手的威胁，而且在外部环境中还有潜在进入者和替代品的威胁，以及供应商和顾客的讨价还价的较量。企业营销的最终目标是使本企业在产业内部处于最佳状态，能够抗击或改变作用力。

四、内部营销

内部营销，是指成功地雇佣、训练和尽可能激励员工很好地为顾客服务的工作，即向内部人员提供良好的服务和加强与内部人员的互动关系，以便一致对外地开展外部的服务营销。内部营销是一种把雇员当成消费者，取悦雇员的哲学。

（一）内部营销的要点

在实施内部营销时，必须掌握两个要点。

1．服务企业的员工是内部顾客，企业的部门是内部供应商。当内部受到最好服务和向外部提供最好服务时，企业的运行可以达到最优。

2．所有员工一致地认同机构的任务、战略和目标。一个有向心力的企业做任何事情都是迅速的、高效高质的。

（二）内部营销的作用

1．内部营销可获得受到激励的、有顾客意识的员工。员工对自身工作的满意度影响着产品和服务质量，从而决定了顾客满意和产品、服务附加值实现的程度。

2．内部营销通过满足员工需要的工作，吸引、开发、激励和保留合格的人才，外部营销才能更好地理解顾客，为其服务并使之满意。

（三）内部营销的实施

内部营销理论的实质是强调企业要将员工放在管理的中心地位，在企业能够成功地达到有关外部市场的目标之前，必须有效地运作企业和员工间的内部交换，使员工认同企业的价值观，接受企业的组织文化，通过为员工提供令其满意的服务，促使员工为企业更好地服务。内部营销要围绕着了解员工的情感和需求，吸引、培训、激励、沟通及保留员工而努力，具体方法如下。

1．内部市场调研

通过实地观察法、一对一访谈、专题讨论、问卷调查等内部市场调研，了解员工的基本情况、技能特长及情绪、信仰、价值观等，对企业的态度、对管理者的评价和期望、对内部服务质量的要求、对企业产品和服务的看法及建议等，据此建立员工档案，有针对性地对员工实施有效的管理，提高员工的满意度。

2．内部市场细分

每位员工在受教育程度、人生经历上的不一致，导致了工作能力、心理和性格上存在着差别。需要把现代营销的市场细分理论应用于内部营销，对企业的内部市场像外部市场营销一样进行细分，认真了解员工的工作能力、心理类型和性格，根据员工不同的需要及情感特征，将其分为不同的群体，实施不同的管理方法、有针对性的激励方式和沟通策略，安排适合员工个性和专长的工作岗位，采取不同的营销组合，这样才能留住员工、保持员工满意、提升员工忠诚度并充分调动每位员工的主动性，使之为实现企业的目标而积极服务。

3．招聘、教育和培训

不同的企业需要不同类型的人才，因此，企业在招聘、教育和培训的过程中应该注重员工价值观与企业文化相匹配，员工个人职业生涯发展方向与公司发展方向相匹配，员工能力、兴趣与公司职位相匹配，并使员工更加具有价值，也更加具有竞争力。

4．激励与认同

激励是指企业采用适当的刺激方式，鼓励员工以更高的水平、更大的主动性和自觉性从事工作，取得成就。

5．尊重

企业从经营理念到管理机制都要体现组织对员工的尊重和关怀，使员工能在企业中找到自己的心理支撑。在这样的环境下，每个人都能得到充分的尊重，很容易把一个企业凝聚起来，使员工心甘情愿地为企业奉献。

6. 授权

授权是指通过赋予员工相应的权力和自主性，使其能控制与工作相关的情况和作决定的过程，这意味着可以让基层员工做出正确的决定。正确地运用授权，有助于减少员工的角色模糊和角色矛盾，增强员工的适应性和满意度。

7. 沟通

对于企业内部来说，一般存在三种形式的沟通：向上沟通、向下沟通和横向沟通。有效的沟通可以实现员工对企业目标的高度理解、支持和拥护。有效沟通的关键在于渠道的有效性和信息发送者与接收者之间的理解。内部刊物、内部网站、宣传栏、总经理信箱、企业论坛、合理化建议等都是行之有效的沟通方式和渠道。

8. 团队和流程

团队工作可以使员工和部门抛弃以工作和任务为中心的思维方式，在组织中的各阶层之间建立良好的内部关系，加强各部门间的沟通合作，提高信息在整个企业内部的沟通速度，使整个企业都面向客户市场，提高团队成员的士气、满足感和成就感，有利于充分发挥各个层级的积极性和创造性。

模块二　案　例　分　析

案例一

中国电影市场营销分析

美国一位报纸总裁曾形容中国的影视市场："它不只是座金矿，简直就是一座未开发的钻石矿。"而自20世纪90年代中期以来，中国每年仅有10%～20%的影片赢利，约一半亏损。如何做好电影营销是摆在我国电影界面前的迫切问题。

（一）《英雄》——电影界营销的英雄

从张艺谋投拍《英雄》开始至今，这部汇集了诸多台前幕后各路明星、耗资3 000万美元的大制作武侠电影就一直备受关注。自2002年12月20日全国同步上映以来，《英雄》一路高歌猛进，票房一路飙升，截至2003年1月18日票房收入已经突破2亿元。《英雄》不仅在国内表现非凡，而且在国际电影市场上也取得了骄人的战绩。首先是海外版权的拍卖。美国米拉麦克斯（Miramax）公司购买了《英雄》在北美、意大利等地的海外全部版权,包括DVD和家用录像带制品,大约2 000万美元。韩国的版权卖了200万美元。其次是11月29日,《英雄》的VCD和DVD发行权在中国大饭店拍卖,从底价80万元起拍一路狂飙,最终以1 780万元的天价被广东伟佳音像公司拍得,约合200多万美元。再次,《英雄》贴片广告保守估计2 000万元,约合240万美元。与此同时,《英雄》在香港地区的票房收入已达到1 980港元,在日本的票房收入达到了800万美元。这还不包括后电影产品收入。《英雄》还没上映,就推出了邮票、画册等颇有收藏价值的副产品,卖得十分火爆。另外加上《英雄》的纪录片《缘起》的销售收入,《英雄》相关纪念产品的开发,《英雄》图书的版权费用等,估计不会低于300万美元。《英雄》除了电影产品本身取得了好的市场业绩,同时《英雄》电影后产品的销售也非常成功,对今后国内电影形成产业化生产无疑具有重要的意义。这个消息给我们一个信息:中国电影人终于开始学习电影的营销运作!这恰恰是好莱坞的成功经验。好莱坞电影帝国不仅是电影操作的成功,还是电影文化产业的成功。与其说好莱坞的辉煌是电影产品的辉煌,不如说是电影营销的辉煌。

(二)运营公司背景及历史

北京新画面影业公司是一家专门从事电影制作、发行的民营股份制公司。该公司董事长张伟平先生与著名导演张艺谋多年来有着非常密切的合作关系,已投资拍摄了由张艺谋执导的三部故事片:《有话好好说》、《一个都不能少》、《我的父亲母亲》,并已经在国内外发行。其中《有话好好说》是张艺谋拍摄的第一部都市片,在1997年中国电影市场国产影片票房排行榜列第一位,仅在北京一个城市票房收入已达800多万元;《一个都不能少》又创1999年国产片票房纪录,观众人次高达500多万。

该公司除投资影片外,还从事一些相关的文化产业,1998年分别在意大利和北京紫禁城太庙成功地完成了由张艺谋导演的歌剧《图兰朵》的上演。

(三)《英雄》的市场之旅

《英雄》的营销道路是一条不同于一般国产影片的国际化市场道路。《英雄》从国际市场融资开始,到全球各地的热映,以及最终冲刺奥斯卡奖,完全按照国际大片的商业运作模式来运作。

1. 国际市场融资

国内传统的电影投资方式是制片厂拿国家下拨的经费拍片,风险由国家承担。然而,《英雄》则开辟了一种全新的投资方式——可称得上是真正意义上的融资。于是,影片的3 000万美元投资方式便应运而生。这部电影的融资过程是这样的:拿了剧本、预算及所有演员的合同,然后找一个国际著名的保险公司,由保险公司审核。审核合格之后,做一个保险公司的担保。有了这些所有合格的手续,再去银行贷款。

在《英雄》恢弘的大制作背后隐藏着国际资本运作的痕迹。《英雄》的融资方式借鉴了先进国家投资电影的经验。在国际资本运作的背景下，张艺谋也不得不做出些让步。记者采访时他谈到："你不能说，我艺术家坚持个性，我不理你们，那不行。如果最后大赔本，老板破产了，我呢，也没第二次了，没有商业信誉了。如果没有商业信誉的话，那你这个电影的艺术是个空想。"

记者点评：小投资的电影可能一家公司就能拿出钱来，但是大制作呢，就必须依靠各方面社会资源的联合配置，风险共担。这也许就是工业化阶段与手工作坊时代的区别。

2. 国际市场运作

20世纪90年代以来，中国的电影人只把目光对准国内，而且仅限于影院。多渠道传播是电影传播的趋势，美国电影收入中影院只占1/5～1/4，其他大部分是电视播出和家庭影院（含光盘）的收入。《英雄》自从诞生以来，就已经将目标市场确定为全球电影市场。它不仅要满足国内观众的需要，还需要满足海外市场的需求；同时，不仅要满足各院线的需要，而且还要满足有线电视、家庭影院等多渠道的需求。这还仅仅是就影片本身的销售而言。《英雄》更重要的是建立一个国际的电影品牌，以促进贴片广告、同名小说《英雄》、纪录片《缘起》、邮票、漫画、海报、音像等后电影产品的开发和销售。国际电影市场上有诸多强势品牌，从起初的米奇老鼠、唐老鸭，到星球大战三部曲，从《哈里·波特》到《指环王》，这些品牌具有强大的威力。它们不仅是后续电影的票房保证，而且使非银幕营销即后电影产品开发也一直财源滚滚。《英雄》带来的各种衍生效应明示了中国后电影时代的到来。

（四）《英雄》的卖点

任何一部表现不俗的国际影片都有自己独特、鲜明的卖点和市场定位，以市场为导向，将满足观众的娱乐功能放在首位。《英雄》也是经过深入研究市场、了解观众需求之后，在精心制作和广泛宣传的基础之上才赢得票房的辉煌。

1. 《英雄》剧情介绍（略）

2. 《英雄》的品牌

一部优秀的影片就是一个吸引消费者购买的品牌。它之所以成为品牌是因为电影这种大众化的娱乐消费被商品化了。这一点正如美国一位著名的品牌营销专家所言，产品是在工厂里生产出来的，而品牌则是在市场中诞生的。《英雄》的品牌一是明星品牌，二是电影和导演品牌，三是相关商品开发品牌。三者各有区别但又紧密联系，形成《英雄》品牌生产、营销及经营管理的、三位一体的电影终极生产销售方式。

从好莱坞的功夫皇帝、身价达1000万美元的李连杰，到国际影坛新秀章子怡，以及影帝影后梁朝伟、陈道明、张曼玉，功夫影星甄子丹，各个都是国际大牌明星，他们本身就是票房的保证。众明星是《英雄》的第一块牌。

《英雄》豪华的制作班底是它的第二块牌。除了国际名导张艺谋本身外，被张艺谋招至麾下的均是身怀绝技的电影大师，包括《卧虎藏龙》的作曲大师谭盾，曾任《笑傲江湖》、《东方不败》、《新龙门客栈》武术指导的程晓东，以及参与黑泽民作品《乱》而获得奥斯卡最佳服装设计奖的服装和人物造型设计师日本人和田惠美，演奏《英雄》主题曲的小提琴师帕尔曼等。除了张艺谋自己的御用班底，香港著名摄影师杜可风亦亲自上阵，"(影片画面)真像在色彩中流动！"，还有不少香港武术指导也为《英雄》贡献了力量。这逾百人的制作班底，成为《英雄》品质的保证。

除了一个王牌导演加六大演技派明星，逾百人的国际大师级制作班底，《英雄》还有第三块牌。《英雄》由北京新画面影业有限公司发行，北京耐可思传媒负责宣传策划。这两家公司在中国电影业界的美誉度和品牌，也共筑了《英雄》的第三块牌。《英雄》的品牌是吸引观众的一道靓丽的风景。

3.《英雄》的十大看点

一部优秀的影片必须有自己独特鲜明的卖点，必须"好看"，需要将满足观众的娱乐功能放在首位。《英雄》就影片本身而言有以下十大看点：最壮观的场面；最另类的秦始皇；最肃杀的鼓声；最悲壮的小提琴；最惊艳的扮相；最出色的身手；最浪漫的武指；最唯美的武戏；最精彩的演技；最煽情的场景。

(五) 营销大于影片

好莱坞有一种"营销大于影片"的理念。这种大制作、大投入、营销大于影片方式的目的何在？其根本目的是建立一个电影品牌。有了品牌，自然有了票房，更重要的，从此可以在电影品牌的后电影产品开发中，获得无穷无尽的、滚雪球般的市场利益。电影营销与一般产品营销不同的是，其票房收入仅仅是电影收入中的一小部分，电影营销需要的是整合营销、品牌营销、一体化营销等多种营销方法的系统化运作。《英雄》之所以成为英雄，在于它非同寻常的营销、策划。《英雄》从纵向分销渠道取得了创纪录的票房收入和贴片广告收入，再从横向分销渠道开发出 VCD、CD、DVD、电视数码节目和宽带电影节目的版权收入，然后再从立体分销模式开发出一系列后电影产品收入——从同名小说《英雄》到纪录片《缘起》的发行，再到漫画、邮票和音像制品等的发售，都取得大额的收入。

1.《英雄》的整合传播

《英雄》的宣传有别于其他国产影片，每一步都计划得比较周密。国产影片一般是摄制组负责宣传策划，发行交给另一个单位，宣传策划和发行是脱节的。而《英雄》的宣传、策划、发行，则完全由一个公司——新画面公司从头负责到尾。这从组织上保证了该片宣传运作的计划性和连续性。电影制作、广告策略、市场调研、宣传炒作、公共活动、促销手段等，要在统一有序的经营运作下，形成一种营销传播的合力，才可取得一定的营销效果。《英雄》的这种整合营销，将其现有产品的风险性和后续产品的占有性的矛盾缓解统一起来。《英雄》的营销建立在一种这样的新营销体系之上：从整合的高度，去俯视、构建电影市场；从整合的视角，去生产、营销国产电影；以整合的思维，去营造电影消费氛围和市场环境。

2. 《英雄》的时间窗营销以及后电影营销

《英雄》按照国际化电影营销运作方式，借鉴地引用了时间窗营销策略和后电影产品营销。电影相关商品开发就是一种品牌开发、延伸和衍生。据悉，美国电影工业的总收益，20%来自银幕营销，80%来自非银幕营销即后电影产品开发。后电影产品开发有两种相互联系的形式，一是影片本身的"时间窗"方式，一是与影片有关的其他商品开发方式。

"时间窗"是一种品牌经营方式。强大的《英雄》品牌力量和众多的市场机遇，需要借助电视、版权出让、VCD、CD、DVD 等方式，予以释放和攫取，因此，从电影院放映到上述每一个传播方式的具体时间间隔，就是一个完整的"时间窗"，通过它们的层层挤占和抢夺与电影品牌有关的市场空间，涸泽而渔般地割取着市场份额，最大化地收获品牌余威带来的价值。后一种品牌经营方式主要是指电影相关产品的开发。《英雄》有着清晰的时间窗营销观念，首先是全国各地统一时间同步上映，其次是第一档期的延期，以及 VCD、DVD 提前上市，这之间的时间间隔是匠心独运的。同时，《英雄》是国内有史以来电影后产品开发最为成功的。从《英雄》的同名小说、漫画、邮票的热卖，到纪录片《缘起》的发行，可以看出后电影营销在《英雄》的运作中占有相当的比重。

3. 《英雄》的中国第一炒

揭开《英雄》的炒作内幕，从深圳试映的防盗版策划到人民大会堂首映发布会的成功举行，从对《英雄》VCD、DVD 版权的拍卖到《英雄》剧组集体包机全力出击上海、广东开销 1 500 万元等八大炒作为《英雄》的成功发行编织了一张强大的宣传网，而这一切都是在两个月内完成。其耗资之高、规模之大、动用人员之广，对于我国民营企业来说，堪称"中国第一炒"。北京蒙太奇广告公司总经理关迎时认为，"《英雄》每一次炒作都只提一点，却把人们看电影的欲望一次比一次更强烈地吊起来"。《英雄》有如下八大炒作热点：深圳防盗版；拍卖 VCD、DVD 版权；书版《英雄》的提前上市；电视广告强化宣传；《缘起》的发行；人民大会堂首映式；包机宣传；邮票与海报珍藏版的印制。

《英雄》像一阵清新的海风掠过 2002 年年末的电影市场。希望它的出现能给中国电影界人士一些新思，能给中国电影营销人员一些启示。2002 年是中国加入 WTO 的头一年，《英雄》出现在 2002 年岁末有它特殊的意义。同时我们也可以发现中国电影市场还存在许多不足。面对好莱坞大片的整体商业运作模式，中国的电影显得势单力薄，中国电影的发展的确任重道远。

（资料来源：潘超，汤定娜. 有效营销. http://www.em-cn.com/article/2006/26598.shtml）

思考题：

1. 影视产品与一般实体产品本身及其营销组合要素 4P 有何不同？如何控制和把握电影产品的 4P 组合？
2. 你认为整合营销的内涵主要指什么？电影如何利用整合营销进行传播？

案例二

迪士尼乐园：给游客以欢乐

作为世界最大的传媒和娱乐巨头之一，迪士尼是一个魅力无穷的商业品牌。迪士尼在全球十大国际品牌排名第五，品牌价值超过 600 亿美元。它的形象涉及影视、旅游、网络、服装、玩具等众多领域。目前在全球有 5 个迪士尼乐园，分别位于美国洛杉矶和奥兰多、日本东京、法国巴黎及中国香港。

迪士尼乐园含魔术王国、迪士尼影城和伊波科中心等若干主题公园。整个乐园拥有大量娱乐设施，32 000 余名员工，1 400 多种工作。通过主题公园的形式，迪士尼乐园致力于提供高品质、高标准和高质量的娱乐服务。迪士尼乐园的生命力在于使游客欢乐。由此，给游客以欢乐成为迪士尼乐园始终如一的经营理念和服务承诺。

迪士尼乐园每年接待数百万慕名而来的游客。人们来到这里，仿佛到了童话般的世界，令游人流连忘返。然而，人们更为称赞的是它高品质的服务质量、清新洁净的环境、高雅欢乐的氛围以及它热情友好的员工。

（一）迪士尼乐园的魅力在于它为顾客所创造的独特体验

游人中的大多数人来自美国和其他国家发达的大都市，人们对城市的高楼大厦和现代化的一切感到厌倦。而在迪士尼乐园中，人们则会产生一种回归大自然的满足感。例如仿亚马孙河的冒险乐园令人置身于原始的大自然中，使人感到清新、忘我。那些 18 世纪或 19 世纪的欧美街景，如美国西部的板房、路边的小铺和仿煤气点燃的街灯，都会给人们罩上一种往日的色彩，使人们脱离现实，追寻昔日的岁月。

迪士尼乐园还拥有许多独具特色的娱乐性建筑，如天鹅宾馆棚顶的一对 29 吨重的天鹅雕塑，海豚旅馆栩栩如生的海豚塑像，为迪士尼的景观增添了不少特色。这两家旅馆由著名的后现代派建筑师麦考尔·格然吾斯设计，充满了创造性的富丽堂皇和诙谐生动的视觉感受，扩展了主题公园的梦幻感觉。

迪士尼乐园不仅是大人们娱乐休息的地方，更重要的是儿童们游乐的世界。景区里不仅有各种金鱼、火箭、大象等形状的游艺车，还有米老鼠童话世界的小房屋、小宫殿、小风车等，这一切使孩子们产生了平时在学校里和大城市生活中难以激发的美好神奇的幻想。

乐园环形火车站台的工作人员整齐的装制，一丝不苟的认真作风，都给这些幼小的心灵留下无须言传的深刻印象，而这一切都将在他们的脑海中留下美好的回忆。此外，迪士尼乐园还时时刻刻为儿童着想，如喝水池都是一大一小两个，垃圾筒的高度也让孩子们伸手可及，更有动听的音乐随时陪伴，还有专供小朋友们照相的卡通人物，连乐园里的食品都是孩子们喜欢吃的，孩子们到了这里就如同爱丽丝漫游仙境一般。并且，乐园里专为小朋友们准备了安全的刺激性较小的游玩项目，指定必须由大人陪同参加，像旋转木马、小飞象、小人国等。

在各种游乐节目中，迪士尼乐园都十分注意培养顾客的参与性，总是创造机会让人们发挥自己的主观能动性，从小培养孩子们做人的能力。因为迪士尼乐园认为，乐园主要是孩子们的，当然要让孩子们在这里成长。在乐园里还设有沿着"道路"行驶的小型汽车，这种车比国内玩具车要大得多，两个大人可以轻松入座，一个家长可以带一个孩子，由孩子驾驶汽车绕过各种复杂的转弯，进行比较漫长的"实习"。这种游戏往往是所有游艺中排队最长的，可见其颇受家长与孩子们的喜爱。

（二）迪士尼提供周到的服务和良好的卫生环境

在迪士尼乐园大门口有旅客接待站，对带孩子的旅客可以免费提供童车和婴儿车；门口还有狗舍，狗不得入园，但可以寄养；进入大门后还有轮椅供残疾人使用。在园内许多景区也都有许多的童车、婴儿车及轮椅供人使用。

整个迪士尼乐园分成"美国主街"、"梦幻世界"、"未来世界"、"美国河"、"动物树"、"冒险乐园"、"米老鼠童话世界"等景区，在其中可以参加所有的游艺活动，使游人能全身心地投入到娱乐之中，忘却疲劳与烦恼。所有的小卖部、饮食店、表演场所、街景区都设有大量的形状整洁、与景观相协调、清扫方便的大容量垃圾箱。公共场所的椅、桌、窗台、玻璃等都显得干净、利落；草地、花卉、树木修饰整齐；娱乐设施几乎都保持良好状态。

（三）迪士尼乐园善于营造欢乐的氛围

迪士尼乐园不只是游乐场，更是现实的"乌托邦"。通过一系列游戏设施和表演，游客在早已预设的轨迹和效果中，与各人物一同历险，最后在迪士尼乐园固有而唯一的规律下，游客所感受到的是一段既惊险、又安全、却又充满快乐的旅程。这种旅程的欢乐氛围是由员工与游客一起创造的，其中，员工起着主导作用。主导作用具体表现在对游客的服务行为表示上。这种行为包括微笑、眼神交流、令人愉悦的行为、特定角色的表演以及与顾客接触的每一细节。

引导游客参与是营造欢乐氛围的另一重要方式。游客们能与艺术家同台舞蹈，参与电影配音、制作小型电视片,通过计算机影像合成成为动画片中的主角,亲身参与升空、跳楼、攀登绝壁等各种绝技的拍摄制作等。

在迪士尼乐园中,员工们得到的不仅是一项工作,而且是一种角色。员工们身着的不是制服,而是演出服装。他们仿佛不是为顾客表演,而是在热情招待自己家庭的客人。他们根据特定角色的要求,扮演真诚友善的家庭主人或主妇。

(四)迪士尼研究顾客,了解顾客

迪士尼乐园致力于研究"游客学",了解谁是游客,他们的起初需求是什么。在这一理念指导下,迪士尼站在游客的角度,审视自身每一项经营决策。为了准确把握游客的需求动态,公司设立调查统计部、信访部、营销部、工程部、财务部和信息中心等部门分工合作。

调查统计部每年要开展两百余项市场调查和咨询项目。财务部根据调查中发现的问题和可供选择的方案,找出结论性意见,以确定新的预算和投资。

营销部重点研究游客们对未来娱乐项目的期望、游玩热点和兴趣转移。

信息中心存储了大量关于游客需求和偏好的信息,具体有人口统计、当前市场策略评估、乐园引力分析、游客支付偏好、价格敏感分析和宏观经济走势等。其中,最重要的信息是游客离园时进行的"价格/价值"随机调查。正如华特·迪士尼先生所强调的:"游园时光决不能虚度,游园必须物有所值,因为游客只愿为高质量的服务而付钱。"

信访部每年会收到数以万计的游客来信。信访部的工作是尽快把有关信件送到责任人手中;此外,每周汇总游客意见,及时报告管理上层,保证顾客投诉得到及时处理。

工程部的责任是设计和开发新的游玩项目,并确保园区的技术服务质量。例如,顾客等待游乐节目的排队长度、设施质量状况、维修记录、设备使用率和新型娱乐项目的安装等,其核心问题是游客的安全性和效率。

现场走访是了解游客需求最重要的工作。管理上层经常到各娱乐项目点上,直接与游客和员工交谈,以期获取第一手资料,体验游客的真实需求。同时,一旦发现系统运作有误,就及时加以纠正。

(五)迪士尼乐园致力于提高员工的素质,培养热情友好的员工

许多游客远道慕名而来,在乐园中花费时间和金钱。迪士尼乐园懂得:不能让游客失望,哪怕只有一次。如果游客感到欢乐,他们会再次光顾。能否吸引游客重复游玩,恰是娱乐业经营兴旺的奥秘和魅力所在。为了实现服务承诺,迪士尼乐园将"给游客以欢乐"的经营理念落实到每一员工的具体工作中,对员工进行评估和奖励,凡员工工作表现欠佳者,将重新培训,或将受到纪律处罚。

为了明确岗位职责，迪士尼乐园中的每一工作岗位都有详尽的书面职务说明。工作要求明白无误、细致具体、环环紧扣、有规有循，同时强调纪律、认真和努力工作。每隔一个周期，严格进行工作考评。

迪士尼乐园要求32 000名员工都能学会正确地与游客沟通和处事，因而制定了统一服务的处事原则，其原则的要素构成和重要顺序依次为安全、礼貌、演技、效率。乐园以此原则来考查员工们的工作表现。

同时，迪士尼乐园还十分注重对全体服务人员的外貌管理。所有迎接顾客的乐园职员（"舞台成员"）每天都穿着洁净的戏服，通过地下阶梯（"地下舞台"）进入自己的活动地点。他们从不离开自己表演的主题。对于服务员工，迪士尼乐园制定了严格的个人着装标准：职工的头发长度、首饰、化妆和其他个人修饰因素都有严格的规定，且被严格地执行。迪士尼的大量着装整洁、神采奕奕、训练有素的"舞台成员"对于创造这个梦幻王国至关重要。

此外，迪士尼乐园还经常对员工开展传统教育和荣誉教育，告诫员工：迪士尼乐园数十年辉煌的历程、商誉和形象都具体体现在员工们每日对游客的服务之中。创誉难，守誉更难。员工们日常的服务工作都将起到增强或削弱迪士尼商誉的作用。迪士尼乐园还指出：游客掌握着服务质量优劣的最终评价权。他们常常通过事先的期望和服务后的实际体验的比较评价来确定服务质量的优劣。因此，迪士尼乐园教育员工：一线员工所提供的服务水平必须努力超过游客的期望值，从而使迪士尼乐园真正成为创造奇迹和梦幻的乐园。同时，为了调动员工的积极性，迪士尼乐园要求管理者勤奋、正直、积极地推进工作。在游园旺季，管理人员常常放下手中的书面文件，到餐饮部门、演出后台、游乐服务点等处加班加点。这样，加强了一线岗位，保证了游客服务质量，而管理者也得到了一线员工一份新的友谊和尊重。

当然，所有的服务运作都离不开迪士尼乐园完善的服务系统，小至一架电话、一台计算机，大到电力系统、交通运输系统、园艺保养、中心售货商场、人力调配、技术维修系统等，这些部门的正常运行，均是迪士尼乐园高效运行的重要保障。

（资料来源：朱华. 市场营销案例精选精析（第四版）. 北京：中国社会科学出版社，2009.）

思考题：

1. 迪士尼乐园是如何围绕它的经营理念和服务承诺为顾客提供服务的？
2. 你如何理解"给顾客以欢乐"的内在含义。
3. 迪士尼对其员工的管理对其外部营销有何作用？

模块三 实训练习

实训一

【实训目的】

了解市场营销发展的新概念、新动向、新领域,并能够加以运用。

【组织方式】

学生组成4~8人为一组的研究性学习项目小组,并确定负责人。通过网络、杂志等途径收集市场营销新发展的相关资料,并通过课堂形式进行讨论。

【实训内容】

1．调查市场营销发展新涉及的行业。
2．了解市场营销理论方面近几年提出的新概念,并分析其运用情况。
3．总结市场营销发展的历程,讨论未来发展趋势。

实训二

【实训目的】

了解目前服务营销的具体运用情况,并能够根据具体情况加以灵活运用。

【组织方式】

学生以小组为单位,利用课余时间,对学校实施服务营销的情况进行调查,以课堂讨论的形式对调查结果进行陈述、分析。

【实训内容】

1．对学校运用服务营销的情况进行调查。
2．对学校已经实施服务营销并取得相应实效的方面进行总结。
3．对不足的方面提出合理化建议。

模块四 单元测试

（一）名词解释

整合营销　服务营销　关系营销　内部营销　内部市场　服务有形化　竞争者市场　一级关系营销　二级关系营销　三级关系营销

（二）单项选择题

1．把营销活动看成是企业与消费者、供应商、分销商、竞争者、政府机构及其他公众发生互动作用的过程，其核心是建立和发展与这些公众的良好关系。这种营销观念是（　　）。

　　A．内部营销　　　　　　　　　　B．关系营销
　　C．服务营销　　　　　　　　　　D．整合营销

2．关系营销的中心是（　　）。

　　A．发现市场需求　　　　　　　　B．满足顾客需求
　　C．顾客忠诚　　　　　　　　　　D．以上都不是

3．一个企业要想获得受到激励的、有顾客意识的员工，就必须做好（　　）。

　　A．内部营销　　　　　　　　　　B．环境营销
　　C．服务营销　　　　　　　　　　D．差异化营销

4．按照关系营销的梯度推进理论，与客户建立结构性关系，提高客户转向竞争者的机会成本，同时也将增加客户脱离竞争者而转向本企业的收益，属于（　　）。

　　A．一级关系营销　　　　　　　　B．二级关系营销
　　C．三级关系营销　　　　　　　　D．四级关系营销

5．一级关系营销是最低层次的关系营销，它主要用（　　）手段来维持顾客关系。

　　A．顾客关系管理　　　　　　　　B．建立顾客组织
　　C．提高产品质量　　　　　　　　D．价格刺激

6．整合营销执行中的问题可能发生在不同层次上，其中层次较低的是（　　）。

　　A．行使营销功能，如广告代理、经销商
　　B．各种营销功能和资源的组合
　　C．营销政策
　　D．营销信息系统

7．营销贯彻技能、营销诊断技能、问题评估技能和评价执行结果技能是影响（　　）计划方案执行的因素。
  A．内部营销　　　　　　　　　B．整合营销
  C．服务营销　　　　　　　　　D．无差异营销
8．与顾客建立长期合作关系是（　　）的核心内容。
  A．关系营销　　　　　　　　　B．绿色营销
  C．公共关系　　　　　　　　　D．相互市场营销
9．建立营销道德最根本的是确立并实施（　　）。
  A．生产观念　　　　　　　　　B．市场营销观念
  C．社会营销观念　　　　　　　D．推销观念
10．从市场理论的角度而言，企业市场营销的最终目的是（　　）。
  A．满足消费者的需求和欲望　　B．求得生存和发展
  C．推销商品　　　　　　　　　D．获取利润

（三）简答题

1．影响整合营销执行的因素有哪些？
2．简述服务营销的特点。
3．关系营销的市场范围有哪些？
4．如何具体实施内部营销？

分析篇

　　市场分析是企业正确制定营销战略的基础,也是实施营销战略计划的保证。企业的营销战略决策只有建立在扎实的市场分析的基础上,只有在对影响需求的外部因素和影响企业购、产、销的内部因素进行充分了解和掌握以后,才能减少失误,提高决策的科学性和正确性,从而将经营风险降到最低限度。企业在实施营销战略计划的过程中,可以根据市场分析取得的最新信息资料,检验和判断企业的营销战略计划是否需要修改,如何修改以适应新出现的或企业事先未掌握的情况,从而保证营销战略计划的顺利实施。

单元三　市场营销环境分析

学习目标：

1. 能识别市场营销的宏、微观环境，并概括其特点。
2. 能阐明宏观营销环境和微观营销环境包含的具体内容。
3. 能够对市场营销环境进行有效分析，并制定相应的对策。

引例

肯德基二度进军香港

（一）进军"东方之珠"

1973 年，赫赫有名的肯德基公司踌躇满志，大摇大摆地踏上了香港这个弹丸小岛。在一次记者招待会上，肯德基公司主席夸下海口：要在香港开设 50~60 家分店。

这并非是信口雌黄。这种由贺兰迪斯上校在 1939 年以含有 11 种草本植物和香料的秘方首次制成的肯德基家乡鸡，由于工艺独特、香酥爽口，备受世界各地消费者的喜爱。到 20 世纪 70 年代，肯德基在世界各地拥有快餐店数千家，形成了一个庞大的快餐店连锁网。于是，它又把目光瞄准了香港这颗"东方之珠"。

1973 年 6 月，第一家家乡鸡店在美孚新村开业，其他分店亦很快接连开业。到 1974 年，数目已达到 11 家。

在肯德基家乡鸡店中，除了炸鸡之外，还供应其他杂类食品，包括菜丝沙拉、马铃薯条、面包，以及各种饮料。鸡分 5 件装、10 件装、15 件装和 20 件装出售。此外还有套餐，如，售价 6.5 元的套餐，包括 2 件鸡、马铃薯条和面包。

肯德基家乡鸡首次在香港推出时，配合了声势浩大的宣传攻势。电视广告迅速引起了消费者的注意。电视和报刊、印刷品的主题，都采用了家乡鸡世界性的宣传口号——"好味到舔手指"。

声势浩大的宣传攻势，加上独特的烹调方法和配方，使得顾客们都乐于一尝，而且在家乡鸡进入香港以前，香港人很少品尝过所谓的美式快餐。虽然"大家乐"和"美心快餐店"均早于家乡鸡开业，但当时规模较小，未形成连锁店，不是肯德基的竞争对手。看来肯德基在香港前景光明。

（二）惨遭"滑铁卢"

肯德基在香港并没有风光多久。

1974年9月，肯德基公司突然宣布多家餐店停业，只剩4家坚持营业。到1975年2月，首批进入香港的肯德基全军覆没——全部关门停业。虽然家乡鸡公司的董事宣称，这是由于租金上困难而歇业的，但其失败已成定局。失败原因也很明显，它不仅仅是租金问题，主要是没吸引住顾客。

当时的香港评论家曾大肆讨论此事，最后认为导致肯德基全盘停业的原因，是鸡的味道和宣传服务上出了问题。

为了适应香港人的口味，家乡鸡快餐店采用本地产的土鸡品种，但仍采用以前的喂养方式，即用鱼肉饲养。这样，便破坏了中国鸡特有的口味，甚是令香港人失望。

在广告上，家乡鸡采用"好味到舔手指"的广告词，这在观念上也很难被香港居民所接受。而且，当时的香港人认为家乡鸡价格太昂贵，因而抑制了需求量。

在服务上，家乡鸡采用美国式服务，在欧美的快餐店一般是外店，顾客驾车到快餐店，买了食物回家吃。因此，店内通常不设座位。而香港的情况则不同，人们在买的地方进餐，通常是一群人或三三两两买了食品后坐在店内边吃边聊。家乡鸡不设座位的做法，等于赶走了一批有机会成为顾客的人。因此，家乡鸡虽然广告规模较大，吸引了许多人前往尝试，但是回头客不多。

家乡鸡首次进入香港的失败，败在未对香港的环境文化作深入的了解。正如英国市场营销专家史狄尔先生的评价："当年家乡鸡进入香港市场，是采用与美国一样的方式。然而，当地的情况，要求它必须修改全球性的战略来适应当地的需求、产品的用途和对产品的接受，受到当地的风土人情影响，食物和饮品类产品的选择亦取决于这一点。当年的鸡类产品不能满足香港人的需求，宣传的概念亦不适当。"

肯德基是大摇大摆地走进香港，却灰溜溜地离去。

（三）卷土重来

一转眼10年过去了。

1985年，肯德基在马来西亚、新加坡、泰国和菲律宾已投资成功。这时，他们准备再度进军香港。

这次，家乡鸡重新进入香港，是由太古集团一家附属机构取得香港特许经营权，条件是不可分包合约，10年合约期满时可重新续约。特许经营协议内容包括购买特许的设备、食具和向家乡鸡特许供应商购买烹调用香料。

首家新一代的家乡鸡店耗资300万元，于1985年9月在佐敦道开业，第二家于1986年在铜锣湾开业。

1985年时，香港快餐业已发生了许多新的变化，可以分成三大类：汉堡包，占据了整个快餐店市场的2成份额；本地食品类，长期以来，占据最大的市场，占有率接近7成；"鸡专家"——肯德基家乡鸡是新一类。

因此，随着竞争对手的增多，肯德基要想重新占据市场已比较困难。开业以前，公司的营销部门就进行了市场调查和预测，结果表明前景乐观。

这一次肯德基开拓市场更为谨慎，在营销策略上按香港的情况进行了适当的变更。

首先，家乡鸡店进行了市场细分，明确了目标市场。新的家乡鸡店和以前不同，现在它是一家高级"食堂"快餐厅，介于铺着白布的高级餐厅与自助快餐店之间。顾客对象介于16～39岁之间，主要是年轻一族，包括写字楼职员和年轻的行政人员。

其次，在食品项目上，家乡鸡店进行一些革新。品种上，以鸡为主，有鸡件、鸡组合装、杂项甜品和饮品。杂项食品包括薯条、沙拉和玉米。所有鸡都是以贺兰迪斯上校的配方烹调，大多数原料和鸡都从美国进口。食品是新鲜烹制的。炸鸡若在45分钟仍未售出便不会再售，以保证所有鸡件都是新鲜的。

在价格上，公司将家乡鸡以较高的议价出售，而其他杂项商品（如薯条、沙拉和玉米等）以较低的竞争价格出售。这是因为，如果家乡鸡价格太低，香港人会把它看成是一种低档快餐食品。而其他杂项食品以低价出售，则是因为家乡鸡分店周围有许多出售同类食品的快餐店与之竞争，降低杂项食品价格，能在竞争中取得一定的优势。

在广告上，家乡鸡把1973年的广告口号"好味到舔手指"改为"甘香鲜美好口味"。在地铁车站和报纸、杂志上都能看到新的广告词。很明显，新的广告词已带有浓厚的港味，因而很容易为香港人接受。

家乡鸡店第二次在香港登陆时，公司认为主攻方向是调整市场策略，以适应香港人的社会心理和需求，因而广告并不作为主攻方向，宣传方面只集中在店内和店外周围推广，并于开业数月后就停止了。

(四) 香港终于接受了它

家乡鸡店重新开业后数月，公司进行了一次调查。调查者以知道有肯德基家乡鸡店的人为调查对象，询问他们对家乡鸡的印象，以及肯德基与其他快餐店相比，有何不及的地方。64%尝试过家乡鸡的被访问者认为菜式的选择有限，21%的人认为食品价钱太贵，其他则觉得店铺位置不方便。大约92%的补充访问者都知道香港以前有过家乡鸡店。但同时也有71%的人表示将会在日后再次光顾家乡鸡店。

公司的营销人员对此次调查得出的结论是：1973年公司在香港的失败仍然严重影响着消费者对家乡鸡的看法，但随着时间的流逝以及家乡鸡影响的扩大，消费者的这种印象会逐渐淡化。

家乡鸡连锁店针对调查结果，将营销策略又作了一些改变，如增开新店时，尽量开设在人流较大的地方，以方便顾客；同时扩大营业面积，改变消费者拥簇的状况，以及增加菜的种类等。

家乡鸡营销策略的调整收到了良好的成效。香港成了肯德基的一个市场，分店数目占肯德基在世界各地总店数的 1/10 强，肯德基也成为与麦当劳、汉堡包和必胜客薄饼并立的香港四大快餐食品之一。肯德基终于被香港人接受了。

案例分析：任何一个跨国集团在进行异域扩张时，都不能漠视当地的文化背景，应该有所借鉴，有所结合。肯德基的第一次进军之所以失利，就是因为置香港本土文化的特点于不顾。企业的领导者在进行营销方面的决策时，应牢记一条，那就是只能以顾客为导向，失去了顾客的支持与认同，任何决定都只能以失败而告终。这正是营销与推销的区别所在：前者应强调生产能够满足消费者需求的产品，而后者只是将自己生产的产品卖出去。

（资料来源：http://www.b770.com/ld/ld_331_2.html）

市场营销环境会给企业营销带来双重影响，它是企业营销活动的资源基础，也是企业制定营销策略的依据。企业必须经常关注其市场营销环境及其发展变化，分析环境变化造成的机会和威胁，及时采取应对措施，利用市场机会，防范可能出现的威胁，扬长避短，从而适应市场营销环境的变化。

模块一　基 础 知 识

企业开展营销活动既受到自身条件的限制，也受到外部条件的制约，通过了解企业营销活动的变化，识别由于环境变化而造成的机会与威胁，这是营销人员的工作职责之一，也是成功开展营销活动的重要条件之一。

营销环境是指影响企业生存与发展的各种外部环境。外部环境是指那些与企业营销活动有关联的因素之和，而不是整个外界事物。它包括宏观与微观两部分，即直接营销环境与间接营销环境。营销环境具有以下一些特点。

1. 客观性

客观性是营销环境的首要特征。营销环境的存在不以营销者的意志为转移。主观地臆断某些环境因素及其发展趋势，往往造成企业盲目决策，进而导致在市场竞争中的惨败。

2. 动态性

动态性是营销环境的基本特征。任何环境因素都不是静止的、一成不变的；相反，它们始终处于变化甚至是急剧的变化之中。例如，顾客的消费需求偏好和行为特点在变，宏观产业结构在调整等。企业必须密切关注营销环境的变化趋势，以便随时发现市场机会和监视可能受到的威胁。

3. 复杂性

营销环境包括影响企业市场营销能力的一切宏观和微观因素，这些因素涉及多方面、多层次，而且彼此相互作用和联系，既蕴含着机会，也潜伏着威胁，共同作用于企业的营销决策。

4. 不可控性

相对于企业内部管理机能，如企业对自身的人、财、物等资源的分配使用来说，营销环境是企业无法控制的外部影响力量。例如，无论是直接营销环境中的消费者需求特点，还是间接环境中的人口数量，都不可能由企业来决定。

一、宏观营销环境

宏观营销环境是指会对企业营销活动造成市场机会或环境威胁的主要社会力量，包括人口环境，经济环境，自然环境，政治、法律环境，社会文化环境等因素。企业处于宏观环境中，并受到其影响。

（一）人口环境

人既是生产活动的主体，也是消费活动的主体。人类通过生产及消费，与经济发生着密切关系，形成人口增长和经济发展之间相互依存、相互渗透、相互制约的对立统一的辩证关系。人既是一种生产力，也是一种消费力。人口是决定市场容量的重要因素之一。因为市场是由那些有购买欲望同时又具有购买力的人构成的，因此，人口的多少直接决定着市场的潜在容量：人口越多，市场规模就越大。而人口的年龄结构、地理分布、婚姻状况、出生率、死亡率、人口密度、人口流动性及其文化教育程度等特性都会对市场格局产生深刻影响，并直接影响着企业的市场营销活动。所以，企业必须重视对人口环境的研究，密切注视人口特性及其发展动向，不失时机抓住市场机会，当出现威胁时，应及时、果断调整营销策略以适应人口环境的变化。从影响消费需求的角度，对人口环境的分析可包括以下几方面的内容。

1. 人口总量

人口数量的多少是衡量市场潜在容量的重要因素。世界上人口在 1 亿以上的国家有 10

个，其中中国、印度和美国的人口占世界总人口的 60%，这些人口众多的国家市场潜在容量也相对较大。

2．年龄结构

从年龄结构来看，呈现出以下趋势：一方面，人口老龄化加速；另一方面，出生率不断下降。就我国来说，2000 年第五次人口普查资料显示：14 岁以下人口数占总人口数的 22.9%，65 岁以上人口数占总人口数的 6.95%。从这些数据看，婴幼儿和少年儿童用品市场很广，能持续很长一段时间；老年人的市场还不是很大。从 1990 年到 2000 年的 10 年间，65 岁以上人口数量上升了 1.39%，这意味着，老龄人口越来越多，届时有关保健用品、营养食品以及老年人生活、休闲娱乐等用品的生产企业将有机会得到充分发展。

此外，若要上一代和下一代人口数量一致，则每个适龄妇女必须生育 2.1 个子女。第五次人口普查显示，我国的出生率为 14.03%。在 1990 年到 2000 年的 10 年间，14 岁以下人口的数量下降了 4.8%。人口出生率的下降，造成儿童用品需求减少，对儿童用品生产行业是一个威胁；另一方面，人口出生率的下降使许多夫妇有更多的闲暇时间和收入接受文化教育及进行旅游、体育运动，对第三产业是一个机会。

3．地理分布

居住在不同地区的人群，由于地理环境、气候条件、自然资源等的不同，消费需求也存在差异。如居住在我国北方的人群由于冬天气候干燥，许多家庭会购买加湿器，但温暖潮湿的南方却无此需求。

4．家庭结构

家庭规模缩小、年轻人结婚年龄推后、离婚率上升、头胎孕妇平均年龄提高、配偶生养儿女数目减少……传统的大家庭正被小家庭取代，家庭的结构也越来越趋于多元化。需求结构、决策中心正发生改变。目前，家庭规模缩小已经是世界趋势。家庭规模小型化，一方面导致家庭总户数的增加，进而引起对家庭用品总需求的增加；另一方面则意味着家庭结构的简单化，从而引起家庭需求结构的变化，例如单人户、双人户和三人户的增加使得家庭对产品本身的规格和结构有不同于多世同堂的大家庭对产品的要求。营销者应在产品设计、包装和促销上做出相应的调整。

5．人口性别

性别差异带来需求差异。如女性更愿意将钱花费在服装、化妆品、宠物上；男性则更愿意花费在电子设备、音响、就餐等方面。

6．教育程度

一般来说，随着受教育人数的增加和受教育水平的提高，市场将增加对优质高档产品、旅游、书籍杂志等文化消费品的需求，而且人们的需求会更加追求个性化和多样化。此外，企业采用的营销手段及其效果也因目标顾客的受教育程度而异。

> **小链接：**
> 上海市旅游方面的专家做过相关调查，在60岁以上的老年人口逾275万人。因此占人口比例逾两成的上海，已有近百家旅行社开展了银发旅游业务，其中专门从事老年旅游的也有近30家。与一般人观念中"老年消费能力有限，往往会选择经济型，甚至廉价旅游"不同，老人的消费能力其实不低：54.64%的老人能承受1 000元以上的旅游消费；49.7%的老人愿意选择为期3～5天的旅游线路；对于出境游，大多数老人选择中、高档旅游线路，包括东南亚、西欧和澳大利亚。
>
> （资料来源：庞臣.让"老年团"名副其实.老年时报电子版，2008年7月7日。）

（二）经济环境

市场营销学认为，市场是由那些想购买物品或服务并且具有购买力的人所构成，除了人口以外，购买力是构成市场和影响市场规模大小的另一个重要因素。而购买力的大小又受到消费者的收入水平、价格水平、储蓄、信贷等经济因素的影响。经济环境也是影响企业营销活动的重要因素。

1．收入状况

消费者的收入主要是由消费者个人工资、红利、租金、退休金、馈赠等组成，它是决定消费者购买力的主要因素。在研究消费者收入时，常采用以下指标。

（1）人均国内生产总值。一般指价值形态的人均GDP。GDP总额反映了全国市场的总容量、总规模。人均GDP则从总体上影响和决定了消费结构和消费水平。

（2）消费者个人收入。消费者个人收入是指消费者从各种来源所得的货币收入，通常包括个人工资、奖金、其他劳动收入、退休金、红利、馈赠、出租收入等。研究消费者个人收入，首先要注意区分实际收入与货币收入。由于通货膨胀、失业、税收等因素的影响，有时货币收入虽然增加，但实际收入却可能下降。如消费者的货币收入不变，如果物价上涨，消费者的实际收入便减少。其次，研究消费者的个人收入还要注意区分个人可支配收入和个人可任意支配收入。个人可支配收入是指个人收入减去直接负担的各项税款和非税性的负担（如工会费、交通罚款等）之后的余额。这是消费者能够作为个人消费或储蓄的数额。个人可任意支配收入是指个人可支配收入减去维持生活所必需的衣、食、住等支出后的余额。这部分收入是消费者可以任意投向的收入，因此，也是影响消费者需求变化的最活跃因素。这部分收入越多，人们的消费水平越高，企业的营销机会也就越多。

2．支出状况

消费者支出模式主要受消费者收入的影响，随着消费者收入的变化，消费者支出模式就会发生相应变化。在衡量消费者支出模式时，有一个重要的指标——恩格尔系数，德国统计学家 E.恩格尔在 1875 年研究劳工家庭支出构成时指出：当家庭收入增加时，多种消费品支出的比例也会相应地增加，但用于购买食物支出的比例会下降，这便是"恩格尔定律"。消费支出中用于食物方面的支出占全部支出的比重称为"恩格尔系数"。根据联合国粮农组织提出的标准，恩格尔系数小于 0.4 为富裕，0.4～0.5 为小康，0.5～0.6 为温饱，0.6 以上为贫困。恩格尔系数越大，生活水平越低；反之，恩格尔系数越小，生活水平越高。2006 年，我国城乡居民的恩格尔系数分别为 0.358 和 0.43，用此系数衡量，我国城镇居民基本过上了富裕生活，农村人口基本步入了小康水平。

3．消费者储蓄和信贷情况

消费者除了将收入用于消费支出之外，也会将其收入的一部分储蓄待用，较高的储蓄率会推迟现实的消费支出，加大潜在的购买力。我国储蓄率相当高，国内市场潜量规模甚大。消费信贷使消费者可用贷款先取得商品使用权，再按约定期限归还贷款。消费信贷的规模与期限在一定程度上影响着消费者购买力的大小，消费信贷可提前实现某些昂贵商品的销售。

4．经济发展水平

企业的市场营销活动还受到一个国家或地区的整个经济发展水平的制约。经济发展阶段不同，居民的收入不同，消费者对产品的需求也不一样，从而会在一定程度上影响企业的营销。例如，以消费者市场来说，经济发展水平比较高的地区，在市场营销方面，强调产品款式、性能及特色，品质竞争多于价格竞争；而在经济发展水平低的地区，则较侧重于产品的功能及实用性，价格因素比产品品质更为重要。在生产者市场方面，经济发展水平高的地区着重投资较大而能节省劳动力的先进、精密、自动化程度高、性能好的生产设备。因此，对于不同经济发展水平的地区，企业应采取不同的市场营销策略。

世界各国的经济发展是不平衡的，一个国家所处的发展阶段不同，其工业化程度和生产力水平也不同，消费者对产品的需求也不相同，从而影响了企业的营销活动。美国著名经济学家罗斯托（W. W. Rostow）根据他的"经济成长阶段理论"，把世界各国经济发展归纳为 5 种阶段：传统经济社会阶段；经济起飞前的准备；经济起飞阶段；迈向经济成熟阶段；大量消费阶段。属前三个阶段的国家称为发展中国家，而处于后两个阶段的国家称为发达国家。

一般而言，处于不同发展阶段的国家，具有不同的经济特性，代表着不同的生产和经营体系，其消费者的需求模式也有所不同，所以在这些国家中的企业面临的营销机会和问题也有所区别。

（三）自然环境

营销活动受到自然环境的影响，也对自然环境的变化负有责任。一方面，自然环境影响着企业营销活动所需要的资源，如资源短缺造成生产成本的增加；另一方面，营销管理者也要注意其营销活动对自然环境带来的影响，如环境污染等。随着消费者社会意识的增强，不顾自然环境的"短视"营销行为，必将损害企业的形象，牺牲企业的长远利益。

（四）政治环境

政治环境主要是指企业市场营销的外部政治形势。政局的稳定不仅有利于经济的发展，还影响着消费者的心理预期，进而影响市场的需求变化。政治权力的影响则表现为政府机构通过采取某种措施约束外来企业或其产品，如进口限制、劳工限制等。

我国安定团结的政治局面，不仅有利于经济发展和人民收入的增加，而且影响群众的心理状况，导致市场需求的变化。每一个国家都会在不同的时期，根据不同的需要颁布一些经济政策，制定其经济发展方针，这些方针、政策不仅影响本国企业的营销活动，而且还影响外国企业在本国市场的营销活动。我国的方针政策，规定了国民经济的发展方向和速度，也直接关系到社会购买力的提高和市场消费需求的增长变化。

小链接：

1977年，洛杉矶的斯坦福·布卢姆以25万美元买下西半球公司一项专利，生产一种名叫"米沙"的小玩具熊，用做1980年莫斯科奥运会的吉祥物。此后的两年中，布卢姆先生和他的伊美治体育用品公司致力于"米沙"的推销工作，并把"米沙"商标的使用权出让给58家公司。成千上万的"米沙"被制造出来，分销到全国的玩具商店和百货商店，十几家杂志上出现了这种带4种色彩的小熊形象。开始，"米沙"的销路良好，布卢姆预计这项业务的营业收入可达5000万美元到1亿美元。不料在奥运会开幕前，由于苏联拒绝从阿富汗撤军，美国总统宣布不参加在莫斯科举行的奥运会。骤然间，"米沙"变成了被人深恶痛绝的象征，布卢姆的赢利计划成了泡影。

（资料来源：叶生洪，等.市场营销经典案例与解读.广州：暨南大学出版社，2006.）

（五）法律环境

法律环境主要是指国家或地方政府颁布的各种法规、法令等。就我国而言，近几年来陆续颁发一些法规，如《广告法》、《经济合同法》、《反不正当竞争法》、《商标法》、《产品质量法》、《专利法》、《公司法》、《价格法》、《消费者权益保护法》等，这些法律都会从不同角度影响企业市场营销活动。

如果从事国际营销活动，企业既应遵守本国的法律制度，还要了解和遵守市场国的法律制度和有关的国际法规、国际惯例和准则。法律环境因素对国际企业的营销活动有着深刻的影响。例如，一些国家对外国企业进入本国经营设定各种限制条件，或利用法律对企业的某些行为作特殊限制，这些特殊的法律规定，是企业尤其是从事国际市场营销的企业必须了解和遵循的。

> **小链接：**
>
> 　　2003年下半年，高露洁和宝洁公司陆续向中国市场推出了牙齿美白产品，2003年年底至2004年年初，高露洁公司的工作人员在梅龙镇广场二楼屈臣氏超市等商场内发现由广州浩霖贸易有限公司（简称浩霖公司）制作并散发的"佳洁士深层洁白牙贴"的广告单，内容为："佳洁士深层洁白牙贴，比较一般涂抹式的美白牙齿液有什么优胜的地方？答：佳洁士深层牙贴的独特粘贴设计，能有效保护在牙齿上的洁白，避免流失于唾液中，让洁白元素在使用的30分钟里充分发挥作用。相反，美白牙齿液往往于涂上后数分钟便被唾液冲掉而大量流失，洁白成效相对偏低。"高露洁公司同时还发现宝洁公司网站上发布广告称，"临床试验结果表明，使用佳洁士深层洁白牙贴，只需7天，牙齿就明显亮白，效果是涂抹式美白产品的3倍"等。
>
> 　　高露洁方面认为，其自2003年3月起销售的"高露洁捷齿白美白液"是目前国内市场上唯一的涂抹式牙齿美白液产品。宝洁作为竞争对手，在销售其"佳洁士深层洁白牙贴"产品时向公众散布虚假陈述的广告，贬低涂抹式美白牙齿液产品的效果。高露洁因此以不正当竞争为由将宝洁和浩霖公司等一并起诉到法院，请求法院判令两被告登报赔礼道歉，并赔偿经济损失50万元。
>
> 　　法院在判决书中指出，宝洁在网站上发布的广告以及浩霖公司散发的广告单中描述的内容并无事实依据，因此认定两被告捏造、散布虚假事实，损害高露洁的商业信誉和商品声誉，宝洁利用广告作引人误解的虚假宣传以及采取不当对比广告手法贬低高露洁的商品是不正当竞争行为。
>
> （资料来源：http://biz.163.com/41210/8/177Q8GGR00020QC3.html）

（六）科技环境

　　科学技术不仅直接影响企业内部生产经营的效率，同时还会与其他环境因素互相作用，进而给营销活动带来机会或挑战。一方面，新技术的出现可能迫使企业的某些产品不得不退出市场，如电视的普及吸引了电影院的观众，磁带取代了唱片，光盘又取代了磁带，汽车抢走了铁路，复印技术排挤复写纸等。另一方面，新技术又催生出大量新的企业。如网络技术的普及引起了消费者购物方式的改变，网络购物的兴起带动了阿里巴巴、eBay等企业的崛起。

（七）社会文化环境

社会文化是一个国家或地区的民族特征、价值观念、生活方式、风俗习惯、语言文字等的总和。

1. 教育水平。教育水平主要对劳动者收入水平、生活方式及消费心理等方面产生影响。
2. 语言文字。人们常把语言与文化连在一起使用，可见语言文字是各文化要素中最具特征、区别最明显的一个要素。爱德华·霍尔提出"高背景文化"和"低背景文化"的概念。在低背景文化中，信息的表达比较直接明确，语言是沟通中大部分信息的载体。高背景文化中，一条信息的语言部分所包含的信息比前一种文化要少，而大部分的信息隐含在沟通接触的过程中，涉及参与沟通人员的背景、所属社团及基本的价值观。中国、日本及一些中东国家属高背景文化国家，而欧美则属低背景文化国家。话说七分，有城府，善于倾听，这是中国成功人士的标志；而在低背景文化的国家，话说七分会被认为是不诚实的表现。

小链接：

美国总统克林顿访问上海，在参观一个社区时，一群幼儿园的孩子们有组织地用英文高声欢呼"热烈欢迎克林顿爷爷"。克林顿微笑示谢，但多少有一点儿迟疑。就在此刻，一个三岁的男孩却直呼"克林顿，克林顿"。倍感亲切的克林顿抱起了这个孩子……国人看到这一幕一定会感到十分诧异，那个三岁的男孩竟敢直呼贵为总统的克林顿的名字，按照中国的礼仪，这显然是大不敬的行为。因为在中国人看来，长幼有序，一般只有彼此熟悉亲密的同辈人之间才可以"直呼其名"。中国人称呼家庭成员、亲戚或者邻居，往往用"二哥"、"四姐"、"赵叔"、"李大爷"等，以显示对话双方的亲密关系。要是直呼爷爷、奶奶、姥姥、爸爸、妈妈、老师的名字，肯定会被认为你不懂礼貌，分不清上下长幼尊卑了。但奇怪的是，电视镜头告诉我们，克林顿更喜欢的不是那些尊敬地称呼其为克林顿爷爷的小朋友，而是那个"不礼貌"的小男孩。实际上，克林顿的态度恰恰反映了西方人在称呼上的礼仪习俗。与在称呼上过于讲究的中国人相比，西方在称谓上显然更加随意，更加"不拘礼节"。他们所习惯的是对等式的称呼，常常用名字称呼别人（如，Tom, Michael, Linda, Jane 等），而不用某某先生、某某太太或某某小姐（如，Mr Summers, Mrs Itoward, Miss Jones 等）。这种做法在美国人中尤为普遍，甚至初次见面就用名字称呼。不仅年龄相近的同辈人之间这样称呼，年龄悬殊的人之间也这样称呼，其中并没有不尊重对方的意思。家庭成员之间，只要彼此尊重，孩子对父母或祖父母也可以互称姓名或昵称……外国人尤其不喜欢别人用 grand-（爷爷奶奶）之类的称呼，因为这样的称呼表明自己老了，上了年纪，而西方人最忌讳的就是"老"。一位德国老太太，就曾抱怨说："我爱北京，但不喜欢被称为奶奶。"

在中国，人们更经常看到的是"一切尽在不言中"！即使是在接受比较大的帮助时，中国人遵循的原则也常常是"大恩不言谢"！尤其在父母子女间、夫妻间、兄弟姐妹间，以及亲朋好友之间，更少说客气话"谢谢！"如果在家里以及亲朋好友之间不断地道谢，中国人听起来会很怪，反而觉得相互之间有了距离，有点见外，甚至是关系开始疏远的征兆。然而"说谢谢"却是西方人最常见的礼仪习惯。在以个体主义为导向的西方文化里，不管别人帮你什么忙，从经济上的资助等大事到准备一桌美餐，送上一瓶饮料，借块橡皮擦，问个路，传个话，找钱，叫人来接电话，总之，只要接受哪怕是举手之劳的一丁点的帮助都会说"谢谢"。"Thank you"在西方文化中是使用频率最高的礼貌用语之一，这两个字可以说一天到晚都挂在他们的嘴边，几乎用于一切场合，所有人之间，即使父母与子女，兄弟姐妹之间，甚至夫妻之间等关系密切的成员之间也不例外。在西方人看来，不说这些客气话就有些失礼，对别人不够尊重。因此，如果你到了国外，不妨学着对帮过你的任何人说声"谢谢！"

（资料来源：于兴兴，郝爱娟. 中国人最易误解的西方礼仪. 北京：中国书籍出版社，2008.）

3. 价值观念。如东方人比较注重集体观念，强调依他性形象，因此在购买商品时较注重自身的社会地位；而西方人则比较注重个人主义观念，强调实际的自我形象，购买时更多强调自我意识。

4. 宗教信仰。日本精工曾推出一款手表，一天可以定五次时，提醒教徒定时朝拜。并且还设计了一个特别的、类似指南针的指针。但与指南针不同的是，无论戴这款手表的人在哪里，该指针都指向伊斯兰圣地麦加的方向。

5. 风俗习惯。风俗习惯指历代沿袭下来的习俗习惯。在中国，春节、清明节、端午节、中秋节、国庆节前夕，人们对商品的需求显著增加。尤其是春节，消费者集中采购现象极为明显。在西方主要的购物时节则是"圣诞月"。

小链接：

全球最大的快餐连锁集团麦当劳公司日前终于正式公开向美国的印度教教徒和素食主义者团体道歉，承认向消费者提供了"误导"信息，还以捐款形式"捐出"了一千万美元。据称，这笔金额不小的款项将提供给印度教教徒和素食主义者团体，进而以和解方式了断这两类民间团体因两种麦当劳快餐食品的原料标示与实际情况不符而发起的多桩官司。麦当劳承认，制作炸薯条和炸薯饼的过程中，该公司在美国的下属连锁店虽然标称使用了植物油，但油料并不纯净，其中添加了其他成分。为改善口味，植物油中含有牛肉香料。出于宗教、习俗和饮食习惯等原因，印度教徒和素食主义者无法接受这些食品。但麦当劳不公开配方中的"商业秘密",这一特殊"食客"群体长期以来也就一直没有意识到自己已经"违禁"。

(资料来源：http://www1.jrj.com.cn/NewsRead/Detail.asp?NewsID=782189)

二、微观营销环境

微观营销环境既受制于宏观营销环境，又与企业营销形成协作、竞争、服务等关系，直接影响着企业的营销能力。微观营销环境是指那些与企业有双向运作关系的个体、集团与组织，一般包括：营销渠道企业、顾客、竞争者以及公众等。以上四个因素与企业之间或协作，或是企业的服务对象，或竞争，或监督，从各个方面影响着企业的营销活动。

（一）营销渠道企业

营销渠道企业主要包括企业的上游供应商和下游中间商。供应商对企业的营销活动有着重大的影响。供应商提供的资源价格、品种、数量、质量及交货期等，直接影响企业的生产成本、产品的销售价格、销售量和利润等。

（二）顾客

顾客是企业的服务对象，企业营销活动正是围绕顾客需要而展开的，每一层级营销环境的研究，也是围绕顾客需求展开，顾客是企业最为重要的环境因素之一。根据购买者及其购买目的的不同，市场被划分为消费者市场、生产者市场、中间商市场、政府市场及国际市场。

（三）竞争者

企业面对着形形色色的竞争对手，除了来自于本行业的竞争者之外，还有来自于替代用品生产者、潜在进入者等多种力量的竞争。从消费需求的角度来看，竞争者可分为以下4种类型。

1. 欲望竞争者

欲望竞争者提供不同的产品，满足的是消费者不同的欲望。当消费者有多种不同需要，出现多种欲望时，满足这些不同需要的产品生产者就变成了欲望竞争者。如某人赚了一笔钱，他想用这笔钱买一个交通工具，或头一套音响，或到外地旅游，因为他目前有这些需要，满足这些需要的不同产品的生产者，就叫欲望竞争者。欲望竞争者是在消费者认识需要的过程中产生的。

2. 平行竞争者

满足消费者同一种欲望的产品有很多种，这些产品之间存在可替代性，是消费者在决定需要之后出现的新一级竞争。如此人经过反复考虑，认为他目前需要迫切解决的是上下班的交通工具，要满足这种愿望，可以有几种选择，如买一辆小汽车，或者买一辆自行车，或者买一辆摩托车，这些均能改善他上下班的交通条件，这些竞争者称为平行竞争者。

3．产品形式竞争者

在满足同一种欲望的同类产品之间依然存在着竞争，这种竞争是来自不同产品形式的竞争。如此人考虑自己的资金和需要，决定买一辆汽车，这时候他会考虑买哪种汽车，是汽油机汽车、柴油机汽车、电动汽车或是太阳能汽车等，这叫产品形式竞争者。

4．品牌竞争者

一旦汽车类型定了以后，如他决定购买汽油机汽车，这时他又会考虑买哪种牌子的，是本田、丰田、福特，或是通用、大众等品牌，这些就是品牌竞争者。企业要在营销活动中获得成功，要与来自于各个层面的竞争对手展开竞争，准确识别竞争对手是成功的先决条件。为此，企业必须了解对自身形成威胁的主要竞争对手及其策略，知己知彼，方能战无不胜。

（四）社会公众

公众是指对企业实现营销目标的能力有实际或潜在利害关系和影响力的团体或个人。它包括融资公众、媒介公众、政府公众、社团公众、社区公众、一般公众及内部公众等。

1．融资公众：是指影响企业融资能力的金融机构，如银行、投资公司、证券公司、保险公司等。

2．媒介公众：主要是指以报刊、杂志、广播电台、电视台、网络等为主的大众传播媒介。

3．政府公众：是指负责管理企业营销业务的有关政府机构，企业的发展战略及营销计划必须与政府的政策法规保持一致。

4．社团公众：主要包括消费者权益保护组织、环保组织以及其他社会群众团体。社团公众的意见影响着企业营销活动的成败。

5．社区公众：主要是指企业所在地邻近的居民和社团组织。对社区活动的支持，有利于争取社区工作对企业营销活动的理解和支持。

6．一般公众：上述各种公众之外的社会公众。

7．内部公众：是指企业的员工，包括高层管理人员和一般员工。企业从营销计划的制订，到营销方案的实施，都离不开内部员工的支持。

三、环境分析与营销对策

按系统论的观点，微观市场营销环境与宏观市场营销环境共同形成一个大系统。微观市场营销环境与宏观市场营销环境是这一大系统中的两个子系统，两者必须相互配合，才能产生系统效应。从企业角度看，宏观市场营销环境是企业不能控制的客观条件，处于不断变化中。所以，企业必须经常对其营销策略进行调整，才能适应宏观市场营销环境的变化。

宏观市场营销环境的变化对企业产生的影响可以从两个方面进行分析：一是宏观市场营销环境的变化对企业的市场营销活动产生有利的影响，这对企业是一种环境机会；二是宏观市场营销环境的变化对企业的市场营销活动产生不利的影响，这对企业是一种环境威胁。可见，市场营销环境是通过对企业构成环境威胁或提供市场机会来影响企业的营销活动。面对市场机会吸引力和威胁程度不同的营销环境，需要通过环境分析来评估市场机会与环境威胁，进而提出相应的对策。通常，企业可采用"机会分析矩阵图"和"威胁分析矩阵图"来分析、评价营销环境。

（一）市场机会的分析与评价

市场机会，也称环境机会，是指市场上出现的对企业营销活动富有吸引力和利益空间的领域。在这些领域企业拥有竞争优势。分析市场机会是企业营销管理的第一个步骤，主要包括三方面的内容：一是寻找新的市场机会；二是评价市场机会；三是实施有效的对策。

1. 寻找新市场机会的方法

寻找新的市场机会有多种方法，比较实用和规范的方法是"产品—市场扩展方格图"法。这种方法将寻找新的市场机会的活动归纳为以下4个途径。

（1）市场渗透，即考虑在不改变现有产品和现有市场的情况下，进一步加快市场渗透，扩大现有产品在现有市场上的销售。譬如通过采取降低价格、增加广告、改进广告内容和形式、改进服务质量、增加销售网点等方式增加现有产品在现有市场上的销售。

（2）市场开发，即为现有产品寻找新的细分市场。如运动器械产品，在满足个人细分市场的基础上，还可以考虑将其扩展到健康俱乐部、美容店、某组织，还可以向国外市场扩展。

（3）产品开发，即企业为现有市场提供新产品或改进产品，满足现有市场新的需求。如企业推出与现有产品的规格、款式和特色不同的新产品等；或推出一个或几个新品牌的产品以吸引具有不同偏好的顾客；或开发与现有产品相关的新产品。

（4）多角化发展：当企业在其所属的行业找不到富有吸引力的市场机会或其他行业的吸引力更大时，企业可以到本行业以外发展，即生产新产品以满足新的市场需求，实行跨行业多角化经营。多角化并不意味着毫无选择地利用一切市场机会，而是要结合企业自身的资源优势加以选择，充分发挥企业的资源潜力并分散经营风险。

"产品—市场扩展方格图"见图 3-1。

	现有产品	新产品
现有市场	市场渗透	产品开发
新市场	市场开发	多角化发展

图 3-1　产品—市场扩展方格图

此外，企业在实际工作中，还通常采用偶然的、无计划的方法寻找新的市场机会，它主要是依靠企业的营销人员耳濡目染地掌握市场信息，从而发现新的市场机会。如企业的营销人员从报纸、杂志、展销会、产品评比会等发现新的市场机会等。

2．评价市场机会

市场机会能否成为企业的营销机会，还要看它是否与企业的目标和资源相符。因此，评价市场机会的目的，就在于从企业发现的众多市场机会中确定企业的最佳市场营销机会，即指既能够发挥企业的竞争优势，又符合企业的营销目标，且具备实现营销目标所必需的资源。评价市场机会的标准是企业的营销目标和企业的资源。

3．实施有效的对策

在实际工作中，企业可以考虑市场机会的潜在吸引力（赢利性）和成功概率（企业优势）的大小来确定企业的最佳市场营销机会，从而实施有效的对策。市场机会分析矩阵见图 3-2。

	成功概率	
	大	小
潜在吸引力 大	Ⅱ	Ⅰ
潜在吸引力 小	Ⅲ	Ⅳ

图 3-2　市场机会分析矩阵

从图 3-2 中可以看出处于Ⅰ位置的市场机会，对企业的潜在吸引力大，但企业利用该机会的成功概率小，这说明企业缺乏资源和竞争优势。处于Ⅱ位置的市场机会，对企业的潜在吸引力大，且企业利用该机会的成功概率也大，该机会有极大可能为企业带来巨额利润，企业应把握战机，全力发展。处于Ⅲ位置的市场机会，其对企业的潜在吸引力小，但企业利用该机会的成功概率大，这说明企业有竞争优势和资源，但该机会的市场前景不理想。

因此,大企业可观察该机会的变化趋势;中小企业可以利用该机会,因为其产生的利润足够维持中小企业的生存和发展。处于Ⅳ位置的市场机会,不仅对企业的潜在吸引力小,且企业利用它的成功概率也小,企业应注视该机会的发展变化,审慎而适时地开展营销活动。

（二）环境威胁的分析与评价

所谓环境威胁,是指环境中一些不利的发展趋势所形成的挑战,如果不能及时采取行动,这种不利趋势将会损害企业的市场地位。因此,企业要善于分析环境发展趋势,识别环境中的潜在威胁,并正确认识和评估威胁的出现概率及其对企业的影响程度。企业对环境威胁的分析,一般着眼于两个方面:一是分析威胁的潜在严重性,即影响程度;二是分析威胁出现的可能性,即出现概率。环境威胁分析矩阵见图3-3。

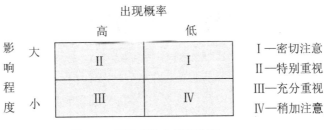

图3-3 环境威胁分析矩阵图

从图3-3中可以看出,处于Ⅱ位置的环境威胁,出现的概率和对企业的影响程度都大,因此,企业必须特别重视,制定相应的策略加以应对。处于Ⅳ位置的环境威胁,出现的概率和对企业的影响程度均小,因此,企业不必过于担心,但应注意其发展变化趋势。处于Ⅰ位置的环境威胁,出现概率虽小,但如果出现,对企业的影响程度较大,因此,企业必须密切注意并监视其出现与发展变化趋势。处于Ⅲ位置的环境威胁,对企业的影响程度较小,但出现的概率大,企业应关注其变化趋势。

（三）企业营销对策

用上述市场机会与环境威胁矩阵法分析、评价营销环境,可得出4种不同的结果,即理想业务、冒险业务、成熟业务和困难业务。企业对这4种机会与威胁水平不等的营销业务,应采取不同的对策。

1. 对理想业务:机会难得,甚至转瞬即逝,必须抓住机遇,迅速行动;否则后悔不及。
2. 对冒险业务:高利润高风险,既不宜盲目冒进,也不应迟疑不决,坐失良机,应全面分析自身的优势和劣势,扬长避短,创造条件,争取突破性的发展。
3. 对成熟业务:机会与威胁水平较低,可作为企业的常规业务,用以维持企业的正常运转,并为开展理想业务和冒险业务准备必要的条件。

4. 对困难业务:要么努力改变环境,走出困境或减轻威胁;要么立即转移,摆脱无法扭转的困境。

机会与威胁分析矩阵见图3-4。

		威胁程度	
		低	高
机会水平	高	理想业务	冒险业务
	低	成熟业务	困难业务

图3-4 机会与威胁分析矩阵图

模块二 案 例 分 析

案例一

火烧"温州鞋"

2004年9月17日,"欧洲鞋都"——西班牙东部小城埃尔切的中国鞋城,约400名不明身份的西班牙人聚集街头,烧毁了一辆载有温州鞋集装箱的卡车和一个温州鞋商的仓库,造成约800万元人民币的经济损失。这是西班牙有史以来第一起严重侵犯华商权益的暴力事件。

2003年冬,二十多家温州鞋企的鞋类产品在意大利罗马被焚烧,具体损失不详。2004年1月8日,尼日利亚政府发布"禁止进口商品名单",温州鞋名列其中。

2004年2月12日,俄罗斯内务部出动大量警力查抄莫斯科"艾米拉"大市场华商货物,包括温州鞋商在内的中国商人此次损失约3000万美元……

相关数据和背景资料显示,温州外销鞋产量早在2001年就猛增了40%,接近总产量的30%,仅从温州海关出关的皮鞋就价值4.6亿美元。温州排名前10位的鞋厂中好几家以生产外销鞋为主,如东艺、泰马等,包括泰马在内的几家温州鞋厂也和沃尔玛签订了生产协议,为这个全球零售业霸主大量生产供超市出售的廉价皮鞋。

我国是世界上最大的鞋类生产和出口国,目前有各类制鞋企业两万多家,出口企业超过5000家。2003年全国制鞋总产量近70亿双,占世界总产量的53%,鞋类出口占世界出口总量的60%以上,并处于主导地位,在资源、劳动力、价格等方面有比较大的优势。"中国鞋"出口的主要市场是美国和欧盟，其中美国市场占出口的50%以上。

从产品层次看，目前我国鞋业出口绝大部分仍是中低档品种，价格较低，一般在10~30美元之间，很多甚至低于10美元。2004年9月发生在西班牙的"焚鞋"事件中被烧掉的鞋平均单价只有5欧元。出口鞋中高档及自有品牌所占比例很小，且出口产品多以贴牌方式生产。例如，我国生产的鞋类产品大都在美国的低档鞋店销售，虽然在美国的中、高档鞋店中也可觅到"中国鞋"的影子，但价位明显低于意大利、西班牙、巴西等国的产品，而且所有中国制造的皮鞋都没有自己的品牌，均使用国外商标和品牌。一些同档次鞋的价格在国外市场都低于原产国产品，有些甚至低于越南、泰国等国的出口产品。从出口企业看，民营企业占绝大部分；从出口地域看，主要分布在浙江温州、福建晋江和泉州，以及广东、山东、四川等地区，并已建立起多个鞋业制造基地；从出口规模看，目前出口金额在10万美元以下的企业超过2200家，占出口企业总数的近一半。

在传统东方文化"财不外露"思想的影响下，华商在国外一般本着"多一事不如少一事"的态度，只管埋头赚钱而极少"参政"。这种低调的姿态刚开始还是可行的，但随着当地华商数量越来越多、生意越做越大，必然会引起一系列的问题。"海外华商必须学会组织起来，用团体力量去影响当地的政治生态，如有意识地去游说当地政府，从而确保自身权益得到有效保护。"商务部研究员梅新育进一步指出，"如果海外华商能从这次事件中有所警醒，不再是一盘散沙，坏事也许可以由此变成好事。"事实上，为了使温州鞋更好地参与国际竞争，温州鞋革协会早在2003年就开始筹办"鞋类出口委员会"，筹备组由东艺、泰马、吉尔达等外销鞋大户组成。2003年3月，鞋类出口筹备委员会在柏林进行了第一次大动作。"组织13家企业联手在柏林开了一个新市场，统一了价格、装修和竞争策略，这样我们就以集体的形式参与竞争，会更强一些。"温州鞋革协会秘书长朱峰表示，"以后肯定要推广这一模式，西班牙事件加速了我们的筹备进程。"

"西班牙事件中，我们更需要思考的是品牌。我们还没有世界知名品牌，这是中国鞋在参与国际竞争中的最大困难。"康奈常务副总经理周津淼接受记者采访时说。温州轻工业进出口公司外贸员陈伟似乎比任何人都清楚中国鞋在国际市场的品牌困境，他说："欧洲著名的连锁超市BATA，有很多来自世界各地的鞋，但我从来没有发现过超过100欧元的中国鞋。中国鞋在世界上根本没有品牌，只能以低档鞋参与竞争。西班牙烧鞋正是低端竞争的结果。"

目前我国鞋业生产能力过剩，出口企业数量过多，相当一部分制鞋企业，特别是一些规模不大的企业普遍存在着短视行为。一方面，企业不注重科研、开发、设计，多以来样加工或以相互模仿、抄袭为主，很少投入必要的资金研究和开发产品，很少投入时间和精力去搞系列的市场调查、分析等。这种状况导致企业在国际市场上信息不灵通、产品设计式样滞后、花色品种单一、舒适性差等问题，致使出口档次无法提高，价格就不上去，总在中低档市场徘徊。而中低档市场也已面临越南等新兴鞋类生产国的竞争，鞋类出口已经受到严重威胁。对此,一些出口企业不练内功,反而采取降价手段应对。一些新的出口企业为挤入国际市场,多以低价策略为先导;另外,"外商招标"压价成风也使得鞋价无法提高。在广交会上,中国企业自相残杀、恶性竞争,而外商从中渔利的现象并不少见。另一方面,由于企业规模小,不注重产品的开发和质量,最终使中国鞋在国际市场上长期不能摆脱低价路线。如今中国的迅速崛起正给世界利益格局、市场格局和资源格局带来深刻的变化,在这一形势下,也许这个问题更具价值,更值得探讨和反思。因为在很长一段时间里,"我们左右不了国际环境,能够改变的只有自己"。

从 2005 年 1 月 1 日起,欧盟将取消从中国进口部分鞋类产品的配额,这意味着温州鞋将在欧洲获得更为广阔的市场空间。究竟是进还是退,是摆在每一个温州鞋商面前的生死抉择。

(资料来源:王超逸,马树林. 最经典的企业文化故事. 北京:中国经济出版社,2008.)

思考题:

1. 从本案例中你如何认识环境对企业营销活动的影响?
2. 面对 2009 经济危机对消费者购买力的影响,企业应采取什么对策?
3. 你如何理解"我们左右不了国际环境,能够改变的只有自己"这句话。

案例二

王老吉,将因"慈善"而快速向百亿冲刺

王老吉,这款广东的普通凉茶,原本只在广东、浙江一带区域性销售的地方性饮料,由于提炼出了"怕上火,喝王老吉"的核心卖点,而一举走红,使其从 2002 年的年销售额 1.8 亿元,迅速发展到了 2007 年的近 90 亿元(含盒装),其赚钱之快,几近"蒙牛速度"!

这次汶川地震,王老吉捐款 1 亿元,经中央电视台报道后,再次使其在全国网民中迅速赢得了私营企业"慈善家"的美名。紧接着,王老吉的"慈善"广告开始播出。由于其 1 亿元捐款的"慈善"形象影响,网上也开始传出"要捐就捐一个亿,要喝就喝王老吉"、"加多宝亿元捐款感动消费者,王老吉两天卖断货"的口号和新闻。一时之间,王老吉成了这场地震捐款企业中最真诚的"慈善"者。

(资料来源:http://www.aliqq.com.cn/brand/ppguancha/144867.html)

震后捐款门始末:跨国企业否认是"铁公鸡"

中国现代化百年进程行至今日,大部分民众的产权观念依旧淡漠,无法理解恪守西方

商业伦理的跨国和本土精英们的行为，也不愿尊重全球化时代的商业游戏规则。这不是狭隘的民族主义表现，而是中国与西方价值观冲突的体现。跨国公司进入新中国30年来，尽管已经深深融入中国经济，他们对中国市场的认识、对中国人消费习惯的把握有了丰富的经验，但对中国传统文化的理解还远远不够。

汶川大地震发生后，许多外资企业的品牌形象也发生了"大地震"。一些没有及时捐款的外企遭到网络舆论的强烈抨击，它们的产品也遭到了消费者的抵制。地震一周后，一个"国际铁公鸡排行榜"的短信广为流传，将对跨国企业的攻击推上顶峰。"铁公鸡"之一的快餐企业肯德基在四川地区的许多分店被围攻而开不了业；没被评为"铁公鸡"的雀巢也受到牵连，它在地震第二天运往四川的1万箱食品被网民骂成"我们不稀罕的鸟粪"。真正令一些跨国公司始料未及的事情稍后发生了，这场斗"鸡"大会迅速地从网络和短信上的口诛笔伐转向了消费者的身体力行。

5月20日上午10时左右，四川南充市五星商业步行街上的一家麦当劳餐厅聚集了上百人，抗议麦当劳不捐款。餐厅的门口，被贴上了超大打印版的"国际超级铁公鸡"。在四川攀枝花、陕西西安、山西运城等城市，肯德基也遭遇了不同规模的围堵。"很多餐厅不得不暂时停业。"百胜餐饮集团中国事业部副总裁王群说。从上传到网络的现场照片看，有人将榜单做成标语，贴在麦当劳的橱窗上，并注明："凭你的良心，互相抵制！向灾区的遇难同胞默哀。"宝洁的经营也受到影响，一些超市和商场不敢从宝洁进货，因为不知道原来买佳洁士牙膏的消费者会不会改成中华。

数十家跨国公司无一例外地表示，捐款需要与总部的沟通，而且第一笔只能根据当时的灾情确定，后续的才能就严重程度继续申请。诺基亚5月17日将捐款额从300万元追加到1000万元；宝洁在5月19日追加了1000万元用于"希望工程赈灾教育基金"；可口可乐从500万元追加到1700万元；肯德基所属的百胜餐饮集团19日也从300万元追加至1580万元，28日又增加了520万元员工捐款。不在榜单上的BP中国5月20日从140万元追加到1050万元，戴尔5月22日从210万元追加到800万元，等等。其实，即便跨国企业总部考虑全球股东的利益而不愿意捐款，这也符合西方商业伦理的观念。美国经济学家弗里德曼说过，企业的主要社会责任，就是为股东负责，遵守法律，赚取利润。只是，在大灾难来临之后，普通的中国人难以理解或者难以认同这些价值观。

(资料来源：南方周末，2008年5月29日.)

思考题：

对比以上案例，分析哪些环境因素影响着企业的营销活动，这些因素分别是怎样影响企业的营销活动的？

案例三

2009家电市场三大流行趋势：时尚 环保 互联互通

从近期各大厂商发布的"五一"市场新品来看，节能环保、互联互通、时尚设计将是今年春夏家电市场的三大流行趋势。这三大趋势不但体现了家电技术的日新月异，更迎合了广大老百姓消费习惯和消费心理的变化。在国家大力倡导节能减排政策的影响下，企业、消费者的节能环保意识空前高涨。今年春夏家电企业的新品策略正在向节能环保方向转变，高能效产品所占的比例大幅度提高。

空调在原来5级能效标准的基础上，把入门级的能效标准提高到3级或2级。尽管空调新的能效标准还未正式出台，但格力、美的、松下、长虹、格兰仕、日立等空调企业今年新品的能耗水平都大幅提升，3级以下产品将逐步淡出市场。

冰箱节能技术在整个家电业中处于领先水平，冰箱企业在技术研发和市场推广方面都把节能作为工作重点。5月1日，中国冰箱新能效标准即将升级。新的能效水平比现行标准提高约15%，使我国1级能效冰箱的节能水平超越欧洲能效A+，居国际先进水平。

洗衣机新品的高能效更多地表现在节水上，记者在各大家电卖场看到，目前的洗衣机节水技术可谓五花八门。例如，一些洗衣机具备水回收功能，能够将洗完衣服的水储存起来，用来洗涤拖布、冲马桶等。

小家电是家庭中最为普及的家电产品，而近期有关小家电能耗标准的实施加速了该市场的升级换代。比如，电热水器、燃气热水器等分别在去年的3月1日和今年的3月1日强制实施能效标准，其中电热水器的入门级是5级，燃气热水器是3级，达不到能效标准要求的产品将不允许在市场上销售。

与白电产品不同的是，电视产品由于向平板化、大屏幕转型，平板电视的功耗普遍高于屏幕尺寸相近的CRT（显像管）电视。与大尺寸CRT彩电（29英寸、34英寸）相比，37英寸液晶电视和42英寸等离子电视的功耗平均高出50W。不过，我国相关部门正在紧锣密鼓地制定《平板电视能效限定值及能效等级》，将淘汰一批高能耗的平板电视产品。国内外主流彩电企业也纷纷推出低能耗的产品，比如海信32英寸液晶电视的待机功耗只有0.1W，50英寸等离子电视的功耗降低了46%；康佳推出的i-sport80系列42英寸液晶电视平均功耗在98～120W之间；TCL全模式数字电视一体机DTL42E9FQ在一般收视条件下能有效降低功耗达54%以上。

（资料来源：消费电子世界，2009年5月6日。）

联合利华力求突破促环保,旗下产品包装纷纷"瘦身"

联合利华日前发布的全球可持续报告中,明确提出把"降低对环境的影响"列入其全球使命。联合利华中国公司已经对旗下产品的包装进行了改进,其最新推出的"环保替换装"夏士莲洗发水,在沃尔玛先行独家销售3个月来,受到了消费者的好评。

业内人士表示:"一般来说,环保包装产品总是比其他包装的产品要贵,但仍有不少顾客愿意为环保包装多买单。"联合利华的替换装洗发水不仅环保,还让消费者节省了荷包,所以在沃尔玛的各大门店都受到欢迎。

与传统包装相比,"环保替换装"没有压盖,从瓶装变成袋装,大大减少了塑料包装原料的使用——以夏士莲600mL袋装为例,它比夏士莲400mL瓶装减少了49%的塑料用量。顾客购买了替换装就可以重复使用原有的瓶装,相应的,产品价格也因为成本降低而变得更加实惠。另外,产品包装的背面还清晰地印有一些环保概念,方便消费者阅读。这个简单的"替换装",为联合利华在沃尔玛的2009年度供应商"环保包装竞赛"中赢得了环保包装金奖。

事实上,联合利华已经将"瘦身"理念运用到了旗下各个品牌。通过改进生产工艺,在不减少容量并确保产品质量的前提下,力士400mL沐浴露,使用的塑料包装材料比原先减少了11%;奥妙洗衣粉1.1kg和1.8kg的包装袋的外层塑料薄膜用量减少了33%。中华品牌所有牙膏的管包装变得更薄,节省了12%的包装材料。此外,联合利华还将立顿茶所有的包装纸盒材料改成回收纸浆,从而减少了对森林资源的砍伐。

"我们在包装上'精打细算',不仅是为了节省成本,更是为了给消费者提供更加环保的购物选择。"联合利华大中华区副总裁曾锡文先生说,"减少不必要的包装可以节省原材料,节约能源,减少运输过程中的能耗。联合利华在过去10年中一直开展环保项目,致力于最大限度地减少生产过程中的包装废弃。"

据统计,我国目前城市生活垃圾中,包装废弃物占到15%~20%,仅上海市一年的生活垃圾就相当于5个金茂大厦的体积。联合利华努力改进产品包装工艺,正是为了把包装废弃物给生态环境带来的负荷降到最低。

目前,联合利华中国公司正在积极地与上下游的供应商和客户展开环保方面的合作,共同携手推动可持续发展。在"地球月"活动中,联合利华将通过店内和消费者教育活动,与沃尔玛共同向消费者倡导8个小习惯来保护环境,节约资源。这些小习惯包括不使用一次性筷子,不买过度包装商品,使用环保购物袋和节水龙头,等等。

(资料来源:联合利华官方网站)

"绿色 IT"已成趋势

世界银行在 2008 年 G8 峰会前已同意成立"洁净科技基金",美国、英国及日本已承诺捐款,其他工业国家也会跟进。基金的成立是希望帮助新兴工业国家使用新的科技,并汰换污染严重的设施。在信息技术领域,环保已成为用户与厂商发生业务关系时越来越重视的问题之一。据市场研究公司 IDC 调查显示,目前超过 50%的用户已把厂商是否注重环保作为选择供应商的一个考虑因素。事实上,现在超过 80%的管理人员越来越重视绿色 IT(信息技术)。IT 设备的能耗问题已经引起世界各国的关注。美国环境保护局于 2007 年 8 月 3 日向国会呈送的一份报告显示:2006 年,IT 行业消耗了大约价值 45 亿美元的 610 亿 kWh 的电量,相当于美国电量总消耗的 1.5%。到 2011 年,IT 行业的能耗将翻倍。

如何降低 IT 产品能耗由此成为炙手可热的话题。在 NetEvents 2008 亚太媒体高峰会上,《科学时报》记者了解到,被爱立信收购的 Redback 公司,早在 3 年前就开始了交换机的绿色设计。据其产品管理部主任 Scott Felker 介绍,最近一家绿色评价组织 Green for Good 将 Redback 的宽带路由器评为在绿色领域最具竞争力的产品,因为该公司提供的 SmartEdge 产品能节省 61%的能源消耗。目前该产品全球用户已经达到了 1990 万户,2007 年减少的碳排放量相当于纽约中心公园 3.5 万棵树吸收的碳排放量。

另一家积极推动绿色设备的厂商是 Extreme Networks。据 Peter Lunk 介绍,为了迎合世界环保节能的趋势,该公司很早就打出了"Go Green"(环保)的口号,并且推出了更加节能的交换机产品。据悉,该公司的产品比同类产品节能 1/3~1/2 以上。"为了绿色目标,我们开发了一些新技术,如 Universal Port。应用该项技术,网管可以根据实际业务需要有计划地控制外接设备的电源开关,节省高达 75%的能耗。"Peter Lunk 说。同时,在这次大会上,Extreme Networks 还推出了新的针对运营商的节能交换机 PBB-TE,让以太网进入了运营商 VPLS 核心网中,并且比传统电信设备节省 50%以上的成本。"绿色节能要从产品设计时就考虑。"这些厂商均表示,绿色节能是 IT 厂商应尽的社会责任。

(资料来源:科学时报,2008 年 7 月 24 日。)

思考题:

1. 结合以上案例,试分析自然环境如何影响企业的营销活动。
2. 节能、环保为何会成为产品未来的发展趋势?这受到了哪些环境因素的影响?

模块三　实训练习

实训一

【实训目的】

通过实训，学习如何根据营销环境分析企业所面临的机会与威胁。

【组织方式】

将学生分成两个小组，分别就问题展开分析，互相评价。

【实训内容】

企业在复杂的环境中，面对的机会和威胁也是复杂的。假设某空调生产厂商通过其市场营销信息系统和市场营销研究了解到以下能影响其业务经营的环境动向。

1．为保护大气环境，国家将颁布法令，完全禁止使用氟利昂制冷技术。
2．据专家预测，全球气候变暖，夏季持续高温天数越来越多。
3．消费者收入水平普遍提高，空调已逐渐改变奢侈品形象，成为生活必需品。
4．企业科技人员有望成功地开发无氟制冷技术。
5．竞争者开发出节能空调。
6．由于能源紧张，电费将大幅度提高。

由一组同学分析空调生产厂商所面临的环境威胁，一组同学就市场机会进行分析，两组互相进行评价。

实训二

【实训目的】

通过实训，使学生了解如何根据实际情况，对营销环境信息进行取舍。

【组织方式】

将学生分为6～8人一组，共同探讨分析，并将结果以小组为单位整理为课题报告。

【实训内容】

根据你所在学校的校园周边环境，讨论在学校门口开什么店最赚钱。要求对经营范围、营业面积、投资规划、基本的营销策略等方面做出策划。

模块四 单元测试

（一）名词解释

市场营销环境　市场机会　环境威胁　欲望竞争者　平行竞争者　产品形式竞争者
营销渠道企业　市场渗透　市场开发　品牌竞争者

（二）单项选择题

1. （　　）是企业的目标市场，是企业服务的对象，也是营销活动的出发点和归宿。
　　A. 产品　　　　　B. 顾客　　　　　C. 利润　　　　　D. 市场细分
2. 提供不同产品、满足不同消费欲望的竞争者是（　　）。
　　A. 欲望竞争者　　　　　　　　　　B. 平行竞争者
　　C. 产品形式竞争者　　　　　　　　D. 品牌竞争者
3. 威胁水平和机会水平都高的业务，被称为（　　）。
　　A. 理想业务　　　B. 困难业务　　　C. 成熟业务　　　D. 风险业务
4. 企业的营销活动不可能脱离周围环境孤立进行，而应主动地去（　　）。
　　A. 控制环境　　　B. 征服环境　　　C. 改造环境　　　D. 适应环境
5. "捷安特"自行车公司是"桑塔纳"轿车生产厂的（　　）。
　　A. 愿望竞争者　　　　　　　　　　B. 一般竞争者
　　C. 产品形式竞争者　　　　　　　　D. 品牌竞争者
6. 下列环境因素中，属于宏观环境因素的有（　　）。
　　A. 需求因素　　　　　　　　　　　B. 行业因素
　　C. 竞争者因素　　　　　　　　　　D. 科学技术因素
7. 中东地区严禁带六角形的包装；英国忌用大象、山羊做商品装潢图案，这些都是因为不同地区的（　　）不同。
　　A. 价值观念　　　　　　　　　　　B. 宗教信仰
　　C. 审美观　　　　　　　　　　　　D. 风俗习惯
8. 广告公司属于市场营销渠道企业中的（　　）。
　　A. 供应商　　　　　　　　　　　　B. 经销中间商
　　C. 代理中间商　　　　　　　　　　D. 营销服务机构
9. 各种保护消费者权益组织、环境保护组织、少数民族组织等构成（　　）。
　　A. 一般公众　　　B. 社区公众　　　C. 社团公众　　　D. 媒体公众

10. 影响汽车、旅游等奢侈品牌销售主要因素是（　　）。
　　A．可支配个人收入　　　　　　　　B．可随意支配个人收入
　　C．消费者储蓄和信贷　　　　　　　D．消费者支出模式

(三) 多项选择题

1. 以赢利为目的的国内市场包括（　　）。
　　A．生产者市场　　　　　　　　　　B．消费者市场
　　C．中间商市场　　　　　　　　　　D．政府采购市场
　　E．非营利组织市场
2. 购买行为的实现必须具备（　　）。
　　A．消费欲望　　　B．购买力　　　C．成年资格
　　D．商品　　　　　E．都不是
3. 微观环境指与企业紧密相连，直接影响企业营销能力的各种参与者，包括（　　）。
　　A．企业本身　　　B．市场营销渠道企业
　　C．顾客　　　　　D．竞争者　　　E．公众
4. 市场营销环境（　　）。
　　A．是企业能够控制的因素
　　B．是企业不可控制的因素
　　C．可能形成机会也可能造成威胁
　　D．是可以厂解和预测的
　　E．通过企业的营销努力是可以在一定程度上去影响的
5. 对环境威胁的分析，一般着眼于（　　）。
　　A．威胁是否存在　　　　　　　　　B．威胁的潜在严重性
　　C．威胁的征兆　　　　　　　　　　D．预测威胁到来的时间
　　E．威胁出现的可能性

(四) 简答题

1. 简述宏观市场营销环境的内容。
2. 简述微观市场营销环境的内容。
3. 简述寻找新的市场机会的方法。
4. 简述环境威胁和市场机会的分析方法。

单元四　消费者市场与组织市场购买行为分析

学习目标：

1. 能阐述消费者购买行为模式，描述消费者购买决策过程。
2. 能够概括影响消费者购买行为的因素。
3. 能阐述组织市场包括的类型，并概括各市场购买特点。
4. 能够概括影响组织市场购买行为的因素。

引例

舍"浆"取"奶"——从豆浆到维他奶

一碗豆浆、两根油条，是三顿美餐中的第一餐，这是长期以来许多中国人形成的饮食习惯。豆浆，以大豆为原料，是豆腐作坊的副食品，在中国已有两千多年的历史。它的形象与可乐、牛奶相比，浑身上下冒着土气。以前，喝它的人也多是老百姓。但是现在，豆浆在美国、加拿大、澳大利亚等国的超级市场上都能见到，与可乐、七喜、牛奶等国际饮品并列排放，且价高位重，有形有派。当然，它改了名，叫维他奶。

豆浆改名维他奶，是公司为了将街坊饮品变成一种国际饮品，顺应不断变化的价值观和现代人的生活形态，不断改善其产品形象而特意选择的。"维他"来自拉丁文 Vita，英文 Vitamin，其意为生命、营养、活力等，而舍"浆"取"奶"，则来自英语 soybean milk（豆奶，即豆浆）的概念。

50 年前，香港人的生活不富裕，营养不良，各种疾病流行。当时生产维他奶的用意，就是要为营养不良的人们提供一种既便宜又有营养价值的牛奶代用品——一种穷人的牛奶。在以后的 20 年中，一直到 20 世纪 70 年代初期，维他奶都是以普通大众的营养饮品这个面貌出现的，是一个廉价饮品的形象。

到了 70 年代，香港人的生活水平大大提高，营养对一般人来说并不缺乏，人们反而担心营养过多的问题。如果此时还标榜"穷人的牛奶"，那么喝了不就掉价了吗？难怪豆品公司的职员发现，在马路边汽水摊前，喝汽水特别是外国汽水的人喝起来"大模大样"，显得十分"有派"，而喝维他奶的人，却大多站在一旁遮遮掩掩，唯恐人家看到似的，因而，豆品公司的业务陷入低潮。

70 年代中期，豆品公司试图把维他奶树立为年轻人消费品的形象，使它能像其他汽水一样，与年轻人多姿多彩的生活息息相关。这时期的广告便摒除了"解渴、营养、充饥"或"令你更高、更强、更健美"等字眼，而以"岂止像汽水那么简单"为代表。1983 年，又推出了一个电视广告，背景为现代化城市，一群年轻人拿着维他奶随着明快的音乐跳舞。可以说，这一时期维他奶是一种"休闲饮品"的形象。

然而，到了 80 年代，香港的年轻人对维他奶怎么喝也喝不出"派"来了，于是，从 1988 年开始的广告便重点突出它亲切、温情的一面。对于很多香港人来说，维他奶是个人成长过程的一个组成部分，大多数人对维他奶有一种特殊的亲切感和认同感，它是香港本土文化的一个组成部分，是香港饮食文化的代表作，维他奶对香港人如同可口可乐对美国一样。由此，维他奶又开始树立一种"经典饮品"的形象。

在同一时期，维他奶开始进入国际市场。这一时期，身上有太多的脂肪成了美国等国公民的一大问题。在美国，维他奶标榜高档"天然饮品"。所谓天然饮品，就是没有加入人工的成分，如色素和添加剂等，可以使消费者避免吸收太多的脂肪，特别是动物脂肪。标榜天然饮品，当然受到美国人的欢迎。

于是便出现了这样历史性的趣事：维他奶创始之初，标榜穷人的牛奶，强调它与牛奶的相似之处，并且价格比牛奶要低；今天在美国市场，维他奶强调的是与牛奶不同的地方（维他奶具有牛奶所有的养分，而没有牛奶那么多的动物脂肪），其价格也比牛奶高。

（资料来源：朱华，等. 市场营销案例精选精析（第 2 版）. 北京：经济管理出版社，2003.）

对于企业来说，市场是其营销活动的出发点和归宿。能否正确地认识其特征和作用，了解市场购买者的行为，关系到企业能否制订正确的营销方案，进而关系到企业的兴衰存亡。根据购买者的特点及其购买商品目的的不同，把市场分为消费者市场和组织市场两种基本市场类型，应对其加以分析研究，从而制定有效的市场营销策略，实现企业营销目标。

模块一　基　础　知　识

按照顾客购买目的或用途的不同，市场可以分为组织市场和消费者市场两大类。消费者市场是指个人或家庭为了生活消费而购买产品和服务的市场，其购买的目的是为了最终消费；组织市场是指以某种组织为购买单位的购买者所构成的市场，其购买目的是为了生产、销售或履行组织职能。购买目的的不同直接影响着消费者市场与组织市场的购买行为。

一、消费者市场购买行为分析

（一）消费者购买行为模式

消费者购买行为研究模式中比较有代表性的是"刺激—反应"模式，也称为"S—R"模式，见图 4-1。营销刺激与外部刺激通过影响购买者的意识，促使购买者做出购买决策，产生相应的购买行为。

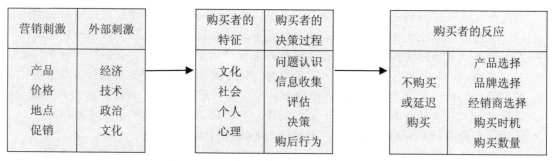

图 4-1　"刺激—反应"模式

对消费者市场购买行为的分析，其涉及的问题可归纳为 7 个方面。

1. 消费者市场由谁构成？
2. 消费者市场购买什么？
3. 为何购买？
4. 有谁参与购买？
5. 如何购买？
6. 何时购买？
7. 何地购买？

（二）消费者购买决策过程

1. 参与决策的角色

发起者：第一个提议或想到去购买某种商品的人。例如，家中的老人——爷爷、奶奶，首先提出购买一台家用空调，以躲避炎炎的夏季。

影响者：有形或无形地影响最后购买决策的人。例如，同事向你推荐了某种空调的品牌和型号。

决策者：最后决定购买意向的人。例如，家庭中的妻子，决定了下个星期天去国美购买格力 1P 的空调。

购买者：实际执行购买决策的人。例如，家庭中的丈夫负责购买，去付款并负责运送等。

使用者：实际使用或消费商品的人。例如，家中的老人、孩子及夫妇，均可使用空调。

2．消费者购买行为类型

不同类型的消费者和不同类型商品的购买决策行为是有很大差异的。如购买一台电脑和购买一把牙刷，购买决策行为就会有很大差异。前者可能要广泛搜集信息，反复比较选择；后者则可能不加思考，随时就可以购买。根据购买活动中消费者的介入程度和商品品牌间的差异程度，可将消费者的购买行为分为4种类型：复杂的购买行为、寻求多样化的购买行为、化解不协调的购买行为和习惯性的购买行为。这4种购买行为之间的比较见表4-1。

表4-1 消费者购买行为类型之间的比较

品牌差异	介入程度	
	高度介入	低度介入
大	复杂的购买行为	寻求多样化的购买行为
小	化解不协调的购买行为	习惯性购买行为

（1）复杂的购买行为。它是一种面对品牌差异大的产品，广泛搜集相关信息，慎重选择，仔细比较，以求降低风险的购买行为类型。由于价格昂贵，购买决策的风险就比较大，购买决策必然比较谨慎；由于消费者对产品不够熟悉，需要搜集的信息比较多，进行选择的时间也比较长。对于这种复杂的购买行为，企业应采取有效的措施帮助消费者了解产品性能及相对重要性，并介绍产品的优势及其给消费者带来的利益，从而影响消费者的最终选择。

（2）寻求多样化的购买行为。它是一种对于品牌差异明显的产品，不愿花长时间来选择和估价，而是不断变换所购买产品品牌的购买行为类型。在这种情况下，消费者经常改变品牌选择，并且，改变品牌选择并非因为对产品不满意，而是由于市场上有大量可选择的品牌。消费者的好奇心在这种购买行为中起了很大作用。针对这种购买行为类型，企业可采用销售促进和占据有利货架位置等办法，保障供应，鼓励消费者购买。

（3）化解不协调的购买行为。它是一种面对品牌差异小而购买风险大的产品，花费大量时间和精力去选购，购后又出现不满意、不平衡的心理，为寻求协调平衡而在使用过程中继续搜集产品信息的购买行为类型。购买之后，消费者也许会感到有些不协调或不够满意，在使用过程中，会了解更多的情况，并寻求种种理由来减轻、化解这种不协调，以证明自己的购买是正确的。针对这种购买行为类型，企业应注重运用价格策略和人员推销策略，选择最佳销售地点，并向消费者提供有关产品评价的信息，使其在购买后相信自己做了正确的决策。

（4）习惯性的购买行为。它是一种对于价格低廉、经常购买、品牌差异小的产品，不需花时间进行选择，也不进行信息搜集、产品评价的最为简单的购买行为类型。绝大多数食品和日用消费品都属于习惯性购买行为。消费者往往会因为习惯而长期购买某一品牌的产品，这类产品的生产企业可以采用价格优惠、电视广告、独特的包装等方式，鼓励消费者试用、购买和连续购买其产品。

了解购买行为的不同类型，有助于企业根据不同的产品和消费者情况去设计和安排其营销计划，知道哪些是应当重点予以推广和宣传的，哪些只需作一般的介绍，以使企业的营销资源得到合理的分配和使用。

3. 消费者购买决策的一般过程

消费者的购买决策过程一般分为 5 个阶段：需求确认—收集信息—评价方案—购买决策—购后行为。

（1）需求确认。当消费者意识到他目前实际的状况和理想的状况有差异的时候，需求就产生了。需求可以是受到内部刺激，也可以是受到外部刺激而产生。内部刺激如日常工作过于紧张、身心疲惫需要休息，而决定去旅游。外部刺激如亲朋好友对某项旅游产品的极力推荐，决定去旅游。在这个阶段，营销人员应了解消费者有什么样的需求和问题，它们是如何产生的以及如何将消费者引向特定的产品。

（2）收集信息。如果消费者的需求很强烈，而周围又有现成让他满意的产品，消费者无须进行收集，可直接购买。若无法马上发现满足需要的商品，他就需要开始信息的收集工作。有的信息仅仅提高"注意力"就可获得，有的信息则需要积极寻找。消费者获取信息量的多少取决于动机的强烈程度、开始拥有的信息量、获得信息的难易程度、对更多信息的重视、在信息寻找过程中的满足程度等。其信息来源主要有个人来源（如家庭、朋友、邻居、熟人）；商业来源（如广告、销售人员、经销商、包装、陈列等）；公共来源（如大众媒介、消费者信誉机构）；经验来源（如接触、使用某产品）。其中最主要的信息来源是商业来源，最有影响力的来源是个人来源。消费者信息来源见图 4-2。

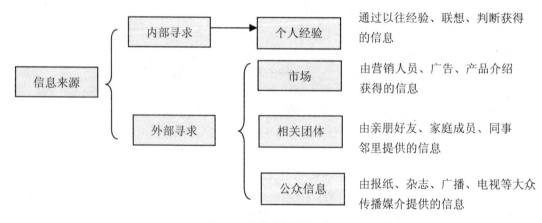

图 4-2　消费者信息来源

消费者所面临的可解决其需要满足问题的信息是众多的，他们一般会对各种信息进行逐步筛选，直至从中找到最为适宜的解决问题的方法。图 4-3 描述了一个想要购买洗衣机的消费者对于各种有关信息的筛选过程。在此阶段，营销人员的主要任务是了解消费者的信息来源，以及不同信息来源对消费者的影响程度，并根据影响程度的不同，合理设计信息传播的策略，以加强信息的影响力与有效性。

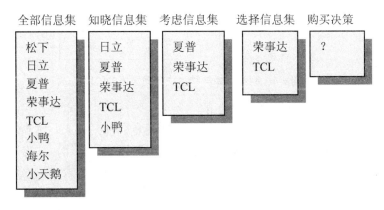

图 4-3　消费者信息收集与筛选过程

（3）评价方案。消费者根据收集的信息并依据一定的评价方法，对备选产品进行比较，从而做出抉择。一般而言，消费者的评价行为涉及以下 4 个方面：产品属性、效用要求、品牌信念及评价模式。任何产品都是一系列属性的集合，消费者会根据各自的需要区别不同属性的重要程度，对商品做出评价。消费者对某品牌的看法，该品牌每一属性的效用功能应达到何种水平，以及消费者对这些品牌评价比较的方法等，最终将决定消费者更倾向于选择何种商品。在这个阶段，消费者仅仅形成了倾向性购买或购买意向，营销人员应了解产品对于消费者最有吸引力的属性有哪些，由此确定产品应该具备的属性，并根据消费者对属性的效用要求，决定产品的质量、功能水准。

（4）购买决策。在购买意向与购买决策之间，消费者会受到两个因素的影响：他人的态度、不可预料情况。倾向性购买或购买意向并不一定总是引起实际的购买选择。图 4-4 展示了购买者判断选择与购买决策间经历的阶段。

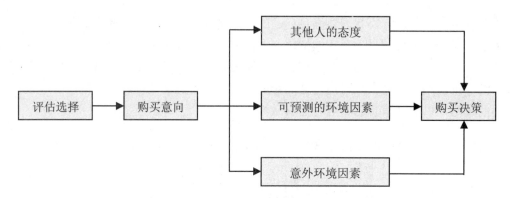

图 4-4 判断选择与购买决策间经历的阶段

（5）购后行为。购后行为是购买决策的"反馈"阶段。它是本次购买的结束，也是下次购买或不购买的开端。一般而言，消费者购后感受有 3 种：满意、不满意、惊喜。对企业而言，其消费者群有两个：新顾客和老顾客。吸引新顾客往往比留住老顾客要难，而挽留老顾客的最佳方式就是要让他们满意。满意的顾客平均向 3 个人讲述，而不满意的顾客平均向 11 个人抱怨。满意的购后评价大大提高了消费者下次购买选择的几率。许多营销者不仅仅满足于让消费者满意，他们的目标是让消费者惊喜。如一架波音飞机至少值上千万美元，波音的销售人员在销售时总是低估燃料效率，他们保证节油 5%，而实际是 8%。

（三）影响消费者购买行为的因素分析

1. 个体因素

影响消费者购买行为的个体因素主要有：生理因素、心理因素、经济因素与行为因素。

（1）生理因素。生理因素是指年龄、性别、体征等生理特征的差别。特别是受其年龄及所处的家庭生命周期阶段等的影响。例如，儿童是糖果和玩具的主要消费者，青少年是文体用品和时装的主要消费者，成年人是家庭用具的主要购买者和使用者，老年人是保健品的主要购买者和消费者。不同年龄消费者的购买方式也各有特点：青年人缺乏经验，容易在各种信息影响下出现冲动性购买；中老年人经验比较丰富，常常根据习惯和经验购买。

从家庭生命周期来看，一般可以分为 5 个阶段。

① 从筹划组织家庭到实际组织家庭阶段。此阶段主要是对结婚用品的需求，一般女性决策权比较大，企业应该着重研究女方的价值观念及消费习惯。

② 年轻夫妇尚无孩子阶段。此阶段无家庭负担，对添置生活用品及旅游、娱乐用品感兴趣，企业要研究年轻夫妇需要的特点。

③ 年轻夫妇已有孩子阶段。此阶段，孩子的需求成为家庭的消费中心。

④ 中年夫妇，孩子正在上学阶段。此阶段，孩子上学缴纳的学费、孩子的生活开支等成为家庭的消费中心。

⑤ 老年，孩子已工作阶段。此阶段，老年夫妇成为家庭消费中心，保健食品、保健用品、旅游、上老年大学进行再学习成为此阶段的主要需求。

企业市场营销人员应当了解消费者家庭生命周期各阶段的特点，注意细分市场，选择有利的目标市场，制定相应的营销策略。

（2）心理因素。

① 知觉：一个人的行动会受到他或她对情况的知觉的影响。在相同情况下，有相同动机的两个人可能会采取完全不同的行动，原因是他们对情况的知觉不同。例如，一个说话很快的销售人员，有人会认为他哗众取宠，而有的人会认为他反应快、聪明。

② 需要与动机：马斯洛的"需求层次论"将人的需要分为5个层次，即生理需要、安全需要、社会（归属与爱）需要、尊重需要和自我实现需要（见图4-5）。生理需要包括食物、水、氧气、性等；安全需要包括稳定、秩序、受保护；社会需要包括情感、友谊、归属感、爱；尊重需要包括自尊、被肯定、地位；自我实现需要包括自我发展和自我实现。

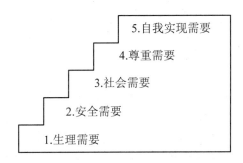

图 4-5　需要的不同层次

一旦人的需要达到一定的强度，动机就产生了。动机是一种升华到足够强度的需要，它能够及时引导人们去探求满足需要的目标。动机的产生必须具备两个条件，一是具有一定强度的需要；二是具有满足需要的目标和诱因。从消费者的动机来看，主要有以下3种。

a. 感情动机。消费者对产品、生产销售的企业，以及需要能否得到满足，都有亲疏好恶的态度，从而产生肯定或否定的感情体验。

b. 理智动机。理智动机是消费者对产品有了客观清醒的认识，经过理性的分析比较后产生的购买动机。它具有客观性、周密性和可控性的特点。

c. 惠顾动机。惠顾动机是消费者由于对特定的产品或生产销售企业的特殊信任和偏好而形成的购买动机。它具有排他性和不可替代性的特点。

③ 学习：指由于后天经验而引起个人知识结构和行为的改变。消费者的需要会引发购

买动机,而购买动机则引发购买行为,有的动机在多次购买之后仍然会重复产生,有的则会消失。心理学家认为这正是由于"后天的学习"所带来的。例如,当你需要一台电脑的时候(刺激),你会到电脑商场选择购买(反应),使用中你认为效果很好(奖酬),你的行为就被正强化了。当你下一步想购买一台打印机的时候,虽然你也看到了其他一些品牌,你很可能因为电脑在你身上的效果而购买同一品牌的打印机;相反,如果你感觉这个品牌的电脑不好用(负强化),你就不会再购买这种电脑及同一个品牌的其他产品。正强化或负强化激励人们重复某种行为或者避免某种行为。

④ 信念和态度:通过学习,人们获得了自己的信念和态度,而信念和态度又会反过来影响人们的购买行为。所谓信念是指一个人对事物所持有的确定性看法。所谓态度是指一个人对某个客观事物或观念相对稳定的评价、感觉和倾向。人们根据自己的信念采取行动,态度则能使人们对相似的事物产生相当一致的行为。

(3) 经济因素和行为因素。经济因素指消费者可支配收入、储蓄、资产和借贷能力。它是决定购买行为的首要因素,决定着能否发生购买行为以及发生何种规模的购买行为,以及购买商品的种类和档次。

生活方式指一个人在生活中表现出来的活动、兴趣和看法的模式。不同生活方式的群体对产品有不同需求。

小链接:

调查结果显示,印度消费者对价格最敏感,70%的消费者表示价格是她们选择在何处购物的最主要指标。然而,当被问到她们是否经常购买折扣超过20%的打折服装时,仅有15%的印度消费者表示会"任何时候或大多数时间"购买折扣产品。最可能的解释是折扣促销时产品品种短缺或者是印度消费者将购买全价服装视为其一定社会地位的体现。

与此相反,在服装上花费大量金钱的意大利消费者却对折扣促销极其热衷:33%的消费者表示她们经常或大部分时间购买折扣超过20%的打折服装。

美国消费者也倾向于视价格因素为主导——当被问到在购买服装哪些信息最重要时,77%的消费者表示是价格。

(资料来源:http://cn.cottoninc.com/TextileConsumer_zh/TextileConsumerVolume39_zh/)

2. 环境因素

(1) 文化因素。所谓文化是指人类从生活实践中建立起来的价值观念、道德、信仰、理想和其他有意义象征的综合体。文化是引发人们愿望及行为的最根本原因,文化不能支配人的生理需要,但能影响人们满足需要的具体方式。如文化不能消除寒冷,但文化能影响我们的穿衣品位。

（2）相关群体。它也称为参照群体，是指个人在形成其购买或消费决策时用以作为参照、比较的个人或群体。相关群体可分为以下三类。

① 对个人影响最大的群体，如家庭、亲朋好友、邻居和同事等，被称为首要群体。

② 影响较次一级的群体，如个人所参加的各种社会团体等，被称为次要群体。

③ 个人并不直接参加，但影响也很显著的群体，如社会名流、影视明星、体育明星等，这被称为崇拜性群体。

相关群体主要通过以下几方面对消费者的行为产生影响：为消费者展示出新的行为模式和生活方式；消费者对某些事物的看法和对某些产品的态度也会受到参照群体的影响；参照群体促使人们的行为趋于某种一致。

小链接：

H女士（下文以第一人称表示）是一位高学历的年轻妈妈，以下是她和儿子的一次亲身购物体验。

商场里的儿童波鞋，一类是用比较高档的真皮材料制作的，价钱多在一两百元，透气性不错，但不能水洗；一类一看就知道是纯粹的塑胶类整体塑出，没有透气设计，但价钱便宜，多在50元以下；还有一类是含棉织成分的或者有透气孔设计的，可以清洗，价格在50～100元之间。

对于要买什么类型的，我基本上心中有数了，希望买一双穿着舒适、透气易清洗的波鞋。于是直接指着一排货架上的鞋子问他："妈妈要给你买鞋，你喜欢哪双鞋呀，挑一双自己喜欢的吧。"他瞄了一眼，说："都不喜欢。"

"这不挺好的嘛，你看，有一道蓝边，你不是最喜欢蓝色的吗？还有一个可爱的卡通呢。"

"卡通不好看。"

"那行啊，你看看别的有没有喜欢的。"这时，他开始搜索其他货架，漫不经心地，然后只见他眼前一亮，迅速上前拿下一双说："我喜欢这双，这双，有奥特曼！"果然，一双白得刺眼的塑胶波鞋面上，绣着一个鲜红的奥特曼。那双波鞋摸上去硬硬的，觉得穿在脚上一定不会舒服，不透气，做工粗糙，典型的劣质廉价商品。

我苦口婆心地从各方面劝了一番，可儿子就是一副执著追求、非此鞋不穿的模样，我也不好太打击他的审美观，无奈之下，只好屈服买下来了。儿子立即脱下脚上的鞋子，美滋滋地穿上他的奥特曼鞋，还特意把裤脚卷上一边。

回到小区，一碰到认识的小朋友，他马上就说："你看，我的奥特曼鞋。"那小朋友立即挺胸回应："我也有奥特曼。"一看，他的胸前也绣了一个奥特曼。

> 自那以后，儿子是每天奥特曼不离脚，除非我强制洗鞋期间，他不得已才穿另一双我单独为他买的鞋，而且还要时时关心奥特曼鞋是否晒干了。直到穿烂，都不肯脱。
>
> 这一年多以来，无论什么时候打算给他买鞋，我故意不去有那种鞋的地方，多数的结果是他就不买了，继续穿以前的旧鞋。不仅仅是我儿子一个人如此沉迷，看看他周围的小孩吧。
>
> 跟一个小朋友的妈妈聊起来，得知情况一样，随便什么衣服、鞋子，只要是奥特曼的就是好的，质量、档次、是否舒服，那是你关心的事。
>
> 不可无视小孩子的精神世界，尽管他们对信息的感知和处理、判断都还稚嫩和不成熟，但他们也已经拥有自己的小圈子，在这个圈子里通用一种语言、行为的规则。他们讲着自己的话，大人在旁边可能还一头雾水，小孩子们却可能已经笑得前仰后合，他们已经拥有自己特有的幽默方式。同样，他们拥有自己的时尚标准和参照群体。
>
> （资料来源：卢泰宏.消费者行为学.北京：高等教育出版，2005.）

（3）情境。它是指独立于个体消费者或单个刺激客体之外，在特定场景和特定时点影响消费者购买行为的微观因素的总和。例如，商场或超市为了刺激消费者购买，在卖场布局、商品陈列、促销方式，甚至背景音乐、温度等方面精心设计，在潜移默化中影响消费者的购买行为。例如，根据消费者对日常用品的需求，把消费者的购物路线设计成"强制路线"，就是把电梯设计成上下不同侧，消费者要上下楼就得在商场或超市里面绕一圈。商场或超市在显眼的区域集中促销应季商品，夏天卖风扇、凉席，儿童节卖玩具、文具。很多超市用大红、明黄这样醒目的颜色标出特价，用"全市最低价"等字眼来"刺激"消费者。连灯光也很有讲究：为了使瓜果蔬菜看起来更诱人，一般采用暖色调的灯；而在海鲜区，则用偏冷色调的灯光突出新鲜度。几乎所有的商场或超市都采用悦耳的背景音乐、适宜的温度等手段，希望让消费者在购物过程中感觉更愉快，从而达到刺激购买的目的。

综上所述，消费者的购买行为是文化、社会、个人和心理因素之间相互影响和作用的结果。其中很多因素是企业及其市场营销活动无法改变的，但这些因素在识别诸如哪些消费者对产品有兴趣等方面颇有用处。其他因素则受到企业及其市场营销活动的影响，企业借助有效产品、价格、地点和促销管理，可以诱发消费者的强烈反应。

二、组织市场购买行为分析

（一）组织市场的类型与特点

1. 组织市场类型

组织市场是由各种组织机构形成的对企业产品和服务需求的总和，分为产业市场、中间商市场和非营利组织市场以及政府市场。本节主要对产业市场、中间商市场以及政府市场的购买行为进行分析。

（1）产业市场。它又叫生产者市场或业务市场，是指一切购买产品和服务并将之用于生产其他产品或服务，以供销售、出租或供应给他人的个人和组织。通常由以下产业所构成：农业、林业、水产业、制造业、建筑业、通信业、金融业和保险业等。

（2）中间商市场。它是指那些通过购买商品和服务并将之转售或出租给他人以获取利润为目的的个人和组织。中间商市场由各种批发商和零售商组成。

（3）政府市场。它是指那些为执行政府的主要职能而采购或租用商品的各级政府单位，也就是说，一个国家政府市场上的购买者是该国各级政府的采购机构。

2. 组织市场与消费者市场购买行为比较

（1）产业市场上购买者的数量较少，购买者的规模较大。组织市场的客户数量比消费者市场要少得多，但单位规模和总体规模都要大得多。由于很多客户的购买频率较低，因而每次的购买量非常大。很多工业客户，其主要设备往往若干年才购买一次，原材料和零配件也大都签有购销合同，一年或半年购买一次。商业客户进货次数稍多一些，但不会比个人和家庭购买更频繁。政府更是不可多得的大主顾。所以在组织市场上，一些企业的业绩往往取决于少量大客户的大订单。例如，美国固特异轮胎公司在产业市场上的购买者主要是通用汽车公司、福特汽车公司、克莱斯勒汽车公司和美国汽车公司；在消费者市场上，它的购买者是1亿多汽车所有者。

（2）产业市场上的购买者往往集中在少数地区。组织市场的购买者常集中于某些地区，这就好比消费者市场集中在人口众多的城市一样。组织市场的购买者相对集中，这与一个国家的生产力布局、资源分配和竞争有关。在我国，工业客户主要集中在东北、华北、东南沿海一带。

（3）产业市场的需求是引申需求。在组织市场中，生产者市场和中间商市场的需求最终来自消费者市场的需求，也就是说生产者的需求是由消费者的需求派生而来。例如，兽皮商将兽皮卖给制革商，制革商把皮革卖给制鞋商，制鞋商把皮鞋卖给批发商，批发商把皮鞋转卖给零售商，零售商将皮鞋销售给消费者。制革商之所以要购买兽皮，皮鞋制造商之所以要购买皮革，归根到底是因为消费者要去鞋店（零售商那里）购买皮鞋。如果消费者不需要皮鞋，就必然会引起连锁反应：零售商不会向批发商购买皮鞋，批发商不会向制鞋商购买皮鞋，而制鞋商也就不会向制革商购买皮革，制革商也就不会向兽皮商购买兽皮。

（4）产业市场的需求是缺乏弹性的需求。由于生产者市场具有派生性，这就制约着生产资料的购销双方，相对于消费品的需求来说，生产资料的需求就显得缺乏弹性，它不会因价格变动而增减其需求,特别是在短时期内。造成这种现象的主要原因是因为产业市场的需求取决于其生产工艺过程与生产特点,企业在短期内不可能很快变更其生产方式和产品种类。此外,如果原材料的价值很小,这种原材料成本在制成品的整个成本中所占的比重很小,那么这种原材料的需求也缺乏弹性。例如,假设金属鞋眼的价格上涨了,这不会影响金属鞋眼的需求水平。但是,在这种情况下,制鞋商要看哪个金属鞋眼制造商的产品较价廉物美,然后决定从哪里进货。

(5)产业市场的需求是波动的需求。消费者需求的少量增加能导致产业购买者需求的大大增加。这种必然性,西方经济学者称之为加速理论。有时消费者需求只增减10%,就能使下期产业购买者需求出现200%的增减。

(6)专业人员购买。在组织市场的购买中,冲动性购买和受个人偏好影响均比较少,受广告宣传的影响也有限。组织的购买一般都是专家采购。购买越复杂,参与决策过程的人就越多。在采购大宗重要商品时,有技术专家和高层管理人员参与是很常见的。

(7)直接购买。组织市场的购买者往往向供应方直接采购,而不经过中间环节。在购买比较昂贵、技术较复杂或需要较多售后服务的产品时尤其如此。

(8)互惠购买。组织市场的购买者在选择供应商时往往还会要求供应商同样选择自己的产品。惠普公司在向英特尔采购CPU时,希望英特尔公司的商用信息系统选用自己公司的IT产品。

(9)产业购买者有时通过租赁方式取得产业用品。机器设备、车辆、飞机等产业用品单价高,通常用户需要融资才能购买,而且技术设备更新快,因此,企业所需要的机器设备等有部分不采取完全购买方式,而是通过租赁方式取得。

(二)生产者市场购买行为分析

1. 生产者市场购买行为类型

(1)直接重购。这种购买行为是惯例化的,即企业的采购部门或采购中心根据过去的经验,从供应商名单中选择供货企业,并直接重新订购过去采购过的同类产业用品。此种购买决策最为简单。

(2)修正重购。它是指采购部门要适当改变某些产业用品的规格、价格和供应商的购买行为。这种购买行为相对于直接重购,由于涉及购买行为的调整,购买决策更为复杂。

(3)全新采购。它是指企业第一次采购这种产业用品。企业要在一系列问题上做出购买决策,如产品的规格、数量、价格范围、可选择的供应商等,由于购买决策的参与者多,购买风险大,这种购买行为是三种采购中最为复杂的。表4-2展示了生产者市场购买行为的类型与购买阶段的详细步骤。

表 4-2　生产者市场购买行为

购买阶段 \ 购买类型	全新采购	修正重购	直接重购
1. 提出需要	是	可能	否
2. 确定总体需要	是	可能	否
3. 详述产品规格	是	是	是
4. 寻找供应商	是	可能	否
5. 征求供应信息	是	可能	否
6. 供应商选择	是	可能	否
7. 发出正式订单	是	可能	否
8. 绩效评估	是	是	是

2. 影响生产者市场购买行为的因素

（1）环境因素。它是指生产者无法控制的宏观环境因素，主要包括市场基本需求水平、经济前景、货币成本、市场供给状况、技术革新速度、政治法律情况、市场竞争趋势等。例如，如果经济前景不佳，市场需求不振，政局不稳定，产业购买者就不会大量投资，甚至退出其目前所从事的行业。

（2）组织因素。它是指生产者用户自身的经营战略、营销目标、采购政策、工作政策、组织结构、管理体制等方面。如企业追求成本领先，则对低价的产品可能更感兴趣。

（3）人际因素。它是指生产者内部参与购买过程的各种角色的职务、地位、身份、权威、感染力、说服力以及相互关系等对购买行为的影响。

（4）个人因素。它是指生产者用户内部参与购买过程的有关人员的年龄、个性、偏好、教育、风险态度等因素，这与影响消费者购买行为的个人因素比较类似。

图 4-6 展示了影响生产者购买行为的主要因素。

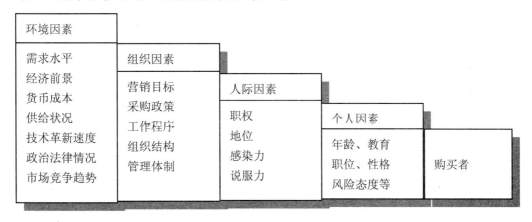

图 4-6　影响生产者购买行为的主要因素

（三）中间商市场购买行为分析

1．中间商市场购买行为类型

（1）购买全新品种。中间商对是否购进及向谁购进以前从未经营过的某种新产品做出决策。决策涉及"买与不买"、"向谁购买"等方面。

（2）选择最佳卖主。此种情况下，中间商已经决定了购买某种商品，因此不涉及"买与不买"的决策，只是要对"向谁购买"做出选择，即寻找合适的供应商。

（3）寻求更佳条件的采购。此种情况下，中间商已经有了合适的供应商，而且不想更换，但是希望现有的供应商在原交易条件下能再做出让步，使自己得到更多的利益。

（4）直接重购。指中间商的采购部门直接按照过去的订货目录和交易条件继续向原供应商购买产品。

2．影响中间商市场购买行为的因素

中间商的购买行为同生产者市场一样，同样受到环境因素、组织因素、个人因素以及人际因素的影响。

小链接：

对于中国企业来说，如果能成为跨国零售商的供应商，就意味着自己的产品能够通过它们的供货渠道，走出国门，得到在世界各国的舞台上展示的机会。

国内企业如何成为跨国零售企业的供应商呢？家乐福（中国）公司有关人士表示，它们主要是采取一种"政府搭台，企业唱戏"的方式，即通过政府推荐可选择的企业，在家乐福举办的大型订货会上达成交易意向。

家乐福选择供应商又有哪些标准呢？家乐福的有关人士表示，家乐福选择供应商不只看规模，更注重产品质量。如果企业规模小，但是产品具有不可替代性，那么家乐福也会把它们考虑在内。要成为家乐福全球采购供应商，必须具备以下条件：有出口权的直接生产厂商或出口公司；有价格竞争优势；有良好的质量；有大批生产的能力；有迅速的市场反应能力；有不断学习的精神；能够准时交货。企业通过家乐福公司的审核，即能加入家乐福的全球采购系统，把产品出口到全球的三十多个国家。

在以上条件中，家乐福尤其看重产品的质量。同时，随着人们对环保的要求越来越高，家乐福在产品品质方面也对供应商有着更详细的要求。一旦通过家乐福的审核，家乐福将对企业在改进产品外包装和设计等方面给予指导和帮助。

沃尔玛新成立的全球采购办事处列举了成为沃尔玛供应商的条件。例如，提供有竞争力的价格和高质量的产品、供货及时、理解沃尔玛的诚实政策、评估自己的生产和配额能力是否能接受沃尔玛的订单（因为通常沃尔玛订单的数量都比较大）等。此外，沃尔玛需要供货商提供其公司的概况，其中包含完整的公司背景和组织材料，以及供应商工厂的资料，包括每年的库存周转率、生产能力、拥有的配额、主要的客户有哪些等。

零售业的采购环节都有一个不可避免的问题，即有些供应商会想方设法通过一些"灰色手段"贿赂采购员。对此，家乐福（中国）公司的人士表示，即使产品通过灰色手段进入了家乐福全球采购系统，如果没有价格上的优势，也会被自然淘汰。家乐福会尽量与供应商建立健康的联系。而沃尔玛打算引进到中国来的技术中包括一套"零售商联系"系统，这个系统使沃尔玛能够和主要的供应商实现业务信息的共享。

（资料来源：http://www.ycwb.com/gb/content/2001-12/14/content_288319.htm）

（四）政府市场购买行为分析

1. 政府市场购买方式

政府市场购买方式主要有公开招标选购、议价合约选购和日常性采购三种，其中公开招标选购为最主要的购买方式。

（1）公开招标选购。它是指政府部门通过传播媒体发布广告或信函，说明拟采购商品的名称、规格数量和有关要求，邀请供应商在规定的期限内投标。政府在规定的日期开标，选择各方面条件最符合要求的供应商作为中标单位。

（2）议价合约选购。它是指同若干供应商就某一采购项目的价格及交易条件展开谈判，最后与符合要求的供应商签订合同，达成交易。

（3）日常性采购。它是指政府部门为了维持日常的办公和组织运行的需要进行采购。如购买办公桌椅、纸张文具等。

2. 影响政府市场购买行为的因素

（1）社会公众。政府的采购工作会受到来自各种社会公众的监督。

（2）国内、国际政治经济形势。如国家安全受到威胁时，军备等的开支就会加大，经济萧条时政府购买会增加，以此拉动经济的发展等。

（3）自然因素。各种自然因素也会影响到政府的购买行为，如自然灾害时期，政府会加大购买进行赈灾。

模块二 案例分析

案例一

李小姐的超级省钱买衣法

李小姐在上海一家讲究仪表的公司工作，大家都很讲究穿着。有个收入相当的同事，光是刷卡买衣一年就有 12 万。而李小姐穿得不比她差，一年总共不过用 1 万元。算起来，一年中，李小姐有 62% 的时间是在办公室，所以买上班可以穿的衣服是利用率最高的。其他的晚装是没机会穿的，运动装、家居服可以适当添些，但比例不能超过 38%。

1. 先购基本款服装，基本色，基本款，料子要硬点，不皱可水洗。外贸货最好。例如，两件套的针织服装，黑色西装套装，直身短裙，白色衬衣，200 元一件可以买到极好的西装了。

2. 再补充点艳色的时尚衣服，如 T-shirt 一类，50 元以下。

3. 便宜又有特色的小饰品多置点，如各色腰带、胸针、项链，3 元一条的腰带质地也很好喔。

4. 再有看家的包和鞋子，基本款的可以买打折品牌货（反正款式多年不变），价格控制在 200～500 元之间。耐用的款式可以用十年呢，又可以提升整体的档次，值得投资。

5. 《瑞丽伊人》杂志 20 元一个月，看完可以将旧衣服配出 N 套新花样。这一方法值得强力推介。

下面来看看李小姐的得意之选。

No.1 服饰：用于工作、见客户

在淮海路的小店，买了一条 GUCCI 的吊带裙，50 元。料子是有弹性的棉布，花样是 2006 年最时兴的白的蓝色大花，很满意。最近比较喜欢去 M 街，买了一件阿曼尼的长袖白西装，是收腰的款式，腰上还有条蓝色的带子，正好跟上面的裙子是绝配，唯一的缺点是会皱。但想想自己也只有这一件短款的白西装。

No.2 服饰：用于周末、平时

上衣是 DKNY 正品的双层纱衣，在 XS 广场买的。外层是花纱，上面有小小的亮片，里面是红纱，也是高搭配的那种。裙子是黄色的军装裙，在 XS 广场对面的商场买的。包是襄阳路买的便宜货，其颜色与衣服很相配，但背起来带子太硬，不舒服。

No.3 服饰：用于宴会、party

基本款式是一件黑色无袖、无吊带的连衣裙。上身搭配有两种：一是配米色西装，显得既随和又精干；二是配 JESSIC 的粉红上衣，兼顾淑女、休闲与工作。在非正式场合，也可以不再另配上衣，而只配一条 CHANEL 的腰链，显得很时尚。

（资料来源：梁士伦，李懋. 市场营销学. 武汉：武汉理工大学出版社，2006.）

思考题：

请用合适的营销理论分析李小姐的购买行为。

案例二

戴尔怎样采购

戴尔采购工作最主要的任务是寻找合适的供应商，并保证产品的产量、品质及价格方面在满足订单时，有利于戴尔公司。采购经理的位置很重要。戴尔的采购部门有很多职位设计是做采购计划、预测采购需求、联络潜在的符合戴尔需要的供应商。因此，采购部门安排了较多的人。采购计划职位的作用是什么呢？就是尽量把问题在前端解决。戴尔采购部门的主要工作是管理和整合零配件供应商，而不是把自己变成零配件的专家。戴尔有一些采购人员在做预测，确保需求与供应的平衡，在所有的问题从前端完成之后，戴尔在工厂这一阶段很少有供应问题，只是按照订单计划生产高质量的产品就可以了。所以，戴尔通过完整的结构设置，来实现高效率的采购，完成用低库存来满足供应的连续性。戴尔认为，低库存并不等于供应会有问题，但它确实意味着运作的效率必须提高。

精确预测是保持较低库存水平的关键，既要保证充分的供应，又不能使库存太多，这在戴尔内部被称为没有剩余的货底。在 IT 行业，技术日新月异，产品更新换代非常快，厂商最基本的要求是要保证精确的产品过渡，不能有剩余的货底留下来。戴尔要求采购部门做好精确预测，并把采购预测上升为购买层次进行考核，这是一个比较困难的事情，但必须精细化，必须落实。

"戴尔公司可以给你提供精确的订货信息、正确的订货信息及稳定的订单。"一位戴尔客户经理说，"条件是，你必须改变观念，要按戴尔的需求送货；要按订货量决定你的库存量；要用批量小，但频率高的方式送货；要能够做到随要随送，这样你和戴尔才有合作的基础。"事实上，在部件供应方面，戴尔利用自己的强势地位，通过互联网与全球各地优秀供应商保持着紧密的联系。这种"虚拟整合"的关系使供应商们可以从网上获取戴尔对零部件的需求信息，戴尔也能实时了解合作伙伴的供货和报价信息，并对生产进行调整，从而最大限度地实现供需平衡。

给戴尔做配套，或者作为戴尔零部件的供应商，都要接受戴尔的严格考核。戴尔的考核要点如下。

1. 供应商计分卡。卡片明确定出标准,如瑕疵率、市场表现、生产线表现、运送表现以及做生意的容易度,戴尔要的是结果和表现,据此进行打分。瑕疵品容忍度:戴尔考核供应商的瑕疵率不是以每 100 件为样本,而是以每 100 万件为样本,早期是每 100 万件的瑕疵率低于 1000 件,后来质量标准升级为 6-Sigma 标准。

2. 综合评估。戴尔经常会评估供应商的成本、运输、科技含量、库存周转速度、对戴尔的全球支持度以及网络的利用状况等。

3. 适应性指标。戴尔要求供应商支持自己所有的重要目标,主要是策略和战略方面。戴尔通过确定量化指标,让供应商了解自己的期望;戴尔给供应商提供定期的进度报告,让供应商了解自己的表现。

4. 品质管理指标。戴尔对供应商有品质方面的综合考核,要求供应商应"屡创品质、效率、物流、优质的新高"。

5. 每 3 天出一个计划。戴尔的库存之所以比较少,主要在于其执行了强有力的规划措施,每 3 天出一个计划,这就保证了戴尔对市场反应的速度和准确度。供应链管理的第一个动作是做什么呢?就是做计划。预测是龙头,企业的销售计划决定利润计划和库存计划,俗话说,龙头变龙尾跟着变。这也就是所谓的"长鞭效应"。

戴尔对供应商供货准确、准时的考核非常严格。为了达到戴尔的送货标准,大多数供应商每天要向戴尔工厂送几次货。漏送一次就会让这个工厂停工。因此,如果供应商感到疲倦和迷茫,半途而废,其后果是戴尔无法承受的,任何供应商"打个嗝"就可能使戴尔的供应链体系遭受重创。然而,戴尔的强势订单凝聚能力又使任何与之合作的供应商尽一切可能规定的要求来送货,按需求变化的策略来调整自己的生产。

在物料库存方面,戴尔比较理想的情况是维持 4 天的库存水平,这是业界最低的库存记录。戴尔是如何实现库存管理运作效率的呢?

1. 拥有直接模式的信用优势,合作的供应商相信戴尔的实力;
2. 具有强大的订单凝聚能力,大订单可以驱使供应商按照戴尔的要求去主动保障供应;
3. 供应商在戴尔工厂附近租赁或者自建仓库,能够确保及时送货。

戴尔可以形成相当于对手 9 个星期的库存领先优势,并使之转化为成本领先优势。在 IT 行业,技术日新月异,原材料的成本和价值在每个星期都是下降的。根据过去 5 年的历史平均值计算,每个星期原材料成本下降的幅度在 0.3%~0.9%之间。如果取得一个中间值 0.6%,然后乘上 9 个星期的库存优势,戴尔就可以得到一个特殊的结构,可以得到 5.5%的优势,这就是戴尔运作效率的来源。

戴尔很重视与供应商建立密切的关系。"必须与供应商无私地分享公司的策略和目标。"迈克尔说。通过结盟打造与供应商的合作关系,也是戴尔公司非常重视的基本方面。在每个季度,戴尔总要对供应商进行一次标准的评估。事实上,戴尔让供应商降低库存,他们彼此之间的忠诚度很高。从 2001 年到 2004 年,戴尔遍及全球的 400 多家供应商名单中,最大的供应商只变动了两三家。

戴尔也存在供应商管理问题，并已练就良好的供应链管理沟通技巧，在有问题出现时，可以迅速地化解。当客户需求增长时，戴尔会向长期合作的供应商确认对方是否可能增加下一次发货数量。如果问题涉及硬盘之类的通用部件，而签约供应商难以解决，就转而与后备供应商商量，所有的一切，都会在几个小时内完成。一旦穷尽了所有供应渠道也依然无法解决问题，那么就要与销售和营销人员进行磋商，立即回复客户，这样的需求无法满足。

"我们不愿意用其他人的方式来作业，因为他们的方法在我们的公司行不通。"迈克尔说。戴尔通过自行创造需求的方法，并取得供应商的认同，已经取得了很好的成绩。戴尔要求供应商不光要提供配件，还要负责后面的即时配送。对一般的供应商来看，这个要求是"太高了"，或者是"太过分了"。但是，戴尔一年200亿美元的采购订单，足以使所有的供应商心动。一些供应商尽管起初不是很愿意，但最后还是满足了戴尔的及时配送要求。戴尔的业务做得越大，对供应商的影响就越大，供应商在与戴尔合作中能够提出的要求会更少。戴尔公司需要的大量硬件、软件与周边设备，都是采取随时需要，随时由供应商提供送货服务。

供应商要按戴尔的订单要求，把自己的原材料转移到第三方仓库，但这个原材料的物权还属于供应商。戴尔根据自己的订单确定生产计划，并将数据传递给本地供应商，让其根据戴尔的生产要求把零配件提出来放在戴尔工厂附近的仓库，做好送货的前期准备。戴尔根据具体的订单需要，通知第三方物流仓库，通知本地的供应商，让他把原材料送到戴尔的工厂，戴尔工厂在8小时之内把产品生产出来，然后送到客户手中。整个物料流动的速度是非常快的。

（资料来源：张世国. 戴尔帝国. 北京：中国商业出版社出版，2004.）

思考题：

1. 戴尔的采购从哪些方面反映了产业购买者的共同行为特征？
2. 请将案例一李小姐的购买行为与戴尔的购买行为相比较，分析消费者购买行为与组织市场购买行为的区别。
3. 假设你所在的公司是一家生产液晶显示器的大型企业，现在打算将戴尔由潜在客户变为现实客户，请你为自己的公司提出一套能够实现这一目标的方案。

案例三

雪糕（冰淇淋）产品的购买行为

（一）背景资料

为了帮助雪糕（冰淇淋）厂家更深入、准确地了解消费者对该类产品的动态需求，以便在产品高度同质化元素的市场中发现新的、有价值的细分市场,满足不断变化的消费心理与消费需求,作为中国专业的食品市场调研与整合营销策划机构的北京英昊亚太咨询有限公司于 2002 年 5 月 26 日—6 月 2 日,对北京雪糕(冰淇淋)市场进行了一次有针对性的调研。本次调研方法为入户访问,在北京市八城区采用分层随机抽样方式成功访问了 366 个居民家庭。同时,在对问卷数据进行分类录入的基础上,研究人员采用 SPSS for Windows 10.0 专业分析软件,对上述调查数据进行了频数、交互及相关分析。

数据分析表明,该市场具有以下特点。

(二)调查分析结果

1. 品牌美誉度——伊利最高

超过半数的消费者认为伊利是最好的雪糕(冰淇淋)品牌,比率达到 52.2%;以下依次为和路雪、蒙牛和宏宝莱。可以看出,雪糕(冰淇淋)是品牌集中度很高的食品类别。

2. 品牌力、产品力、销售力三者相辅相成

调查显示:有 56.6%的消费者最喜欢伊利品牌,伊利的品牌忠诚度较其品牌美誉度还要高出近 5 个百分点;和路雪的品牌忠诚度也略高于其品牌美誉度。伊利与和路雪除了品牌力强外,同时也有强大的产品力与销售力支持(伊利从苦咖啡、四个圈到小布丁、心多多,和路雪的可爱多、千层雪等产品,占领着不同的细分市场),而且这两个品牌的广告、促销力度优势明显。除了电视广告外,几乎在所有的销售终端都有伊利、和路雪的广告展牌和各类产品陈列。品牌力、产品力和竞争力的有机统一是伊利、和路雪市场成功的三个重要的互动因素。

3. 消费者喜欢吃的雪糕(冰淇淋)的品牌与品种

调查发现,消费者喜欢吃的雪糕(冰淇淋)产品主要有以下几种。

① 伊利:小布丁、心多多、苦咖啡、四个圈。

② 和路雪:可爱多、梦龙、七彩旋、千层雪。

③ 蒙牛:奶油雪糕棒、大冰砖、鸡蛋奶糕。

④ 宏宝莱:绿豆沙、沙皇枣。

4. 近四成消费者认为吃雪糕(冰淇淋)会发胖

当被问及吃雪糕(冰淇淋)对身体有哪些坏处时,有 41.6%的被访者担心会发胖;往下依次是吃多了对胃不好(22.1%)、对牙齿不好(11.6%),吃多肚子疼(10.6%)和含糖量高、对身体不好(5.6%)。归纳起来,消费者认为多吃雪糕(冰淇淋)对身体主要有两大坏处,一是雪糕(冰淇淋)含糖、含脂高,担心多吃会发胖;二是雪糕(冰淇淋)特别凉,吃多会对肠胃不好。由于该类产品的目标消费群体主要是青少年,因而,如何化解他们吃雪糕(冰淇淋)的顾虑,也是各厂家实现销售增长的主要方向之一。

5. 消费者每天吃 2 支的比率过半

调查显示，在 6—10 月份，消费者每天吃 2 支雪糕（冰淇淋）的比率接近半数，为 46.6%；每天吃 1 支的为 24.8%；每天吃 3 支的为 16.2%；每天吃 4 支的为 5.7%；而每天吃 5 支以上的重度消费者也占到 6.7%。雪糕（冰淇淋）单位价格虽然不高，但整个市场容量巨大，如何增大单一产品的销售规模是厂家取得好的经济效益的关键。

6. 价格：1—5 元最受欢迎

调查结果显示，有 39.0% 的消费者经常购买 1.5 元的雪糕（冰淇淋），经常购买 1 元的也占到 33.3%，两项合计达到 72.3%。也就是说，在 10 个购买雪糕（冰淇淋）产品的消费者中就有 7 个人经常购买价位在 1—1.5 元之间的产品。

7. 每月支出：集中在 21—50 元

调查显示，在 6—9 月份中，有 32.4% 的消费者每月吃雪糕（冰淇淋）的花费在 21—30 元之间；在 31—50 元之间的占 24.8%。可以看出，近六成消费者每月该类产品的消费主要集中在 21—50 元之间。当然，由于雪糕（冰淇淋）季节消费差异明显，6—9 月份是该类产品的销售旺季，因而其他月份的消费相对较低。

8. 产品销售：靠终端制胜

与其他众多食品销售渠道不同的是，社区小冰点（30.6%）、超市（28.6%）和路边小冰点（27.7%）共同构成雪糕（冰淇淋）产品三个重要的销售终端。雪糕（冰淇淋）在销售过程中一直需要冷藏，冰柜需要较高的成本投入，因而每个城市从批发商到零售商的冰柜数量都是有限的，产品的储存也只能到一定的规模。因此，谁能拥有更多的经销商，控制更多的冰柜数量，谁就能在市场中占据有利的位置，并且可以有效地抑制竞争对手产品的销量。

9. 和路雪广告比产品支持率高

有 47.1% 的消费者认为伊利的广告做得最好；认为和路雪广告做得好的占 38.5%，比率接近伊利。而和路雪的广告（38.5%）比产品（28.1%）的支持率高出 10 个百分点。这通过和路雪与伊利系列产品的对比不难看出。总体而言，和路雪的价格要高于伊利，这可能是和路雪销量相对于广告支持率略少的主要原因。

10. 广告和促销对购买的影响力

调查显示，广告的影响力集中在 50%—90%；促销的影响力集中在 50%—80%。因此，广告、促销对消费者购买雪糕（冰淇淋）产品均有着重要的影响。

11. 现有产品的十大不足

调查显示，现有的雪糕（冰淇淋）产品有十大不足：没有凉的感觉；奶油太多，越吃越渴；容易融化；含糖量高；有些产品价格太高；纸包装；形状、口味、包装大多数相同，无新鲜感；品种太多；产品的质量不稳定；不能降火、解暑。

（资料来源：陈信康. 市场营销学案例集. 上海：上海财经大学出版社，2003.）

思考题：

1. 根据以上的调查结果，分析雪糕（冰淇淋）市场消费的主要特征。
2. 你认为应开发怎样的新品种，才能赢得消费者的支持与忠诚，在竞争对手如林的雪糕（冰淇淋）市场占据一席之地，并在其中游刃有余呢？

模块三 实 训 练 习

实训一

【实训目的】

通过实训，了解影响中间商购买行为的相关因素。

【组织方式】

将学生分成小组，每组约 10 人，组成调研小组去超市调研，并撰写分析报告。

【实训内容】

对有关超市进行调查，了解相关资料，结合生产者市场行为理论剖析超市采购过程，说明其购买过程有可能受哪些因素的影响。

实训二

【实训目的】

通过实训，了解消费者的购买行为特点。

【组织方式】

由学生总结自己日常购买行为中的特点，比较分析，并以小组形式汇总。

【实训内容】

分析当今大学生的消费特点。

1. 大学生消费与其他消费群体的区别有哪些？
2. 影响大学生购买行为的主要因素有哪些？

实训三

【实训目的】

通过实训，了解不同商品购买决策过程的差异性。

【组织方式】

分成三个小组分别演示以下几种购买决策过程。

【实训内容】

比较购买以下产品或服务的决策过程有何不同。

1．一本《市场营销学》书籍。
2．一部5 000元的电脑。
3．牙膏、方便面等日用品。

模块四　单 元 测 试

（一）名词解释

消费者市场　动机　知觉　相关群体　亚文化　组织市场　中间商市场

（二）单项选择题

1．价格低廉、品牌差异小的产品，消费者无须花时间选择即可购买的行为，称为（　　）。

　　A．复杂型购买行为　　　　　　　B．习惯性购买行为
　　C．多样化购买行为　　　　　　　D．减少失调型购买行为

2．有时消费者市场需求只增减10%，就能使下期产业购买者需求出现200%的增减。这说明产业市场需求的特征之一是（　　）。

　　A．波动的需求　　　　　　　　　B．引申的需求
　　C．需求规模大　　　　　　　　　D．购买者集中

3．王刚正在购买一套两室两厅的单元房，其购买行为应该属于（　　）。

　　A．习惯性购买行为　　　　　　　B．寻求多样化购买行为
　　C．化解不协调购买行为　　　　　D．复杂购买行为

4. 按照马斯洛的需要层次论，最高层次的需要是（　　）。
　　A．生理需要　　　　　　　　　　　B．安全需要
　　C．自我实现需要　　　　　　　　　D．社会需要
5. 参照群体不包括（　　）。
　　A．首要群体　　B．次要群体　　C．向往群体　　D．集体
6. 下列影响消费者购买行为的因素中（　　）不属于社会因素。
　　A．参照群体　　B．社会角色　　C．社会阶层　　D．家庭
7. 在消费者信息来源中，来自广告、推销员、经销商、包装等的信息属于（　　）。
　　A．个人来源　　B．商业来源　　C．公共来源　　D．经验来源
8. 生产者市场最复杂的购买类型是（　　）。
　　A．全新采购　　B．修正重购　　C．直接重购　　D．代理采购
9. 生产者市场最复杂的购买中，购买过程需要（　　）个阶段。
　　A．6个阶段　　B．7个阶段　　C．8个阶段　　D．10个阶段
10. 购买全新品种、选择最佳卖主、寻求更佳条件的采购、直接重购是下列哪一类市场购买行为（　　）。
　　A．消费者市场　　　　　　　　　　B．政府市场
　　C．生产者市场　　　　　　　　　　D．中间商市场

（三）多项选择题

1. 消费者市场的主要特点有（　　）。
　　A．广泛性　　　B．分散性　　　C．复杂性
　　D．易变性　　　E．发展性
2. 一个国家的文化包括的亚文化群主要有（　　）。
　　A．语言亚文化群　　　　　　　　　B．宗教亚文化群
　　C．民族亚文化群　　　　　　　　　D．种族亚文化群
　　E．地理亚文化群
3. 消费者对产品的评价主要涵盖（　　）。
　　A．产品属性　　B．属性权重　　C．品牌信念
　　D．效用要求　　E．评价模型
4. 人们对刺激物产生的知觉有（　　）等几种层次的理解。
　　A．选择性注意　　　　　　　　　　B．选择性扭曲
　　C．选择性保留　　　　　　　　　　D．选择性淘汰
　　E．选择性理解

5．同一社会阶层的成员具有类似的（　　）。
　　A．收入　　　　　B．个性　　　　　C．价值观
　　D．兴趣　　　　　E．行为
6．确定生产者用户的需要是指通过价值分析，确定所需产品的（　　）。
　　A．品种　　　　　B．性能　　　　　C．数量
　　D．特征　　　　　E．服务
7．批发商和零售商的产品组合策略主要有（　　）。
　　A．独家产品　　　B．深度产品　　　C．广度产品
　　D．混合产品　　　E．整体产品
8．中间商的购买多属（　　）。
　　A．冲动购买　　　B．习惯购买　　　C．专家购买
　　D．理性购买　　　E．非专家购买

（四）简答题

1．消费者市场有哪些特点？
2．为什么消费者会产生购买后失调感？怎样减少和消除购买后失调感？
3．组织购买市场与消费者购买市场相比，有哪些主要特征？
4．组织采购决策一般会由哪些主要角色所构成？对组织购买行为各产生怎样的作用？

单元五　市场营销调研与预测

学习目标：

1. 能阐述市场营销调研的内容、步骤，并能够组织调研活动。
2. 能概括市场营销调研的具体方法，并能根据实际情况选择运用。
3. 能运用市场营销预测方法，对市场需求进行测量和预测。

引例

宝洁：深入消费者生活做营销

（一）深入消费者生活

吉姆·斯滕格尔对营销最深刻的认识源自一箱箱没卖出去的除体臭剂。1995年，他时任宝洁捷克共和国和斯洛伐克共和国业务部总经理，在察看销售和市场份额数据时，他注意到除体臭剂类产品的销售还很有潜力可挖。所以，为了把Secret品牌推荐给更多的消费者，他决定大量发送赠品。这是一种最基本的营销手段。

实际上，捷克妇女把除体臭剂当香水，根本不常用。在辛辛那提宝洁总部办公室里，斯滕格尔回忆说："它并不是日用品。"斯滕格尔免费发送的样品数量相当于客户8个月的使用量。他说："我们的销售额是零。没有任何进展。这是个典型案例，我们离客户太远。其实本来不用费多大劲就能了解，捷克妇女并不是每天都用除体臭剂。"

10年后，斯滕格尔成为宝洁的全球营销总监，宝洁获得的经验是离消费者越近越好（即使他们根本不用除体臭剂）。斯滕格尔解释说，离他们越近，你就越了解他们的所作所为以及他们的生活方式。这个简单的道理激发了宝洁某些方面的巨变。因为宝洁是世界上最大的广告商之一，它的这些变化很有可能动摇我们所熟知的营销模式。

作为20世纪20年代市场调研的先驱，宝洁现在正在彻底改造这门学科。宝洁不再调查消费者使用什么产品，而是开始探索他们怎么使用产品，实际上就是走出去，或者可以看做是一种旅行。斯滕格尔手下的3 500名市场人员深入到消费者生活和工作的地方，观察他们的行为，无论是在脖子上涂抹除体臭剂的捷克妇女，还是洗涤衣物的中国村民。市场人员的目标是：为开发新产品寻找新点子，为现有产品寻找新用法，为建立客户关系寻求途径。这种调研方法对担当风险的能力、实验水平的要求都超出了宝洁在这些方面的特长。

"我们努力的目标是让我们的市场人员不经过任何中介直接介入消费者的生活，"斯滕格尔说到，"我们觉得这样做会带来无数的创新机会。"

（二）建立在深入了解的基础上

"以消费者为中心的营销"一词如此泛滥，几乎已经失去了实际的意义。但是，对斯滕格尔来说，这个短语的确有特殊的意义，开展营销项目时，不带任何成见地问个问题："谁是消费者？她与别人有什么不同？"虽然这个问题很简单，但是很多公司都答不上来。纽黑文大学营销学教授乔治·哈雷说："大部分的调研只是调查某个产品，而不调查整个市场。"宝洁不这么做，现在，宝洁更关注消费者生活的方方面面，以此来确定营销该从何处下手。哈雷说："宝洁真正明白了一个道理，必须更深入地了解顾客，了解他们的喜好和嫌恶，他们使用媒体的习惯，他们喜欢使用哪些媒体，又如何利用这些媒体，无论是他们看到的、听到的，或是与之有互动的媒体。"

斯滕格尔说到，"这种调研要求我们走入消费者的家庭，体验他们的日常生活，与家庭成员共进午餐，参与洗熨衣物这样的家务琐事；还要和顾客一起按预算购物，体验她所使用的技术，比如说用互联网购物和收发手机短信等。"对于斯滕格尔来说，深入生活能为市场人员提供全新的视角，比如说不能把帮宝适只看做是一种尿布湿，它还是帮助母亲抚育孩子成长的助手。一旦有了这样的视角，"一切都会改变：与研发部的讨论内容变了，与销售部的讨论变了，与客户关系部的讨论也会变化。"

宝洁对纺必适（Febreze）的宣传就做了调整。以前，公司只把这种产品当做消除衣物上烟味等难闻气味的除味剂来宣传。宝洁"家庭关爱研发与全球表面清洁"副总裁卡尔·罗恩说："如果只把它当做除烟味剂，对烟味重重的西装当然很好，但是这种产品的所有好处就没有充分发掘出来。"换言之，如果只针对西服上有烟味的消费群体进行推销，那么就会失去其他众多有除味需求的消费者。

所以宝洁的市场人员开始调研纺必适的其他使用方法，而且发现了一些新用途：有个男人把它喷在运动包上；有个女孩用它去除衣橱里的怪味，有个年轻人把它喷在汽车的坐椅上。这同一个产品有这么多尚待开发的新市场。根据这些调研结果，市场人员改变了纺必适品牌所承载的信息，从"除味剂"变成了"织物清新剂"。罗恩说，在2002年以来的3年时间里，公司业务规模因此得以以每年近50%的速度增长。

宝洁一直非常看重花时间与消费者进行沟通。20世纪80年代，斯滕格尔做品牌经理的时候就是这样做的。但是20年前，"我们的做法更机械，更依赖焦点小组讨论，以主持人推动为主。"他说："现在，我们尽可能探寻新的方式，使市场人员能够诚实、自然地去体验我们的品牌是如何融入消费者的生活的。"

（三）明明白白的想法

2004年，宝洁中国营销部和研发部共组建了若干个由10人组成的小组，到安徽省六安县和陕西省信阳县的两个村子，与那里的村民一起过了一天。这些小组亲眼看到了当地村民当做一项集体活动来做的一件事情——洗衣服。

斯滕格尔说："村民们在大街上用脸盆一起洗衣服。这是个长时间的社交活动。所以我们的人员就和村民们待在一起。"这些小组还了解到村民们对洗涤用品的看法很保守，"我们发现，他们所需要的，是具有基本清洁功能、而价格又不贵的洗衣粉，他们不需要那些对高端客户们很重要的洗涤功能，比如说熨烫和软化衣物等功能。"保洁中国外部联络高级经理查尔斯·张说。

这些小组回来以后，进行了交流。宝洁利用他们的调研结果，用斯滕格尔的话来说，"完全改变了我们对（那个地区的）洗熨衣物的看法。"宝洁开发了单包装汰渍洁白洗衣粉，每包便宜到只要几毛钱，这种产品完全不同于为更富裕的消费者喜欢的那种大包家庭经济装产品。但是变化不仅在包装上。"媒体规划变了，配方变了，广告也变了。新的广告反映了这些人（村民）的价值观和生活方式。我们的业务突飞猛进。"

（资料来源：http://mkt.icxo.com/htmlnews/2006/08/08/895725_0.htm）

在现代市场营销观念下，营销管理的任务就是在满足消费者需求和欲望的前提下达成企业的利润目标。企业营销管理人员为完成上述任务，需要对企业可控制的因素（即产品、定价、分销和促销策略）进行综合运用，以制定有效的市场营销策略，而后者必须建立在收集全面和可靠的市场信息基础之上。因此，经常开展市场营销调研，建立企业的市场营销信息系统，对企业的信息资源进行全面的科学的管理，是企业制定市场营销决策的前提与基础。企业必须重视对营销调研的管理和研究。

模块一　基　础　知　识

企业要想更好地满足消费者的要求，适应消费者的需要，就必须研究市场，预测未来的市场需求大小，这些离不开市场信息的搜集，营销调研正是为提供这种服务而产生的。

在深入调研、掌握信息的基础上,通过科学的预测方法可以帮助营销管理者认识未来的市场需求,了解市场的发展空间,从而为企业制定合理的营销策略提供依据。

一、市场营销调研

(一)市场营销调研的含义和作用

市场营销调研,是指系统地设计、收集、分析并报告与企业营销有关的数据和研究结果的营销活动。通过营销调研,可以使营销人员了解营销环境,发现机会与问题,并将其作为市场预测和营销决策的依据。

其作用主要表现在以下几个方面。

1．有利于制定科学的营销规划

企业只有通过营销调研,分析市场,了解市场,才能根据市场需求及其变化、市场规模和竞争格局、消费者意见与购买行为、营销环境的基本特征,科学地制定和调整企业营销规划。

2．有利于优化营销组合

企业根据营销调研的结果,分析研究产品生命周期,制定产品生命周期各个阶段的营销策略组合,制订企业开发新产品计划;企业可以根据消费者对现有产品的态度,改进现有产品,开发新用途,设计新产品;通过测量消费者对产品价格变动的反应,分析竞争者的价格策略,确定合适的定价;通过了解消费者的购买习惯,确定合适的销售渠道;掌握消费者心理变化,改进企业促销方式。

3．有利于开拓新的市场

通过市场调研,企业可发现消费者尚未满足的需求,测量市场上现有产品满足消费需求的程度,从而不断开拓新的市场。

(二)市场营销调研的内容

市场营销调研主要包括以下几个方面内容的调研。

1．市场环境信息调查

利用宏观市场环境调查,可以跟踪最新的政治、经济、社会、文化发展动态,借以寻找企业新的发展机会,同时及早发现可能存在的威胁,做好应变准备。宏观市场营销环境主要包括政治法律、社会经济、社会文化、科学技术、自然地理、社会人口六大类营销方面的信息。具体的营销实践中,可根据具体问题,针对其中某一类宏观环境因素进行调研,对于那些影响较小的因素则可以不作考虑。

2. 市场需求调研

某种产品的市场需求是指在特定时期消费者愿意并且有能力购买的产品的数量。市场需求是组成市场最主要的部分,同时是市场调查的主要内容。市场需求是营销调研中最重要的内容,因为需求是营销管理的核心,企业只有在确定和捕捉消费者需求之后,才有可能采取适当的营销组合,满足消费需求,最终实现企业目标。市场需求调查内容主要包括如下几个方面。

(1) 市场需求总量的调查。通过调查,了解市场购买的产品数量以及购买水平。

(2) 市场需求构成调查。通过调查,了解顾客对各种产品在数量、质量、品种、式样、价格等方面的要求。

(3) 消费者购买动机、购买方式以及购买习惯的调查。它主要包括由谁购买(Who)、购买什么(What)、为何购买(Why)、谁参与购买(Who)、何时购买(When)、何地购买(Where)、怎样购买(How),即通常所讲的"6W"、"1H"调查。使用行为包括消费者使用产品的方式、频率、品牌偏好及对本企业产品的满意度等;另外关于消费者生活方式的特点和差异也是营销中比较关注的问题。调查的目的是制定企业的产品、价格、渠道和促销等方面的策略。

(4) 消费者对企业营销策略的反馈情况、对企业产品与价格的满意度、对营销服务的要求等情况的调查。调查的目的是改进企业的生产,提高企业的营销能力。

3. 竞争状况调查

调查的内容主要包括:有没有直接或间接的竞争对手;如果有的话,是哪些;竞争对手的所在地和活动范围;竞争对手的生产经营规模和资金状况;竞争对手生产经营商品的品种、数量、价格、服务方式及在消费者中的声誉和形象;竞争对手技术水平和新产品开发经营情况;竞争对手的销售渠道;竞争对手的宣传手段和广告策略;现有竞争程度、范围和方式以及潜在竞争对手状况。通过调查,可将本企业的现有条件与竞争对手进行对比,为制定有效的竞争策略提供依据。

4. 营销组合因素调查

(1) 产品调查。主要了解消费者对产品的用途、质量、性能、售后服务等的评价和要求,消费者对研制新产品的要求,对拟推出的新产品的评估,产品正处于市场生命周期的什么阶段等。

(2) 价格调查。了解消费者和中间商对现有产品价格的反应,他们认为适宜的售价是多少,新产品如何定价,老产品如何调整,应采取什么样的价格策略等。了解产品价格的变动对消费者购买量以及满意度的影响。

(3) 营销渠道调查。了解目前采用的分销渠道效果如何,是否需要调整。结合目前企业的产品和市场特点,决定是运用直接渠道还是间接渠道,是宽渠道还是窄渠道,消费者对销售网点的分布有何要求等。

（4）促销调查。促销调研主要是对企业在产品或服务的促销活动中所采用的各种促销方法的有效性进行测试和评价。如广告目标、媒体影响力、广告设计及效果；公共关系的主要方式及效果；企业形象的设计和塑造等。

（三）市场营销调研的步骤

市场营销调研必须根据人们的认识规律，科学地安排市场调研的程序。一般而言，市场营销调研程序见图 5-1，主要有明确调研主题、拟订调研计划、收集调研信息、分析调研信息和提交报告 5 个阶段。

图 5-1　市场营销调研过程

1．明确调研主题

在这个阶段中，市场营销调研的主要职能是对所要进行的调研主题及目标进行非正式的探测性摸底调研，主要分 3 个阶段完成。

（1）明确问题。在开展市场营销调研任务之初，项目委托者会对营销调研的相关情况进行介绍，但这种介绍并不总是详尽或者确切的。这时市场营销调研人员必须搞清楚所要调研的问题究竟是什么，同时要了解调研的目的究竟是什么。

（2）情况分析。这是在明确调研问题的基础上，由市场营销调研人员利用自己的知识和经验，根据已经掌握的资料，进行初步分析。通过情况分析，调研人员会对调研的项目框架有个大致了解。

（3）初步调研。初步调研也叫非正式调研，是由市场营销调研人员与一些和调研问题相关的、熟悉这方面情况的人士进行交谈，以进一步了解情况、积累资料。通过非正式调研可以及时终止那些不必要的调研内容；可以合理地界定调研范围和深度，为第二阶段的调研工作打下良好基础；有些问题如果可以通过非正式调研解决，则可以及时终止下一步复杂的正式调研。

2．拟订调研计划

调研计划是有关如何深入分析相关问题，达到调研目标的活动安排。企业在开展市场营销调研之前，必须对调研项目有一个总体的设计和规划，并做好充分的准备工作。调研计划的内容包括：规定收集什么样的资料，找谁收集资料，谁来收集资料，如何收集，费用预算等。具体来说，主要应规划好 6W、2H 8 个方面的内容，见表 5-1。

表 5-1 调研计划的框架

项　　目	含　　义	任　　务
What	调研什么	明确调研主题
Why	调研目的（原因）	明确调研目的、意义与目标
Which	调研对象	随机抽样、非随机抽样
Who	调研主体	委托外部机构调研、自己独立调研、内外协作调研
When	调研时间	调研日程、信息时限
Where	调研范围	明确调研总体与总体单位
How to do	调研方法	询问法、观察法、实验法；原始资料，二手资料
How much	调研预算	人、财、物消耗预算

3．收集调研信息

（1）资料来源。营销调研的资料来源与收集方法，主要分为原始资料与二手资料收集两类。

① 原始资料是指营销调研所需的信息没有被别人收集，或别人已经收集但调研单位无法获取，通常需要调研人员通过现场实地调查直接收集的资料。

② 二手资料是指经过他人收集、记录、整理所积累的各种数据和资料的总称。第二手信息资料主要来源于企业内部各部门，如档案部门、资料室等；企业外部，如图书馆、档案馆、政府机构、国际组织、新闻出版部门等；行业组织与其他企业等。

（2）调研方法。营销调研收集原始资料的方法主要有询问法、观察法与实验法三大类。

① 询问法。它是调研人员将拟定的调研问题通过询问的办法向调研对象获得回馈资料信息的方法。询问法主要由留置问卷、邮寄问卷、访问法、小组讨论法、电话询问、网站发布调查问卷等方法组成。询问法调研的主要优点是灵活性强，可以收集不同场合下的各种信息。其缺点是需要足够的样本规模与有效的组织策划。如果没有足够的样本规模，收集到的信息就会缺乏代表性；如果组织不好、问卷设计不好或者信息资料回收率低，就很难收集到有效的信息。

② 观察法。它是调研人员在收集资料时，在调查现场不直接向被调查者提出问题，而是通过有针对性的观察来收集原始资料，以此来研究被调查对象的心理与行为。这种调查是在被调查者没有觉察的情况下完成的，可用于获取被调查对象不愿意或不能提供的信息。观察法除了人员观察外，还可以由机械来处理，如许多广告效果资料通常用机械记录器来收集。观察法由于是有目的地直接观察，减少了调查者主观偏见带来的影响，所得资料比较客观和准确，实用性也比较大。但是由于它只能看到事态的现象，不能说明原因，特别

是被调查者的感情、动机、态度等无法触摸到,所以调研人员在使用观察法的时候还要配合使用其他信息收集方法。

③ 实验法。它通常是为了验证某个问题假设,目的是为了说明事物间的因果关系。它是在给定条件下,通过实验对比,对营销环境与营销活动过程中的某些变量之间的因果关系及其发展变化进行观察分析。实验法多用于调研市场营销策略、销售方法、广告效果以及各种营销因素(如产品设计、价格、包装等)的变动对销售的影响。实验法的缺陷是时间长、费用大;选择实验的市场不一定有代表性;影响市场需求的可变因素很多且不易把握;所得结论不容易互相比较等。

4. 分析调研信息

此阶段主要工作是整理、分析所获取的资料,撰写调研报告,提出结论和意见。通过调查和实验得来的原始数据必须加以分析和鉴别。通过整理,务求资料系统化、简单化和表格化,达到准确、适用和完整的目的。调研报告要紧密围绕调研的目的与要求,做到有的放矢。

5. 提交报告

调研人员向营销主管提出与进行决策有关的主要调查结果。调研报告应力求简明、准确、完整、客观,为科学决策提供依据。调研报告的编写与提交,并不是整个调研过程的结束,而需要继续追踪调研,对原结果进行补充、修正和完善。

二、市场需求的测量与预测

市场营销预测就是根据过去和现在的情况,推测未来的发展,并通过分析研究,为企业的营销决策提供进行比较选择的初始方案以及实施这些方案的最佳途径。市场营销预测的内容十分广泛。一般来说,对市场需求、商品资源、市场占有率、市场价格、产品生命周期、营销效果等都可做预测。

(一)相关概念

1. 市场需求

所谓市场需求,即某个产品的市场需求,是指一定的顾客在一定的地理区域、一定的时间、一定的市场营销环境和一定的市场营销方案下购买的总量。

(1)市场营销力量

市场营销力量是指企业所有刺激市场需求的活动。市场需求对各种营销力量反应的敏感程度也各不相同,根据其发生作用方面的不同,其影响力可分为四个层次:市场营销支出水平,即所有花费在市场营销上的支出;市场营销组合,即在特定时期内企业所用市场营销工具的类型与数量;市场营销配置,即市场营销力量在不同顾客群体间的配置;市场营销效益,即企业运用市场营销资金的投入产出比。

(2)市场反应函数

市场需求并非一个常量,而是一个函数,其大小受到以上几个因素的影响。用横轴表示市场营销费用,纵轴表示市场需求,可以得到如下关系(见图5-2)。

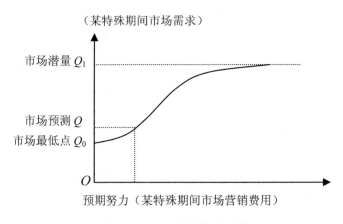

图5-2　行业市场营销费用

Q_0:即使没有任何需求刺激,不开展任何市场营销活动,市场对某种产品的需求仍会存在,一般把这种情形下的销售额称为基本销售量,也称市场最小量。

Q_1:在市场营销费用超过一定数量后,即使市场营销费用进一步增加,但市场需求却不再随之增长。一般把市场需求的最高界限称为市场潜量。

由图5-2可以看到,即使不进行任何的营销刺激,市场对某种商品依然会存在着一定量的需求,这种情形下的销售额称为基本销售量。随着营销刺激的使用,营销费用的增加,市场需求一般也会增加,且增长速度呈现先递增后递减的趋势。当营销费用达到一定数量以后,即使营销费用不断增加,但市场需求却不再随之增长,这个市场需求的最高界限称为市场潜量。

2. 市场预测和市场潜量

与计划的市场营销费用相对应的市场需求,称为市场预测。也就是说,市场预测表示在一定的环境条件和市场营销费用情况下估计的市场需求。

市场预测是估计的市场需求,但它不是最大的市场需求。最大的市场需求是指对应于最大的市场营销费用的市场需求。市场潜量是指在一定的市场营销环境条件下,当行业市场营销费用逐渐增高时，市场需求达到的极限值。市场营销环境的变化深刻地影响着市场需求的规模、结构以及时间等，也深刻地影响着市场潜量，见图5-3。

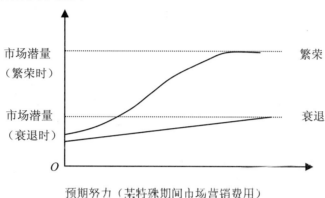

图 5-3 市场营销环境对市场潜量的影响

3．企业需求

企业需求就是在市场总需求中企业所占的需求份额。其公式为

$$Q_i = S_i Q$$

其中，Q_i为企业i的需求；S_i为企业i的市场占有率（即企业在特定时间内，在特定市场上某产品销售额占总销售额的比例）；Q为市场总需求。

4．企业预测和企业潜量

市场营销力量的高低决定了销售额的大小。与计划水平的市场营销力量相对应的一定水平的销售额，称为企业销售预测。因此，企业销售预测就是根据企业确定的市场营销计划和假定的市场营销环境确定的企业销售额的估计水平。

企业潜量是指当企业的市场营销力量相对应于竞争者不断增加时，企业需求所达到的极限。企业需求的绝对极限就是市场潜量。如果企业的市场占有率为100%，即企业成为独占者时，企业潜量就等于市场潜量。但这只是一种极端状况。在大多数情况下，企业销售量小于市场潜量。

（二）当前市场需求的测量

1．总市场潜量

总市场潜量就是指在一定期间内，一定水平的行业市场营销力量下，在一定的环境条件下，一个行业中所有企业可能达到的最大销售量。其公式为

$$Q=nqp$$

其中，Q 为总市场潜量；n 为既定条件下特定产品的购买者数量；q 为平均每个购买者的购买数量；p 为产品价格。

企业计算出总市场潜量后，还应将它与现有市场规模进行比较。现有市场规模是指目前实际购买的数量或金额。显然，它总是小于总市场潜量。估计现有市场规模占总市场潜量的比例，对于制定正确的市场营销决策十分重要。总市场潜量、现有市场规模和企业市场占有率的情形如图 5-4 所示。

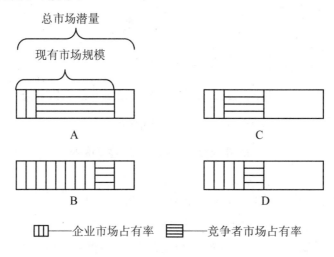

图 5-4　总市场潜量、现有市场规模和企业市场占有率

图 5-4 中，A、B 表明现有市场规模占总市场潜量的很大比例，也就是说，可能购买该产品的顾客大部分都已经购买了；C、D 表明现有市场规模只占总市场潜量的一半左右，这是典型的新产品进入市场的情形。从市场占有率来看，A、C 表示企业的市场占有率很小，B、D 表示企业的市场占有率较大。无论企业的市场占有率大还是小，都有两种选择：一是争取竞争者的顾客；一是争取尚未开发的市场潜量。例如，在 D 的情况下，企业的市场占有率已经很大，所以，它的最佳选择是争取尚未开发的市场潜量。

2. 区域市场潜量

估计各个不同区域的市场潜量，目前较为普遍地采用两种方法：市场累加法和购买力指数法。产业用品生产企业一般使用市场累加法，消费者生产企业则多采用购买力指数法。

（1）市场累加法

所谓市场累加法，是指先确认某产品在每一个市场的可能购买者，之后将每一个市场的估计购买潜量加总合计。当企业知道自己所有的潜在买主，并且知道每个人可能购买的数量时，可以采用市场累加法计算市场潜量。

（2）购买力指数法

所谓购买力指数法，是指借助与区域购买力有关的各种指数来估计其市场潜量的方法。要注意的是，区域市场潜量的估计只能反映相对的行业机会，而不是相对的企业机会，企业还需要根据品牌占有率、竞争者的类型、销售力量的大小等来修正所估计的市场潜量。

3．估计实际销售额和市场占有率

企业不仅要顾及总市场潜量和区域市场潜量，还应了解本行业的实际销售额。根据国家统计部门公布的统计数字，企业可以了解到本行业总的销售状况。例如，如果企业的销售额年增长率为6%，而整个行业的增长率为10%，这就意味着企业的市场占有率在下降，企业在行业中的地位已被削弱，而竞争者却发展迅速。

（三）未来市场需求的预测

企业从事市场需求预测，一般要经过3个阶段，即环境预测、行业预测和企业销售预测。

1．市场需求预测的基础

（1）人们所说的。在此基础上的预测方法主要有购买者意向调查法、销售人员综合意见法以及专家意见法。

（2）人们所做的。在此基础上的预测方法主要有试验法，即把产品投入市场进行试验，观察销售情况及消费者对产品的反应。

（3）人们已做的。在此基础上的预测方法主要有时间序列法和统计需求分析法，即分析反映过去销售情况和购买行为的数据，对未来的需求做出预测。

2．市场需求预测的主要方法

（1）购买者意向调查法。此种方法预测产业用品的未来需要更为准确。用此种方法预测消费者购买行为时，由于消费者的购买动机或计划常因某些因素的变化而变化，因此准确性较差。

（2）销售人员综合意见法

在无法与顾客直接接触时，企业可通过听取销售人员的意见来估计市场需求（见表5-2）。

表 5-2　销售人员销售预测意见综合表

销售人员	预测项目	销售额（万元）	概　　率	销售额（万元）×概率
李销售员	最高销售	3 000	0.2	600
	可能销售	2 100	0.5	1 050
	最低销售	1 200	0.3	360
	期望值			2 010
赵销售员	最高销售	2 500	0.3	750
	可能销售	2 000	0.6	1 200
	最低销售	1 600	0.1	160
	期望值			2 110
张销售员	最高销售	2 050	0.2	410
	可能销售	1 800	0.6	1 080
	最低销售	1 600	0.2	320
	期望值			1 810

在表 5-2 中，如果 3 个销售人员素质接近，权重相同，则平均销售预测值为

$$\frac{2010+2110+1810}{3}\approx 1976.6（万元）$$

（3）专家意见法

企业也可以利用诸如分销商、供应商及其他一些专家的意见进行预测。现在较为普遍的就是德尔菲法，其基本步骤如下。

① 成立预测领导小组，选定专家；

② 拟定征询表，准备背景材料；

③ 进行多轮征询；

④ 做出预测结论。

（4）市场试验法

除了以上借助"人"的因素来预测市场之外，企业还可以直接借助"市场"的力量来预测市场，即通过市场试验的方法来进行。这种方法在预测一种新产品的销售情况和现有产品在新领域的销售情况时，效果最好。

（5）时间序列分析法

企业以往的销售数据也可以作为对未来需求预测的依据。建立在此基础上的预测方法，如时间序列法，即以时间推移来研究和预测市场需求。由于企业过去的销售情况对未来的

销售活动有着重要影响,因此,这种方法有着理论依据。具体而言,常用的时间序列法有以下几种。

① 简单平均法

公式为
$$Y_i = \sum X_i / N$$

其中,Y_i 为第 i 期的预测值;N 为资料期数;X_i 为时间序列资料的每个数据。

例如,某酒店商品部 2001—2006 年的销售额资料,见表 5-3。

表 5-3 某酒店商品部 2001—2006 年的销售额资料

单位:万元

年 份	2001	2002	2003	2004	2005	2006
商品销售额	210	195	200	197	205	202

若采用算术平均法,则 2007 年的销售额预测值为:
$$Y_i = \sum X_i / N = (210+195+200+197+205+202)/6 = 201.5 (万元)$$

② 加权平均法

公式为
$$Y = \sum W_i X_i / \sum W_i$$

其中,W_i 为与 i 相对应的权数。

假定对表 5-3 中 2001 年—2006 年的数据分别赋予权值 1、2、3、4、5、6,用加权平均法,则 2007 年的销售额预测值为
$$Y = \sum W_i X_i / \sum W_i = (210 \times 1 + 195 \times 2 + 200 \times 3 + 197 \times 4 + 205 \times 5 + 202 \times 6)/(1+2+3+4+5+6) = 201.2 (万元)$$

(6)统计需求分析法

统计需求分析法就是用一整套的统计学方法来发现影响企业销售的最重要的因素,以及这些因素影响的相对大小。企业常用的分析因素主要有价格、收入、人口以及促销等。统计需求分析法将销售量看做是以上变量的函数,通过统计方法来揭示这些变量与销售量之间的相关关系。如多元回归技术就是这样一种数理统计方法。

要注意的是,需求预测是一项十分复杂的工作。当未来需求趋势相当稳定,或是竞争条件、竞争对手相对稳定时,预测较为简单。但大多数情况下,企业所处环境都是不断变化的,环境的不稳定性也造成需求的不稳定,这时需求的预测就更为复杂。

模块二 案例分析

案例一

把肯德基的"家庭宴会"介绍给英国人

到20世纪90年代,肯德基进入英国市场已30年,并开设了三百多家连锁店。为了直接与当地流行的鱼肉薄饼店展开竞争,肯德基最初定位"外卖"概念,因此店内座位很少,甚至没有座位。由于竞争者——麦当劳(到现在已有五百多家连锁店)的发展及其他美国快餐公司的流行,肯德基将面临寻找其竞争优势的挑战。在英国,肯德基的传统消费者是年轻男性,他们一般在当地酒吧与朋友聚会后,在很晚的时候光顾肯德基。但在当地也有一些具有浓厚家庭气氛的餐馆连锁店,这些店具有很强的竞争力。因此,肯德基很难维持现有的状况。从市场角度出发,肯德基认为需要重新进行定位,它想把其现有的经营方式转变为家庭聚会形式。很明显,为了适应英国市场,肯德基有必要确定并调查英国市场家庭价值观问题。

(一)定义调研问题

肯德基(英国)部的市场总监约翰·沙格先生会晤了公司的营销部人员及广告代理商。这次会晤的目的是确定最佳方案,以使肯德基的消费对象从青年男性扩展到家庭领域。沙格先生在执行重新定位策略的过程中遇到了3个棘手的问题,并由此展开了讨论。首先,多年来肯德基已在英国消费者心目中形成了一种强烈的"外卖"式餐馆的印象,且其主要消费者一直都是青年男性。"外卖"概念在英国消费者心中已根深蒂固,因此公司可能会花好几年的时间使其形象转变为"友好家庭"概念。其次,肯德基的忠实消费者一直是青年男性,由此给人一种否定女性消费者的感觉。经常出入肯德基的都是青年男性,有时甚至是喝醉了酒的男人,因此母亲们都认为把孩子带进肯德基很不安全。再次,竞争者——麦当劳进入英国市场要比肯德基晚10年,但它却迅速地弥补了这个时间上的损失。现在,麦当劳仅用于儿童广告的单项支出已超过了肯德基的全部广告费用,麦当劳对于家庭的吸引力要比肯德基好很多。

沙格先生和广告代理商意识到,就公司的长期生存能力而言,肯德基重新进行形象定位是至关重要的,因为家庭是快餐行业最大且增长最快的一部分消费者。由此,肯德基营销管理层此刻面临的问题是:如何使公司对英国的母亲们具有足够的吸引力,以及如何使她们经常购买肯德基的食品作为家庭膳食。所以,英国肯德基面临的两个主要问题是:

1. 相似的"家庭宴会"是否会吸引英国的母亲们？
2. "家庭宴会"的推出是否会使肯德基的品牌在英国的整体形象及知名度有所提高？

（二）确定调研设计方案

对于母亲们进行的"家庭宴会"概念研究，将帮助我们确定肯德基的这个想法在英国是否具有生命力，这也就解决了上述两个问题。如果它对母亲们具有吸引力，则"肯德基家庭宴会"将在英国全面推行，同时也将开始研究由此而产生的商业及消费者行为。一旦推行"家庭宴会"概念，则将制订相关调查方案，包括第二手资料分析、专题座谈会、对于英国母亲们的典型调查以及最终的销售及消费者追踪研究。

（三）实施调查

在专题座谈会阶段，肯德基（英国）的研究人员走访了英国各地一些有12岁以下孩子的母亲，并与她们展开了一系列的讨论，如她们喜欢的餐馆及快餐店等。由于不希望造成母亲们的偏见或反对的局面，因此在此过程中并没有提及调查委托人。所有的专题座谈会都用摄影机录下，并将母亲们的观点制作成文件以备分析所用。

特定目的分析是指对不同变量的一系列的比较，如价格、食物的数量以及套餐中是否包括餐后甜点或饮料等。公司设计了一份结构性问卷以获得这些资料，同时，为减轻管理的压力，还对该问卷进行了预测。市场追踪问卷是一份标准的并具有结构性和定量性的问卷，它具有一些与先前进行的追踪研究不同的优点。

在定性研究阶段进行的专题座谈会的访问对象来源于英国伯明翰、利兹、伦敦等3个城市的母亲，每一个小组都含有10~12个在过去3个月中在快餐店就餐过的妇女。定性研究的访问对象来源于英国10条主要道路上随机抽取的200名妇女。市场追踪研究是定期性全国追踪研究的一部分，其访问对象来源与定性研究相似，这将通过在英国具代表性的区域持续进行拦截访问来完成。为了区别在不透露委托人情况下收集到的资料，有关"家庭宴会"的知名度及好处的特定问题将在定期追踪问卷最后被提及。

200个样本的调查以及追踪研究应由专业营销调研公司经过培训和富有经验的访问员来完成，调查过程大约需要两个星期的时间。而一旦决定在全国推行"家庭宴会"，则应在定期追踪研究中加入有关"家庭宴会"的问题，这需要6个月的时间完成。

（四）调查资料分析

根据调查，肯德基（英国）当前正供应一种称为"经济套餐"的膳食，它包括8个鸡块和4份常规薯条，售价为12美元。而准备推行的"家庭宴会"包括8个鸡块、4份常规的薯条、2份大量的定食，如豆子和色拉，以及一个适合4人食量的苹果派。调查过程中，对这两种膳食进行了比较。分析结果表明，如果"家庭宴会"的售价在10英镑以下（约

16美元），则它会更受人们的欢迎。人们认为"家庭宴会"的价格更为合理，食物更为充足，因此将更喜欢、更愿意购买"家庭宴会"套餐。在这些研究发现的基础上，肯德基（英国）推出了"家庭宴会"。品牌追踪研究解决的第二个问题，即"家庭宴会"的推出是否会使肯德基的品牌在英国的整体形象有所提高。对于整体价值的追踪调研显示：在推出"家庭宴会"时，肯德基（英国）的整体价值信用度要比竞争者——麦当劳低10个百分点，但到追踪调研阶段结束时，两者的价值信用度已经相同了。年底时，肯德基豪华膳食销售的比例已从10%上升到20%，整整增加了一倍。

其他的追踪研究因素包括连锁餐馆的知名度、"家庭宴会"的知名度以及"家庭宴会"的销售情况。尽管麦当劳在英国的电视广告是肯德基的4倍，但"家庭宴会"的广告还是创造出了前所未有的品牌广告知名度。

人们更喜欢"家庭宴会"，因此其销量远高于"经济套餐"。而从财务角度看，尽管"家庭宴会"的总利润率比"经济套餐"低，但其总利润高于后者。令肯德基员工感到惊讶的是，"家庭宴会"的销量上升了，但同时"经济套餐"的销量却仍然维持在原来的水平。造成这种情况的原因可从对"家庭宴会"消费者的调查结果中反映出来，即不同类型的消费者对这两种食物具有不同的喜好，一般人口多的家庭喜欢"家庭宴会"，而人口少的家庭仍喜欢购买"经济套餐"。

"家庭宴会"利用了肯德基原有的实力，因此从竞争地位的角度来看，"家庭宴会"能有效地与其他的快餐店展开竞争。除了原有的青年男性购买者外，肯德基还将其消费者领域扩展到了家庭。相对于原有的汉堡和薯条等食品，母亲们更喜欢肯德基提供的这种有益健康并符合家庭风格的膳食，"家庭宴会"最终成了肯德基（英国）首要的销售项目。在不断重塑自己的良好形象并和其他快餐店展开有力的竞争中，肯德基从营销调研上获得了很高的收益。

（资料来源：[美] 阿尔文. C. 伯恩斯，等. 营销调研（第二版）. 北京：中国人民大学出版社，2001.）

思考题：

1. 肯德基（英国）定义的调研问题是什么？
2. 它是怎样实施调研的？
3. 它是怎样分析调查资料的？
4. 为什么英国人更喜欢"家庭宴会"？

案例二

BC 人民广播电台频道改造需求调查

BC 人民广播电台计划于 2004 年对现有频道的整体风格按照名人"脱口秀"的传播风格进行改造。"名人脱口秀"对于已习惯了目前广播节目风格的中国广播听众来说是一件新事物,其接受的程度如何?对于新频道有怎样的内在需求?与之相关联的新频道采取怎样的运作机制和节目风格与中央电台都市频道竞争?……这些都需要通过一定的调研手段加以明确,才能降低市场风险,在频道改造伊始便能够形成传播优势,在社会效益和经济效益两个方面形成比较强的竞争力,同时,在内部栏目管理、资源整合、广告策略等重要方面旗开得胜。

(一)调查方法

1. 定量调查(略)
2. 定性调查:小组座谈会

(1)第一场:广告代理公司/媒介购买公司座谈会

甄别条件:过去三个月在 BC 电台或中央电台购买过广告时段的广告代理公司或媒介购买公司的广告业务决策人或主管

执行时间:2003 年 10 月 12 日

参会人数:10 人

(2)第二场:广告主座谈会

甄别条件:过去三个月在 BC 电台或中央电台投放过企业广告的企业广告业务决策人或主管

执行时间:2003 年 10 月 13 日

参会人数:10 人

(二)调研总体发现

1. BC 电台改版势在必行——生与死的抉择

小组座谈会中,各广告代理商、广告主对广播都非常了解,对于 BC 电台目前在北京广播业中的形势都非常忧虑,认为节目收听率低、目标听众老年化、广告环境差,频道经营已经形成了恶性循环。不少广告客商甚至说:"如果 BC 电台再不改版,再过一两年,BC 电台就要从北京的广播业中彻底消失了。"在这种形势下,BC 电台改版还有一线生机,不改就是坐以待毙。如何改?是小打小闹、缝缝补补?还是改头换面、焕然一新?广告代理商、广告主一致认为,小手术已经不足以救活 BC 电台,只有彻底摆脱过去 BC 电台的影子，完全纯粹的改变才能让 BC 电台有机会活起来。BC 电台改版为城市广播，定位在社会热点话题的名人脱口秀节目，这种整体的重新定位是非常正确的，只要定位准确有效，又可以实现定位，BC 电台总会闯出一片新天空。

2. 目标受众——广告商、广告主的最爱

移动收听人群的加入，特别是私有车主加入到广播听众中来，使得广播业走出低谷，日益繁荣。交通台的成功，更是对移动收听人群中私有车主广告价值的市场认同。这一类人，年龄在 25 岁以上、有学历、收入不错、有思想、社会化程度高。BC 电台定位的社会热点话题评论在他们所关注的节目中排名第四，相当有吸引力，新鲜的名人脱口秀风格会让这种节目更加与众不同，只需在话题的选择、谈话的风格上更适合这类人的需求，BC 电台就一定能锁定这批最有广告价值的收听人群作为目标受众。

另外，根据听众需求调查数据结果，我们发现移动人群中的私有车主的收听习惯很不固定，还不算是广播的忠实听众。但正因为如此，这部分人才存在着可开发的价值，BC 电台正好可以用差异性定位来吸引这部分人。当然，定义目标受众的目的并不是只考虑这些人的需求，但事业有专攻，我们首先要满足的是目标受众的需求，其次才是其他受众。这种听众的主次层次的划分要体现在频道经营的各种环节上，从节目选题、节目风格、节目编排，到广告经营中所针对的行业。

（资料来源：刘昱. 经典营销案例新编. 北京：经济管理出版社，2008.）

思考题：

1. BC 电台为何选择座谈会的调查方法？这种调查方法有何特点？
2. 如何选择座谈会的对象？开好座谈会应注意的细节问题有哪些？

模块三 实训练习

实训一

【实训目的】

通过实训，学习如何设计调查问卷，并撰写营销调研报告。

【组织方式】

分组，其中一部分确定调研方法，设计调查问卷；一部分进行问卷的调查工作；一部分负责最后调查结果的汇总，并撰写调研报告。

【实训内容】

假设要在学校周围开一家书店,请根据要调查的问题,设计一份调查问卷,并进行调查,然后做一份营销调研报告。

实训二

【实训目的】

通过实训,学习如何设计有效的调查问卷。

【实训内容】

某公司对某地热水器市场调查问卷如下。

非常高兴您能作为本公司的客户代表之一,作为我们高贵的客人。我们需要听取您的意见,耽误您几分钟,谢谢合作。

您家有热水器吗?

有□　　没有□

若"有",请回答:

1. 什么时候买的?

　　1993年以前□　　1993—1997年□　　1998—2002年□

2. 是什么类型的?

　　电热水器□　　燃气热水器□

3. 是什么牌子及产地?

4. 使用过程中,最大的缺点是:

　　比较耗电(气)□　　不太安全□　　容易出故障□

　　操作不方便□　　出水量太小□　　其他□

若"没有",请回答:

1. 未购买的原因:

　　收入低□　　住房条件不好□　　怕不安全□　　其他□

2. 如您要购买,您喜欢哪种类型的?

　　电热水器□　　燃气热水器□

3. 若要购买,您打算什么时候购买?

　　2002年底以前□　　2002—2003年□　　2003年以前□

4. 若以下条件不能同时满足,您最优先考虑哪一种?

　　省电(气)的□　　出水量大的□　　操作方便的□　　不容易出故障的□

　　其他□

填表说明：

1. 对选中的答案，在该答案后的方框"□"中打"√"。
2. 在有"其他"的地方，必要时，请填写相应的情况或意见。

思考题：

1. 此调查问卷设计上有什么错误？
2. 此调查问卷设计还缺少什么？请补充完善。
3. 请你做一份某产品使用效果的调查问卷。

实训三

【实训目的】

通过实训，学习如何根据实际情况选择调研方法。

【实训内容】

国内某化妆品有限责任公司于20世纪80年代初开发出适合东方女性需求特点的、具有独特功效的系列化妆品，并在多个国家获得了专利保护。营销部经理初步分析了亚洲各国和地区的情况，首选日本作为主攻市场。为迅速掌握日本市场的情况，公司派人直赴日本，主要运用调研法搜集一手资料。调研显示，日本市场潜量大，购买力强，且没有同类产品竞争者，使公司人员兴奋不已。在调查基础上又按年龄层次将日本女性化妆品市场划分为15～18岁、18～25岁（婚前）、25～35岁及35岁以上四个子市场，并选择了其中最大的一个子市场重点开发。营销经理对前期工作感到相当满意，为确保成功，他正在思考再进行一次市场试验。另外公司经理还等着与他讨论应采取何种定价策略。

思考题：

1. 该公司运用的搜集一手资料的调研法一般有哪几种方式？各有何特点？
2. 请你为该公司营销经理提供几种进行市场试验的方法。

模块四 单元测试

（一）名词解释

市场营销调研　抽样调查　调查问卷　调研报告　探索性调研　企业潜量　市场潜量
市场营销力量　市场需求　描述性调研　总市场潜量

（二）单项选择题

1. 对不愿接受访问的对象最适宜采用的调查方式是（　　）。
   A．电话访问　　　　B．邮寄问卷　　　　C．人员访问　　　D．上门调查
2. 在市场营销研究中，最经济、实用的调查方法是（　　）。
   A．电话访问　　　　B．邮寄问卷　　　　C．人员访问　　　D．抽样调查
3. 以向企业管理人员提供有关销售、成本、存货、现金流程、应收账款等各种反映企业经营现状信息为其主要工作任务的系统，是市场营销信息系统中的（　　）。
   A．市场营销情报系统　　　　　　　B．市场营销研究系统
   C．市场营销分析系统　　　　　　　D．内部报告系统
4. 一手资料主要是来自（　　）。
   A．公司记录　　　　　　　　　　　B．政府的统计资料
   C．实地调研　　　　　　　　　　　D．数据库
5. 一般把市场需求的最高界限称为（　　）。
   A．市场潜量　　　　B．市场预测量　　　C．市场最小量　　D．企业潜量
6. 有些商店在店内货架上安装电视照相机，记录顾客目光的运动过程，以弄清顾客如何浏览各种品牌。这种搜集资料的方法属于（　　）。
   A．实验法　　　　　B．观察法　　　　　C．调查法　　　　D．专家估计法
7. 在市场营销研究中，需要花费成本最高的调查方法是（　　）。
   A．电话访问　　　　B．邮寄调查　　　　C．面谈访问　　　D．抽样调查
8. 在预测一种新产品的销售情况时，利用（　　）方法效果最好。
   A．购买者意向调查法　　　　　　　B．销售人员综合意见法
   C．专家意见法　　　　　　　　　　D．市场实验法
9. 企业从事销售预测，不包括（　　）过程。
   A．环境预测　　　　　　　　　　　B．行业预测
   C．企业销售预测　　　　　　　　　D．产品需求预测
10. 当企业的市场营销力量相对应于竞争者不断增加时，企业需求所达到的极限称为（　　）。
    A．企业潜量　　　　　　　　　　　B．市场潜量
    C．区域市场潜量　　　　　　　　　D．销售潜量

（三）多项选择题

1. 根据预测发生范围，市场预测可分为（　　）。
   A．长期预测　　　　B．宏观预测　　　　C．微观预测
   D．定性预测　　　　E．定量预测

2. 市场调研计划的主要内容包括（　　）。
   A. 资料来源　　　　B. 调研方法　　　　C. 调研工具
   D. 抽样计划　　　　E. 接触方法
3. 市场营销信息系统由（　　）构成。
   A. 内部报告系统　　B. 外部报告系统　　C. 营销情报系统
   D. 营销调研系统　　E. 营销分析系统
4. 询问调查法分为（　　）。
   A. 面谈调查　　　　B. 电话调查　　　　C. 问卷调查
   D. 随机调查　　　　E. 邮寄调查
5. 问卷中封闭式问题主要包括（　　）。
   A. 自由回答题　　　B. 开放式问题　　　C. 补充回答题
   D. 二项选择题　　　E. 多项选择题

（四）简答题

1. 市场营销调研的过程有哪些？市场营销调研的主要内容有哪些？
2. 企业常用的市场营销调研方法有哪些？采用问卷调查法时，各类问卷的设计需要注意哪些问题？
3. 营销调研的目的有哪些？按照调研目的的不同，营销调研可分为哪几类？

（五）计算题

某小型超级市场2002—2008年销售额如表5-4所示，请用适当的方法对2009年及2010年的销售额进行预测。

表5-4　某小型超级市场2002—2008年销售额

单位：万元

年　份	2002	2003	2004	2005	2006	2007	2008
销售额	520	540	560	550	580	600	618

战略篇

　　对于现代公司而言，市场营销战略往往是其公司战略的核心内容。市场营销战略是企业市场营销部门根据战略规划，在综合考虑外部市场机会及内部资源状况等因素的基础上，确定目标市场，选择相应的市场营销策略组合，并予以有效实施和控制的过程。市场营销战略的确定是一个相互作用的过程，也是一个创造和反复的过程。

单元六　目标市场营销战略

学习目标：

1. 能阐明市场细分的标准，并能据此进行合理的市场细分。
2. 能识别影响目标市场选择的因素，并正确选择目标市场。
3. 能够根据企业实际情况进行市场定位。

引例

麦当劳"成也细分，败也细分"

（一）公司背景简介

麦当劳作为一个国际上的驰名商标，创立于20世纪50年代中期的美国。由于那时战后的美国经济处于黄金发展时期，工薪阶层的工作节奏很快，市场需要方便快捷的饮食，当时的创始人Ray A. Kroc及时抓住这个良机，瞄准细分市场需求特征并对产品进行准确定位而一举成功，且于1955年在美国芝加哥成立麦当劳公司。当今的麦当劳拥有五十余年的辉煌历史，已成为一个全球性权威快餐连锁店，目前在109个国家开设了2.5万家连锁店，年营业额超过34亿美元。同时，麦当劳至今仍保持着创业初期对客户的承诺，其中有两个非常重要的词语：快捷，卫生！

（二）经营成败历程

麦当劳公司经营取得的巨大成功让世人震惊和艳羡，其成功原因是多方面的。其实麦当劳成功有个不可磨灭的功臣因素，那就是它一开始准确、合理地细分市场。因此，在长达50年的经营运作过程中，公司始终都没有放弃对细分市场的追逐，一直围绕着细分市场作决策，其发展历程显示出该公司"成在细分市场，败也在细分市场"。

同时，回顾麦当劳公司的发展历程后发现，麦当劳尽管一直非常重视市场细分，但也曾遭遇过非常惨重的失败，尤其是2002年度财务报告反映，该年第四季度首次亏损的亏损额就高达2.43亿美元。面对此挫折，公司立即进行系统分析与研究，结果发现：麦当劳在众多的细分市场中对目标市场及其相关需求特征注意不是很多，而且，更重要的是每个细分市场应采取的经营策略存在一定失误，从而导致了亏损的发生。鉴于不同细分市场的需求特征及其变化趋势客观上存在差异，因此，公司必须针对不同细分市场的具体情况进行深入分析与研究。

（三）麦当劳公司市场细分与宣传

麦当劳公司主要根据三大要素进行市场细分，即地理要素、人口要素和心理要素。

1. 地理要素细分市场

麦当劳可能在这个细分市场上做得不够细致。麦当劳有国内市场，也有国际市场，而各个国家有各自不同的饮食习惯和文化背景，所以，麦当劳要在世界市场保持霸主地位，就必须对市场进行细致的地理细分。麦当劳进行地理细分的主要目标在于分析各区域的差异。对于国内市场，麦当劳以西方饮食文化为主导；而在国外市场就没有抓住特色。

地理细分要求把市场细分为不同的地理单位进行经营活动，例如，美国东部的人爱喝清淡的咖啡，西部的人爱喝较浓的咖啡。麦当劳连锁店作为一个跨国家和地区的企业，其服务范围遍及世界各地：109个国家，2.5万家连锁店。它每年都需要花大量的资金来进行认真的、严格的市场调研，研究各地的人群组合、文化、习俗，再书写详细的市场细分报告，每个国家，甚至每个地区都要有一种适合当地生活方式的市场策略。接下来的重点就是把结果应用到实际中，但它好像做得不够。

以前，麦当劳选择开分店的地址是人流大的地点。如在中国，先在主要的大城市开分店，逐步向其他城市扩展。但是现在，各大城市快餐供应已趋饱和状态。因此必须对这些细分市场进行分析，考虑这些市场是否具有吸引力，是否值得进入。

2. 人口要素细分与定位

再来看此公司的人口要素细分。在这方面麦当劳做得比较成功，这也就是公司能在经营出问题的时候仍然可以存活下去的原因。

（1）人口要素细分

市场细分、目标市场和产品定位是企业取胜的关键。通常，人口细分主要根据年龄、性别、家庭人口、家庭生命周期、收入、职业、教育、宗教、种族、国籍等相关变量，把市场分割成群体。人口因素是细分消费者群的最流行的依据，其中一个原因是消费者的需要、欲望和使用率经常紧随人口变量的变化而变化；还有一个原因是人口变量更易衡量。

作为一个餐饮业的巨头，麦当劳对人口因素进行非常仔细的分析，主要从年龄及生命周期阶段对人口市场进行细分。其中，将不到开车年龄的划定为少年市场，将20~40岁之间的年轻人界定为青年市场，理解他们的生活方式，知道他们时间有限，要求吃得又快又好；而对于老年市场，麦当劳公司在对其宣传中将经济实惠作为重点，同时，还尽力鼓励他们到本公司工作。

（2）不同市场特征与定位

麦当劳针对上述细分市场采用不同的广告宣传方式，如对青少年市场做的广告是以摇摆舞曲音乐、冒险性和快速画面穿插为特点；而对老年人市场的广告宣传则突出柔和并富有情调。实际上，儿童在餐饮方面极有可能成为家庭非常重要的影响因素。因为对父母而言，让小孩快乐、负担得起、方便选买、省时间、不必煮饭、省麻烦、有好吃的食物、自觉是个好父母，这些因素将使成年父母顺从孩子的意愿。可见儿童这个市场是非常重要的，它占领了麦当劳很大的市场份额。

但是，近年来由于新的竞争者加入，迫使它必须另外开拓市场。除了儿童市场，能开拓的目标市场就是老年人市场和成年人市场。老年人消费量不大，对麦当劳来说，这个市场并不具有很大的吸引力。而成年人市场则很有开发潜力。然而，成年人对麦当劳的忠诚度并不高。针对这种情况，麦当劳已经采取了很多措施，包括以成年人细分市场为目标市场进行促销活动，每6个月组织一次促销性游戏。同时，麦当劳还是第一家为黑人和南美人设置专门营销机构的大型零售店。

3. 心理要素细分与失误

麦当劳的失误发生在心理细分这一部分。通常，按人们的生活方式划分，快餐业有两个潜在的细分市场：方便型和休闲型。但随着人们生活水平的不断提高，快餐业细分市场必须追随市场变化而及时调整，尤其在近代出现的一种新型细分市场渐浮水面，并迅速地扩张，这就是常说的健康型细分市场。根据有关资料反映，此细分市场有抢占市场潮流的趋势。

首先，健康型细分市场的出现有其必然性，无论是积极的需求还是消极的应对，都共同促进了健康型细分市场的拓宽和发展。其中，积极的需求因素在于人们对经济发展的高度期望以及卫生健康意识的不断提高，更多的人追求高生活质量，卫生机构不断完善以满足此类增长的需求；消极应对是鉴于目前环境不断恶化，加之医疗保险费用高、污染导致的疾病升级、工作精神压力增大等。

其次，健康型细分市场具有很强的结构吸引力，有着广大的具有购买力的消费群。例如在美国，处于中间阶层或以上的人（大都有足够的购买力）占了全国人口将近一半；欧洲市民上街游行，提倡食用绿色食物。

最后，健康型细分市场符合企业目标和资源要求。

尽管长期以来麦当劳公司一向以卫生、洁净为宗旨，但是疏忽了市场变化的本质趋势，即人们对健康的追求，这才是企业所追求的终极目标。而麦当劳公司在这方面做得相当失败，这也是2002年第四季度公司亏损的关键主因。实际上，七八十年代时麦当劳公司曾经有过一次相当成功的心理市场细分，即休闲型；然而在90年代，却忽略了一块新的心理细分市场，那就是人们对于健康的日益看重。面对市场新的需求特征，麦当劳公司却固守着已有原料和配方，而这些原料制作而成的高热和高脂类食物，对于关注健康的消费者来说是不可容忍的。它对一些在我们消费者看来不是很重要的方面做了足够的功夫，可是对我们看来很重要的健康，它只用很小篇幅的举措就敷衍过去了。它在试图用一种配方、一种口味来满足世界上最大部分人的需要。它想生存、获利，这样做无可厚非，但是当它想在饮食世界称霸的时候就不够了。如果麦当劳不在心理细分的健康上下足够的功夫，未来的发展仍会遇到很多问题。

（资料来源：http://www.docin.com/p-24718204.html）

任何企业都没有足够的人力资源和资金满足整个市场或追求过分大的目标，只有扬长避短，找到有利于发挥本企业现有的人、财、物优势的目标市场，才不至于在庞大的市场上瞎撞乱碰。如何科学、合理地对整体市场进行细分，在此基础上选定企业的特定服务对象，即目标市场，是制定企业营销战略的基本出发点。

模块一 基础知识

由于消费心理、购买习惯、收入水平、地理位置等的差别，消费者对同种产品或同类产品的具体消费需求往往并不相同，甚至差别极大。这就决定了任何一个企业都不可能满足所有消费者对某种产品的需求。同时，由于企业资源、设备、技术等方面的限制，以及效率的考虑，企业也不可能满足全部消费者的不同需要。因此，一个企业要想在市场竞争中求得生存与发展，必须通过市场调研，将消费者细分为需求不同的若干群体，从而专注于满足某一类或某几类特定消费者的需要，即做出"为谁的需要服务"的经营抉择，这种抉择就是目标市场的选择。那么，企业怎样才能科学地选定自己的目标市场呢？首先，必须对市场进行细分，市场细分是企业选择目标市场的基础和前提；其次，在市场细分的基础上，选择自己的目标市场；再者，根据目标市场的实际需求、竞争状况及竞争者的市场定位、企业自身的声誉及资源来确定自己的市场定位战略。

一、市场细分

市场细分（Market Segmentation）是在 20 世纪 50 年代中期，由美国市场营销学家温德尔·斯密（Wendell R.Smith）首先提出来的一个概念。它是企业营销思想的新发展，是企业选择目标市场战略的思想，它适应了卖方市场向买方市场转变这一新的市场形式，是企业经营贯彻以消费者为中心的市场营销观念的产物，从而成为市场营销理论的重要组成部分。

（一）市场细分概念

市场细分就是企业通过市场调研，根据整体市场消费者需求的差异性，以影响消费者需求和欲望的某些因素为依据，区分不同需求顾客群体的过程。每一个消费者群就是一个细分市场，亦称"子市场"。经过市场细分，在同类产品市场上，就某一个细分市场而言，顾客的需求具有较多的共同性，而不同的细分市场之间的需求具有较多的差异性。

以消费者对化妆品的需求为例，不同的消费者对化妆品有不同的需求，有的需要保湿，有的要求美白，有的要求除皱等。由此，可根据其追求的功能、要满足的利益的不同，将化妆品的消费者划分为若干个需求不同的消费者群，这样，化妆品市场就被细分为若干个子市场。可见，市场细分不是对产品市场进行划分的，而是对消费者进行划分的，它是识别具有不同要求或需要的购买者或用户群的活动。

（二）市场细分的客观基础

市场之所以能够细分，是因为消费需求的差异性、消费需求的相似性、企业资源和营销能力的有限性等造成的。

1. 消费需求的差异性

市场之所以能够细分成若干个需求不同的细分市场，主要原因是消费者对同种产品的消费需求存在着差异性。从需求角度考察，产品市场可以分为两类：一类产品的市场叫做同质市场，另一类产品的市场叫做异质市场。同质市场就是指消费者或用户对某种产品的需要、欲望、购买行为大致相同，同时对企业营销策略的反应也具有极为相似的一致性。在现实生活中，消费者的需求实际上是千差万别的，因此，绝大多数产品的市场是异质市场。异质市场是指消费者或用户对某种产品的质量、特性、规格、档次、花色、款式、质量、价格、包装等方面的需要与欲望是不相同的，或者是在购买行为、购买习惯等方面存在着差异性。正是这些差异，使得市场细分成为可能。因此，市场细分也可描述为是将一个异质市场划分为若干个同质市场的过程。

2. 消费需求的相似性

市场细分并不总是意味着把一个整体市场加以分解。实际上，细分化是一个聚集过程而不是一个分解过程。所谓聚集过程，就是把具有相似需求的人们或用户集合成群，形成类似的消费者群体，从而形成具有一定个性特征、相对独立且比较稳定的某一个细分市场。聚集的过程可以依据多种变量连续进行，直到鉴别出其规模足以实现企业利润目标的某一消费者群。

3. 企业资源和营销能力的有限性

任何企业，其资源和营销能力是有限的，不可能同时满足所有消费者的需求，只能在自身资源和能力所允许的范围内，生产经营某类或某几类产品或服务，以满足某些消费者群的某些方面的需求。这种资源和能力的有限性，要求企业必须对整体市场进行细分。

（三）市场细分的标准

市场细分的客观基础是消费需求的差异性，因此，必须以某些影响消费者需求的因素为标准对市场进行细分。由于影响消费者市场和影响生产者市场需求的因素不同，因此消费者市场和生产者市场的细分标准有所不同。

1. 消费者市场细分的标准

影响消费者需求的因素很多，主要有人口因素、地理因素、心理因素和行为因素4个方面。这4个方面的因素即可作为消费者市场细分的标准。

（1）人口因素

人口因素，即企业按照人口变量（包括年龄、性别、收入、职业、教育水平、家庭规模、家庭生命周期阶段、宗教、种族及国籍等）来细分消费者市场。由于以人口统计变量细分市场较之其他变量更容易衡量，因此，该标准适用范围比较广泛。许多消费者市场都是按这一标准细分的。

① 按年龄细分。人们在不同年龄阶段，由于生理、性格、爱好的不同，他们对同种消费品的需求往往存在着很大的差别。因此，按年龄变量可将某种产品的消费者市场细分出许多各具特色的细分市场，如儿童市场、青年市场、中老年市场和老年市场。

② 按性别细分。许多商品在用途上具有明显的性别差异，而且两性之间在购买行为、购买动机、购买角色等方面，也存在着很大的差别。因此按性别变量可将某种产品的消费者市场细分为男性市场和女性市场，如服装、化妆品等就可以以性别作为细分依据。

③ 按收入细分。收入水平的不同，影响着消费者的购买行为和购买习惯。如收入高的消费者会购买高价产品，且一般喜欢到大百货公司和名牌专卖店购买；收入低的消费者一般会购买低价产品，且一般到超市、专业批发市场及普通商店购买。因此，以收入变量为标准，可将某种产品的消费者市场分为高收入、中等收入和低收入市场等。

④ 按职业和教育程度细分。从事不同职业的人其收入不同，职业特点也不同，这会引起许多需求上的差异。教育程度不同的人，在生活方式、文化素养、价值观念等方面都会有所差异，因而会影响到他们的购买种类、购买行为和购买习惯。

（2）地理因素

地理因素主要包括消费者所居住的地区以及这些地区的自然特点，如人口密度、气候、城市规模等。消费者的需求和欲望常常受到这些地理因素的影响，因此，企业可以分别利用各种地理变量或其组合来对其产品的消费者市场进行细分。

① 按地理位置细分。处于不同地理位置的消费者对企业的产品各有不同的需要和偏好，他们对企业所采取的市场营销战略，对企业的产品价格、分销渠道、广告宣传等市场营销措施也各有不同的反应。例如，我国饮食上素来有"南甜北咸，东辣西酸"之说，北方人饮食口味偏重，而南方人口味偏清淡。

② 按人口多寡及密度细分。人口多寡和密度意味着该地区是否有足够的消费者，即市场规模的大小，以及它所产生的销售额和营销活动代价的大小。按人口密度变量可将消费者市场细分为城市、郊区、乡村（农村）市场等。

③ 按气候细分。地区气候的不同会影响一系列商品的消费，如东北地区对服装的需求就与华南有较大区别，又如滑雪娱乐场只能在长期下大雪或气温低于零度的地点开办。按气候可将市场细分为热带、亚热带、寒带市场等。

（3）心理因素

按心理因素的市场细分是根据消费者所处的社会阶层、生活方式、个性特点等变量将消费者细分成需求不同的群体。

① 按社会阶层细分。同一社会阶层的消费者，往往具有类似的行为标准、价值观；而处于不同社会阶层的消费者，其行为标准、价值观等存在着较大的差异，这使得他们对同种商品表现出不同的需求。按社会阶层可将消费者市场细分为上层社会、中层社会和下层社会等细分市场。

② 按生活方式细分。生活方式是人们生活及花费时间和金钱的模式。根据消费者的不同生活方式可以将消费者市场细分为各种不同的细分市场。例如，妇女时装生产商将女性服装市场细分为"纯朴女性"、"时髦女郎"、"中性化"等细分市场，并分别为这三个细分市场设计不同款式的服装。

③ 按个性特点细分。消费者个性的不同也会引起消费行为的差异，根据消费者个性特点的不同也可以将消费者市场细分为不同的市场。如有些企业通过广告宣传，试图赋予其产品以与某些消费者的个性相似的"品牌个性"，树立"品牌形象"。例如，20 世纪 50 年代后期福特汽车的购买者曾被认为是独立的、感情易冲动的、雄赳赳的、注意变化的和自信的消费者群，通用汽车公司雪佛兰汽车的购买者曾被认为是保守的、节俭的、计较信誉的、较少男子气概的和避免极端的消费者群，使这些个性不同的消费者对这些公司的产品发生兴趣，从而促进销售。

(4) 行为因素

行为细分，就是企业按照消费者购买或使用某种产品的时机、消费者所追求的利益、使用者情况、消费者对某种产品的使用率、消费者对品牌的忠诚度、消费者待购阶段和消费者对产品态度等行为变量来细分消费者市场。许多营销学者认为，行为因素是构建细分市场的最佳起点。在关系营销下，行为因素的重要地位被进一步凸显出来。这是因为，地理因素、人口因素和心理因素这三种细分标准是对构成细分市场人群的事后分析，这些细分因素和方法所依赖的是事后描述性变量，而非因果关系变量。而未来的购买行为才是企业和营销人员所关注的焦点。因此，有些营销学者坚信：行为因素是研究市场细分的最行之有效的因素。

① 按购买时机细分。按消费者提出需要、购买和使用产品时机的不同，可将消费者划分为不同的群体。例如，旅游公司根据游客的需求时机不同，将游客划分为不同的细分市场，暑假主要做教师和学生市场，农闲时间做农民市场，春秋季节做政府机关和社会团体市场。

② 按追求利益细分。利益细分是建立在因果关系变量而非描述性变量基础上的一种市场细分方法。其基本思路是：消费者往往出于满足不同需要的动机，去购买不同的品牌，因此，可以按照消费者追求的不同利益，将消费者划分为不同的消费群体。如购买汽车，有的追求经济实惠，价格低廉；有的追求耐用、可靠和使用维修方便；还有的偏向名牌、高价，以显示社会地位和富有等。

③ 按使用者状况细分。按消费者进入市场程度的不同，可将消费者市场细分为：经常使用者、首次使用者、潜在使用者、曾经使用者、从未使用者等细分市场。企业应对潜在使用者和经常使用者分别采用不同的营销方法。

④ 按使用数量细分。按消费者使用某种产品数量的多少，可将消费者市场细分为：大量使用者、中等使用者和少量使用者等细分市场。大量使用者的顾客数量可能并不多，但他们的消费量在全部消费量中却占很大的比重，管理学中的 20/80 原则在这里得到了充分的体现。

⑤ 按品牌忠诚度细分。按消费者对品牌忠诚度的不同，可将消费者市场细分为：坚定忠诚者、弹性忠诚者、转移忠诚者和随机者等细分市场。坚定忠诚者是一贯购买某一品牌产品的消费者，表现出对该品牌产品的忠诚不移。弹性忠诚者是忠诚于 2~3 种品牌产品的消费者。转移忠诚者是从一种原来喜爱的产品品牌转移到另一种产品品牌的消费者。随机者是对任何品牌的产品都不忠诚的消费者。

⑥ 按购买的准备阶段细分。按消费者对各种信息的获取及对各种产品的了解程度，可将消费者市场细分为：不知某种产品已存在、知道某产品但没有考虑购买、正在考虑购买等细分市场。对处于不同购买阶段的消费者，企业应采用不同的营销策略与其沟通，说服其购买。

> **小链接：**
> 美国福特汽车公司曾按照购买者年龄来细分汽车市场，该公司的"野马"牌车原来是专门为那些想买便宜跑车的年轻人设计的。令人惊讶的是：事实上不仅某些年轻人购买"野马"车，而且许多中、老年人也购买"野马"车，因为他们认为驾驶"野马"车可使他们显得年轻。这时，福特汽车公司的管理当局才认识到，其"野马"车的目标市场不是年纪轻的人，而是那些心理上年轻的人。这个事例表明，选择年龄这个人口变量作为唯一的标准来细分市场和选择目标市场不完全可靠。
>
> （资料来源：http://www.yewuyuan.com/bbs/thread-91194-1-1.html）

2. 生产者市场细分的标准

许多消费者市场细分的标准，同样可用于对生产者市场的细分。但是，由于生产者市场细分的对象是企业，不同于消费者市场的细分对象，所以，生产者市场细分的标准，除了运用前述的消费者市场细分的一些标准外，还须运用一些新的细分标准。生产者市场最常用的细分变量有以下几类。

（1）按最终用户要求细分。产品的最终用户，是生产者市场细分最常用的标准。不同的使用者，对产品有不同的需求。如地毯生产厂生产的地毯按最终用户的不同，可分为客车制造市场、建筑业市场、宾馆饭店市场等。电子元件厂的产品根据最终用户的不同，可分为军工市场、工业市场和商业市场。企业应按照最终用户的不同，制定不同的营销策略，以满足不同用途生产者的需要和提供相应的售前、售中和售后服务。

（2）按用户规模细分。用户的规模是生产者市场细分的重要标准。用户规模决定了其购买力的大小。大用户数量少，但购买量大；小用户数量多，但采购量不大。用户规模不同，企业营销组合方案也应不同。如，对于大用户，往往建立直接的业务联系，不经过中间环节；对于众多小用户，则可通过批发商或零售商组织销售。

（3）按用户地理位置细分。大多数国家和地区由于自然环境、地理位置、社会环境和历史承继的不同，以及生产的相关性和连续性的不断加深等方面的原因，其生产力的布局会形成若干个产业区或工业区，如我国的山西煤矿工业区、辽宁冶金工业区、北京的电子工业区和浙江丝绸工业区等。这就决定了生产者市场比消费者市场更为集中。企业按用户的地理位置来细分市场，可选择用户较为集中的地区作为自己的目标市场，这样不仅联系方便，信息反馈快，而且可以更有效地规划运输路线，节省运力与运费；同时，也能更加充分地利用销售力量，降低销售成本。

企业在运用市场细分标准进行市场细分时必须注意以下问题。

① 市场细分的标准和变量不是一成不变的，而是随着社会生产力及市场状况的变化而不断变化。例如，收入、城镇规模、购买动机等都是可变的。

② 市场细分应针对不同企业采用不同标准，因为各企业的生产技术条件、资源、财力和营销的产品不同，所采用的标准也应有所区别。

③ 企业在进行市场细分时，可采用一项标准或变量，即单一变量因素细分，也可采用多个变量因素组合成系列变量因素进行市场细分。当企业选用两种或两种以上的因素进行细分时，应按照一定的顺序，由粗到细依次对市场进行细分，下一阶段的细分在上一阶段选定的子市场中进行。这种方法可使目标市场更加明确、具体，有利于企业更好地制定相应的市场营销策略。

以摩托车市场为例，其市场细分示意图见图 6-1。

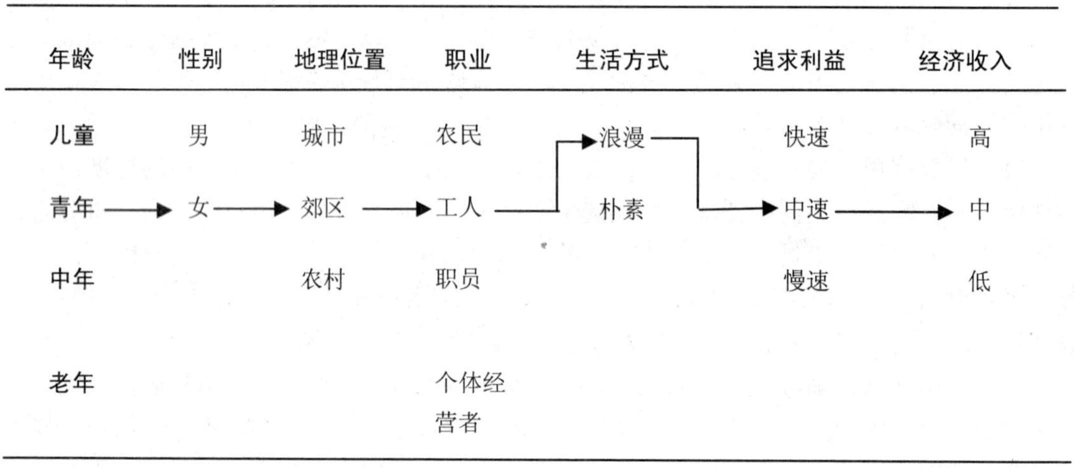

年龄	性别	地理位置	职业	生活方式	追求利益	经济收入
儿童	男	城市	农民	浪漫	快速	高
青年→	女→	郊区→	工人→	朴素	中速→	中
中年		农村	职员	慢速		低
老年			个体经营者			

图 6-1　摩托车市场细分示意图

（四）市场细分的有效性

企业在市场细分时选用的标准越多，相应的子市场也就越多，每个子市场的容量也就越小；反之则容量越大。事实上，无论是消费者市场，还是生产者市场，并非所有细分出来的细分市场都是有效的。有效的细分市场应具备以下 3 个条件。

1. 可测量性

可测量性是指各细分市场的大小及其购买力能够被测量。这样，企业才能决定其相应的生产规模，进行合理定价，建立合适的分销渠道，采取适当的促销方式。

2．可进入性

可进入性是指企业有能力进入所选定的子市场，并能较好地满足细分市场的要求。这主要表现在两个方面：一是企业能通过一定的媒介将产品信息传递到该细分市场；二是企业产品能够经过一定的销售渠道抵达该细分市场。细分市场的可进入性，实际上就是企业营销活动的可行性。很明显，企业不能进入或难以进入的细分市场对企业是没有意义的。

3．可赢利性

可赢利性是指企业进行市场细分后所选定的子市场的规模足以使企业有利可图。如细分市场的范围狭窄、发展潜力不大，企业的投资就得不到补偿，预期的利润目标也得不到实现。如果细分市场的需求变化过快，不具有相对的稳定性，则会关系到企业生产结构、产品组合的稳定，增加企业的经营风险，严重影响企业的经济效益。

二、目标市场选择战略

市场细分的目的在于发现市场机会，即从一系列细分市场中，选择出最适合企业经营的市场，即确定目标市场。在市场细分的基础上，企业怎样选择和确定目标市场？这就是目标市场选择战略研究的内容。

（一）目标市场的概念

目标市场是指通过市场细分，被企业所选定的，准备以相应的产品和服务去满足其现实或潜在需求的那一个或几个细分市场。如正大青春宝美容胶囊选择有黄褐斑的女性作为该产品的目标市场。

（二）细分市场的评价

评价细分市场是选择目标市场的前提。评价细分市场的目的在于弄清楚这些细分市场是否值得企业进入及企业能否进入该细分市场。因此，企业在评价细分市场时，必须采用具体的评价指标。一般来说，评价细分市场至少应该包括以下几个方面的指标。

1．市场规模

细分市场的预计规模是企业决定是否进入该细分市场的主要因素。如果企业选择的细分市场过于狭窄，有可能达不到它所期望的销售额和利润；如果企业选择的细分市场过于广泛，就会因自己的市场营销力量铺得过宽而显得单薄，增加的消费额和利润可能不足以弥补增加的开支。由此可见，市场规模不是越大越好，而是要适当。至于什么规模适当，不同企业之间的选择相差很大。这里的"适当"是相对于企业实力而言的。

2. 市场增长率

市场增长率是指企业在某一细分市场上、在一定时期内销售额或利润增长的百分率。有的市场现在规模虽然不大,但未来可能会迅速增长,或预计会有所增长。处于发展中不断增长的市场更被看好。要判断市场的预期增长程度,则需要企业综合考虑行业相关的经济、技术、政治、社会等环境因素,并具有敏锐的洞察力。

3. 结构吸引力

一个具有适度规模和良好潜力的细分市场,如果存在所需的原材料被一家企业所垄断、退出壁垒很高、竞争者很容易进入等问题,它对企业的吸引力势必会大打折扣。因此,对细分市场的评价除了考虑其规模和发展潜力外,还要对其吸引力做出评价。波特认为有5种力量决定整个市场或其中任何一个细分市场的长期内在吸引力。这5种力量是:同行业竞争者、潜在的新加入的竞争者、替代品、购买者和供应商。细分市场的吸引力分析就是对这5种威胁本企业长期赢利的主要因素做出评价。

(1) 行业内部竞争。它是指细分市场内同行业之间是否存在激烈的竞争。如果某个细分市场存在为数众多的竞争者,或者竞争者的实力强大,或者竞争者的攻击意识强烈,这意味着企业可能要面临价格战、广告战的威胁,为了在竞争中取得优势,企业可能还要不断推出新产品并投入大量的资金来攻守该细分市场,那么该细分市场就可能失去吸引力。

(2) 潜在竞争对手的进入威胁。它是指新的竞争者能否轻易地进入该细分市场。如果细分市场的进入壁垒很低,而且原有企业对新进入者不会采取任何报复和阻拦措施,那么该细分市场就容易吸引新竞争者的加入。新竞争者加入越多,市场占有率的争夺就会越激烈,该市场的吸引力也就越低。

(3) 替代品的威胁。它是指细分市场上是否存在着替代品或者有潜在的替代品进入。替代品的威胁越大,细分市场内企业的价格和利润就越受限制,该细分市场的吸引力就会越低。

(4) 顾客的议价能力。它是指顾客讨价还价的能力是否很强或正在增强。顾客的议价能力越强,对产品的价格、质量和服务的要求就会越高,企业之间为了获得订单的争夺越激烈,细分市场的吸引力就越低。

(5) 供应商的议价能力。它是指供应商的讨价还价能力是否很强或正在增强。如果供应商所提供的原材料没有替代品或替代品少、供应商集中或者有组织,其议价能力就强,企业可能在价格、质量和服务等方面受制于供应商,而这将直接威胁企业的赢利能力。因此,细分市场的吸引力就会受到影响。

4. 市场机会及获利状况

（1）市场机会分析。它是指分析企业所拥有的资源和经营目标是否能够与细分市场的需求相吻合。首先，企业的任何活动都必须与企业的目标保持一致，如果某一细分市场的选择虽然能给企业带来短期的利益，但不利于企业长期目标的实现，或者偏离企业的既定发展轨迹，或者对企业主要目标的完成带来影响，这时企业一定要慎重。细分市场的选择，首先应服从于企业的长期目标和主要目标；其次，企业还应具备在该细分市场上获得成功所需的资源和能力；再者，与竞争对手相比，企业还应具有竞争优势。因此，对市场机会的分析要综合考虑细分市场、企业自身和竞争对手三个方面的因素。

（2）获利状况分析。它是指企业对细分市场获利状况的分析。获利状况分析虽然是对细分市场评价的最后一个环节，但它是必不可少也是最为重要的。企业经营的目的最终要落实在利润上，只有有了利润，企业才能生存和发展。因此，细分市场必须能够使企业获得预期利润或合理的利润。

（三）目标市场战略选择

根据各细分市场的独特性和企业自身的目标，有3种目标市场战略可供选择。

1. 无差异性目标市场营销战略

无差异性目标市场营销战略是指企业将整个市场作为企业的目标市场，推出一种产品，实施一种营销组合策略，以满足整个市场尽可能多的消费者的某种共同需求。采用该战略的企业，主要是着眼于顾客需求的共性或同质性，忽略顾客需求的差异性，对市场不进行细分，只求满足大多数顾客的共性需求。

无差异性目标市场营销战略的最大优点在于成本低，经济性好。首先，不对市场进行细分，可以节省营销调研、市场分析等方面的成本；其次，单一的产品，可以取得最大规模生产带来的成本方面的优势，也可节省产品设计及研发费用；再次，统一的营销组合，可以大大节省渠道、促销等方面的费用。

虽然无差异性目标市场营销战略具有显著的优点，但真正能成功实施的企业并不多见。其缺点也是显而易见的：首先，忽视了市场要求的差异性，难以满足顾客的个性化需求；其次，容易导致竞争激烈和市场饱和，企业难以保持持久的规模经济效益。所以这种战略只适用于少数大家有共同需要、差异不大的商品。

例如，美国可口可乐公司在20世纪60年代推出的瓶装饮料，长期采用一种口味、一种瓶装，甚至连广告词都是统一的"请饮可口可乐"，长期独占世界饮料市场，赚取了巨额利润。60年代以后，随着饮料市场竞争的加剧，特别是百事可乐和七喜的异军突起，可口可乐公司不得不放弃长期实行的无差异性目标市场营销战略。

2. 差异性目标市场营销战略

差异性目标市场营销战略是企业在市场细分的基础上，选择多个细分市场作为企业的目标市场，并针对各个细分市场的不同特点，分别设计不同的产品，运用不同的营销组合策略，以满足多个细分市场消费者的不同需求。采用该种战略的企业，主要着眼于消费者需求的差异性，体现了以消费者需求为中心的现代营销观念。

与无差异性目标市场营销战略相比，差异性目标市场营销战略的优点在于以下两个方面。

（1）可以更好地满足消费者的多样化需求。

（2）由于企业在多个细分市场上开展营销，一定程度上可以降低投资风险和经营风险。

实行差异性目标市场营销战略的缺点在于以下两个方面。

（1）企业生产多种产品，采用多种营销组合，增加了生产成本和营销成本。

（2）企业的资源分散在多个领域，导致企业不能集中使用资源，甚至企业内部出现彼此争夺资源的现象，容易失去竞争优势。

差异性目标市场营销战略适用于异质市场，且要求企业具有一定的实力。例如，旅行社向市场推出同一路线的三日游、五日游、七日游，适应假期长短不一、支付能力不同、兴趣各异的顾客群。

3. 集中性目标市场营销战略

集中性目标市场营销战略又称为"密集性目标市场营销战略"，是选择一个或少数几个细分市场或一个细分市场的一部分作为目标市场，集中企业全部资源为其服务，实行专门化生产和营销。与前两种战略不同，集中性目标市场营销战略不是以整个市场，也不是以多个细分市场作为目标市场，而是选择一个或少数几个细分市场，通过专业化生产和营销更好地满足这部分消费者的需求。就是说，采取集中性目标市场营销策略的企业不求四处出击，而求重点突破；追求的不是在较大市场上占有较小的市场份额，而是在较小的市场上占有较大的市场份额。

集中性目标市场营销战略的优点在于以下几个方面。

（1）营销目标集中，便于企业深入了解市场需求变化，能充分发挥企业优势。

（2）营销组合策略的针对性强，可以节约生产成本和营销费用。

（3）生产的专业化程度高。

（4）能满足个别细分市场的特殊需求，有利于企业产品在该细分市场取得优势地位，提高企业的市场占有率和知名度。

集中性目标市场营销战略的缺点在于以下两个方面。

（1）目标市场过于狭小，市场发展潜力不大，企业的长远发展可能会受到限制。

（2）企业目标市场过于集中与狭小，产品过于专业化，一旦市场发生变化（比如强大的竞争对手介入、购买力下降或兴趣转移、替代品出现等），会给企业带来极大的威胁。

集中性目标市场营销战略适用于生产周期短、需求量波动大的产品，以及资源有限、实力不强的中小企业。

（四）影响目标市场营销战略选择的因素

前述 3 种目标市场营销战略各有利弊，并适用不同的情况。企业在具体运用时，应综合考虑企业产品和市场等多方面因素再予以决定。

1．企业能力

企业能力是指企业在研发、生产、技术、分销、促销、管理和资金等方面力量的总和。如果与竞争对手相比，企业能力强，可以考虑采用差异性目标市场营销战略或无差异性目标市场营销战略；如果企业能力有限，则宜采用集中性目标市场营销战略。

2．产品的同质性

产品的同质性，即产品的相似程度。这里所指的产品相似，更多的是从消费者角度而言，也就是说，即使企业之间生产的产品客观上存在属性和产品品质上的差异，但消费者并不看重，认为它们在满足功能和情感利益方面没有差异，就认为该种产品的同质性高。如水利、煤气、电力、石油等未经加工的初级产品，需求相似，同质性较高，该类产品宜采用无差异性目标市场营销战略。而服装、家电等产品，消费者需求的差异性大，选择性强，同质性较低，异质性大，对这类产品，可根据企业的资源，采用差异性目标市场营销战略或集中性目标市场营销战略。

3．产品所处的生命周期阶段

产品处于投入期，一方面作为新产品，市场竞争不激烈；另一方面，企业致力于满足消费者的基本需求，需求的差异性还没有集中体现，这时企业可以采用无差异性目标市场营销战略。产品处于成长期和成熟期，市场竞争激烈，消费者的需求差异较大，适宜采用差异性或集中性目标市场营销战略。

4．市场的同质性

如果消费者的需求、偏好比较接近，对市场营销刺激的反应差异不大，可采用无差异性目标市场营销战略；否则，应采用差异性或集中性目标市场营销战略。

5．竞争者的目标市场营销战略

如果竞争者采取无差异性目标市场营销战略，为了避免直接对抗，企业可以采取差异性或集中性目标市场营销战略；如果竞争者采取差异性目标市场营销战略，为了在竞争中获胜，企业需要采用更深层次细分基础上的差异性或集中性目标市场营销战略。

三、市场定位战略

企业选定目标市场后，便应考虑如何为自己的产品在拟进入的目标市场上进行有效定位的问题。定位实际上是企业如何树立自己独特形象的过程，即如何使自己的产品形象与现有竞争者的产品形象相区别，这就是市场定位问题。

（一）市场定位的概念

市场定位（Marketing Positioning）是根据竞争者的现有产品在目标市场上所处的地位，且针对目标市场对产品某些属性的变化程度，塑造出企业产品与众不同的鲜明个性或形象，并把这种形象传递给目标市场，使企业产品在目标市场上占据强有力的竞争地位。简而言之，市场定位就是为企业产品建立有别于竞争者的形象，即塑造产品形象。

从上述定义可以看出，市场定位的主要作用在于确定产品或品牌的竞争优势，着重推出与竞争者产品和品牌不同的产品以满足消费者需要，更有效地吸引目标市场的消费者，尤其是有利于消费者迅速做出购买决策，重复购买企业产品。

小链接：

20世纪90年代初期的中国家电市场竞争已呈白热化，仅就电冰箱而言，1985年我国电冰箱制造企业是116家，而到了90年代初已剩五十多家，甚至一些合资企业亦难逃被淘汰的命运。例如声名显赫的"阿里斯顿"家族，鼎盛时期共有9个兄弟，但后来除美菱、长岭和华意外，其余的兄弟都不见了踪影。然而这一切都无法阻挡伊莱克斯匆匆的脚步。它认为中国是世界上最大的家电市场。中国家电业经过十几年的发展虽然卓有成效，但是产品科技含量、技术功能等方面与世界先进水平相比尚有一定差距。尽管某些产品知名度很高，但是品牌忠诚度却较低，所以对新旧品牌来讲，市场机会是相等的。外国品牌进入中国市场不仅面临着产品本土化的问题，也面临着营销策略本土化的问题。伊莱克斯很好地把握了这两点，明确市场定位以静音冰箱为切入点。

90年代后期我国电冰箱生产能力已达2 300万台，实际产量已达1 000万台以上，而市场需求仅为800万台。而且，由于冰箱市场已基本成熟，消费者对品牌的认知度很高。海尔、容声、美菱、新飞四大品牌的市场占有率已高达71.9%。在产品功能方面，海尔正在大力推介其抗菌冰箱，容声和新飞在节能、环保、除臭方面已取得领先地位，美菱则独树一帜，大力开发保鲜冰箱。在这些难以撼动的强大对手面前，伊莱克斯针对自己的目标消费群特征和产品风格精心设计了一条充满亲情色彩的营销策略，并以"静音冰箱"作为进入中国千家万户的切入点。伊莱克斯提出："冰箱的噪音你要忍受不是一天，两天，而是十年，十五年……""好得让您一生都能相依相靠，静得让您日日夜夜察觉不到。"这种极具亲情色彩的营销语言，除使中国消费者感受到温馨和真诚外，品牌形象和产品形象也随之得到了认可——"静音"就是伊莱克斯的个性和风格。其实，伊莱克斯推崇的"静音"冰箱并非是针对中国市场特别设计制造的产品，它只不过是采用扎努西高效低噪音压缩机而已，这和它在世界其他市场提供的产品是一样的，唯一的区别就在于成功地为其产品塑造了亲情化形象。

（资料来源：http://www.manaren.com/data/1090929078/）

（二）市场定位的基础

市场定位的实质是基于消费者心理的差异化。那么差异化源于何处，有哪些方面的差别会有助于牢牢抓住消费者的心呢？首先来探寻差异化的途径。根据菲利普·科特勒的分析，企业可以从产品、服务、人员、渠道及形象5个方面体现差异化。

1. 产品差异化

产品差异化（Product Differentiation）是指在产品实体方面能让消费者感觉到的差别。其具体包括以下几点。

（1）特征。它是指对产品基本功能赋予新的特征以区别于其他竞争对手。例如，宝洁公司的洗发产品在满足基本的清洁头发和保护头发要求的同时，增加了去头屑的功能，使产品的竞争力得到提升。

（2）性能质量。它是产品首要特征的运行水平。一般而言，消费者在购买价值昂贵的产品时，都要比较不同品牌之间的性能质量。产品性能好，且价格未高出消费者所预期的范围时，消费者一般都愿意选择性能质量好且价格较高的产品。

（3）一致性。它是指产品的设计和运行特点与预期的符合程度。若消费者购买的产品实际功能或技术指标与企业的承诺相符合，这种产品的一致性就高。

（4）耐用性。它是指产品的预期使用寿命。一般而言，消费者愿意为耐用的产品支付高价，但这一点也会受到某些限制。例如，时尚产品或技术更新快的产品，消费者就不会为耐用性付出较高的代价。

（5）可靠性。它是衡量产品在一定时期内不会发生故障的指标。消费者通常愿意为质量稳定可靠的产品支付高价格，他们希望以此避免因发生故障而形成的高维护费用。

（6）可维修性。它是指当产品失灵或无法工作时，易于修理。

（7）式样。它是产品给予消费者的视觉效果和感觉。有时候产品的性能尽管不是很好，但由于其独特的外形，依然有消费者愿为其支付高价。

（8）设计。它是一种整合力量。严格意义上讲，以上7个方面都与设计相关。随着竞争的加剧,设计将成为企业实施产品差异化的有效武器。特别是耐用消费品、服装业及零售业、商品包装工业等领域尤为重要。

2. 服务差异化

服务差异化(Services Differentiation)是指企业向目标市场提供与竞争者不同的优异服务。尤其是难以突出有形产品的差别时,竞争成功的关键常常取决于服务的数量与质量。区别服务水平的主要因素有以下6个方面。

(1)交货。它是指如何将产品和服务送到顾客手中,包括送货的速度、准确性和对产品的保护程度等。

(2)安装。它是指将产品安放在指定位置上,使之正常运转。

(3)顾客培训。它是指对购买产品的用户进行培训,让他们能正确、有效地使用所购产品,包括培训的方式、地点、时间及连续性等。

(4)咨询服务。它是指企业向购买者提供资料、给予指导等。例如咨询的范围、咨询服务的方式、是否收费等。

(5)维修服务。它是指企业向产品购买者提供的修理项目。

(6)其他服务。例如,担保、顾客会员俱乐部等。

3. 渠道差异化

渠道差异化(Channel Differentiation)可以从渠道的模式、渠道成员的能力及渠道管理政策等方面具体体现。戴尔公司独树一帜的定制直销模式成为它在计算机市场上获得成功的重要因素。

4. 员工差异化

员工差异化(Personnel Differentiation)是指通过聘用和培训比竞争者更为优秀的员工以获得竞争优势。员工差异化的特征主要表现在6个方面。

(1)称职。它是指员工应具备必需的技能和知识。

(2)礼貌。它是指员工对顾客的态度友好,充满敬意。

(3)诚实。它是指员工值得信赖/信任。

(4)可靠。它是指员工能自始至终并准确地提供服务。

(5)敏捷。它是指员工能对顾客的需要和有关问题迅速做出反应。

(6)沟通。它是指员工能尽力去理解顾客,并能准确地与顾客交流。在有形产品的差别很难突出的服务行业,比如旅游业、金融业、运输业等,员工差异化尤其值得采用。

5. 形象差异化

形象差异化(Image Differentiation)可以通过一些标志、文字、视听媒体、气氛、事件和员工行为来表述。

（1）标志。它是指易于识别企业或品牌的一个或多个标志，可以是图案，也可以是文字、色彩等。就色彩来说，百事可乐的蓝色等能够让消费者在众多的同类产品中很轻易地识别开来。

（2）媒体。它是指可以传递形象的各种有效载体，如宣传手册、大众传媒、公司的信、员工的名片等。

（3）气氛。它是指在生产或运送产品或服务的有形空间营造形象，宣传气氛。例如，房地产公司通过公司建筑物营造企业形象。

（4）事件。它是指通过赞助的各类活动来塑造形象。例如，农夫山泉2001年推出"一分钱"活动支持北京申奥，2002年推出"阳光工程"支持贫困地区的基础体育教育事业。通过这样的公益服务活动，农夫山泉获得了极好的社会效益，提升了品牌形象，实现了形象差异化。

（三）市场定位战略

企业在具体探讨定位战略时，大致有6种方式可供选择。

1. 比附定位

比附定位就是攀附名牌、比拟名牌来给自己的产品定位，以借名牌之光而使自己的品牌生辉。比附定位的主要方法有3种。

（1）甘居"第二"。就是明确承认同类产品中另有最负盛名的品牌，自己只不过是第二而已。这种战略会使人们对企业产生一种谦虚诚恳的印象，相信企业所说是真实可靠的，这样自然而然地使消费者能记住这个通常不容易为人重视和熟记的序位。

（2）攀龙附凤。其切入点亦如上述，首先是承认同类产品中已有卓有成就的名牌，本品牌虽然自愧不如，但在某些地区或某一方面还可与这些最受消费者欢迎和信赖的品牌并驾齐驱。

（3）奉行"高级俱乐部策略"。企业如果不能取得第一名，或攀附第二名，便退而采用此策略，借助群体的声望和模糊数学的手法，打出入会限制严格的俱乐部式的高级团体牌子，强调自己是这一高级群体的一员，从而提高自己的地位形象。如宣称自己是某某行业的三大公司之一，50强大公司之一，10家驰名商标之一等。

2. 属性定位

属性定位是指根据特定的产品属性来定位。例如，广东客家娘酒总公司把自己的"客家娘酒"定位为"女人自己的酒"，突出这种属性对女性消费者来说就很具吸引力。因为一般名酒酒精度都较高，女士们大多无福享用，客家娘酒宣称为女人自己的酒，就塑造了一个相当于XO是男士之酒的强烈形象，不仅可在女士心目中留下深刻的印象，而且会成为不能饮高度酒的男士指名选用的品牌。

3. 利益定位

利益定位是指根据产品能满足的需求或提供的利益、解决问题的程度来定位。通常可采用一种、二种或三种利益进行产品定位。例如，中华牙膏和白玉牙膏的定位为"超洁爽口"；广东牙膏定位为"快白牙齿"；洁银牙膏的定位为"疗效牙膏"，宣称对牙周炎、牙龈出血等多种口腔疾患有显著疗效。这3种牙膏的定位是一种利益定位。又如，正大青春宝美容胶囊定位为"更白、更亮、肌肤更光洁"，这是3种利益定位。

4. 悖反定位

悖反定位即与竞争者划定界限的定位，是指与某些知名又属司空见惯类型的产品做出明显的区分，给企业的产品一个与竞争者相反的定位。例如，美国的七喜汽水，之所以能成为美国第三大软性饮料，就是因为采取了这种定位战略，宣称自己是"非可乐"型饮料，是代替可口可乐和百事可乐的清凉解渴饮料，突出其与"两乐"的区别，因此吸引了相当多的"两乐"品牌转移者。

5. 市场空档定位

市场空档定位是指企业寻找市场上尚无人重视或者未被竞争对手控制的位置，使企业推出的产品能适应这一潜在目标市场需求的战略。做出这种决策，企业必须对下列问题有足够的把握。

（1）制造这种产品在技术上是可行的。

（2）按既定计划价格水平，在经济上是可行的。

（3）有足够的喜欢这种产品的购买者。如果上述问题的答案是肯定的，则可在这个市场空档进行填空补缺。

6. 质量/价格定位

质量/价格定位是指结合并对照产品的质量和价格的定位。产品的质量和价格属性通常是消费者在做购买决策时最直观和最关注的要素，且往往是将两者结合起来综合考虑的，但不同的消费者又会各有侧重。某种选购品的目标市场是中等收入的理智型的购买者，则可将产品定位为"物有所值"，作为与"高质高价"或"物美价廉"相对立的定位。

企业提出一个好的定位战略比执行这个战略要容易得多。因为企业发展一种定位或改变一种定位需要旷日持久的努力，多年时间发展起来的定位也可能毁于一旦。因此，当企业建立起一种理想的定位后，就必须通过持久的业绩和不断的沟通加以维持，必须密切监控并随时间的推移修正这一定位，以适应目标市场需求的变化和竞争者战略的变化。企业应避免过急的转变。正确的做法是，企业的市场定位必须随着市场营销环境的变化而逐渐改变。

模块二 案例分析

案例一

麦德龙的现购自运配销制

德国麦德龙是世界上最大的国际商业联销集团之一，1995年7月与上海锦江（集团）有限公司共同斥资5 500万美元，建立了上海锦江麦德龙购物中心有限公司，并于次年10月底在上海普陀区开了亚洲地区第一家大型仓储式会员制商场。据设在上海的麦德龙集团中国总部透露，随着中国入世在即，麦德龙也将加快在中国发展的步伐，继在榕城开出福州分店之后，又将在上海浦东新区开出其在中国的第8家分店（这也是该集团在上海开出的第4家连锁店）。麦德龙以其雄厚的资本实力和良好的品牌优势抢滩上海，不仅给国内商业带来了先进的管理技术、经营理念和浓郁的竞争氛围，而且以商品多、价格低、环境好而受到顾客欢迎。

麦德龙的现购自运配销制是全世界最成功的。它向供应商提供订货单，供应商直接送货，顾客进商场购物，现金结算。这种配销制的主要特征就是进销价位较低，现金结算，勤进快出，顾客自备运输工具；在供应商、麦德龙、零售商或顾客之间，构建了一种提货都要现金支付的关系，使商品在三者之间能以最低的成本和最短的资金占用时间完成流通，从而减少经营风险。难怪业内人士将这位超市巨头比喻为企业的"利润之源"。

麦德龙集团采用世界统一的经营模式，从众多的消费对象中确定了自己特定的消费群体。顾客对象主要有：专业客户（如中小型企业、餐厅、酒店、娱乐场所）和公共机构（如学校、机关、医院、团体），直接为企事业单位、中小零售商、宾馆等法人团体服务，间接为普通消费者服务，顾客一律凭"会员证"入场。这种市场定位，与中国绝大多数的商业企业相比，是一种差异化的市场定位，因为它不在一个消费层面上与中国的商业争夺同一个消费群，由此为自己赢得了市场发展的空间。正是在这种准确的市场定位的基础上，用会员制把目标顾客锁定，从而进行长期、稳定、深入的交易，取得了惊人的成功。自从在中国设分店以来，麦德龙每家分店达到了日均销售额200多万元的良好业绩。而它特定的货仓式超市形式，也迎合了供需双方的需要。

麦德龙的主要顾客是那些小型的零售商，并为缺乏经营经验的私人小企业提供专业性的服务。你如果想开一家小超市或杂货店，麦德龙会为你提供目前市场上最畅销的商品并帮助你配货，让你用最少的现金配最齐全的货物；如果你想开一家小型装修队，它会为你配齐所需要的电动工具和手动工具，提供相应装修材料的商品建议清单；若想开一家小饭店，则有餐具套餐、酒水套具等供选择。

据有关资料统计，上海商业系统从业人员在 100 人以下的企业占 97%，资金在 100 万以上的企业占 92.5%。可见，麦德龙所选择的目标市场是很有潜力的，这也是麦德龙在中国成功的经验所在。

（资料来源：市场营销学 60 例。http://www.iboss.cn/bbs/attachment.php?aid=1355）

思考题：

1. 麦德龙的经营特色是什么？为什么会得到顾客的欢迎而被喻为企业的"利润之源"？
2. 麦德龙选定的消费群体是哪些人？为什么这样选择？这样的市场定位为麦德龙带来什么好处？

案例二

康师傅新干拌面上市定位

一年一度的炎炎夏日又一次悄然而近，这对快速消费品——方便面行业来说，无疑就是销售淡季到来的标志。因季节因素的影响，整个方便面市场的吸收量将明显下降，即使是中国内地方便面的第一品牌——"康师傅"亦是如此。这预示顶益公司第二季度的方便面销售额将呈现出低谷走向的曲线态势。但一直以"占据并扩展高价面市场，分割平价面市场"为行动目标的顶益公司认为，只要能抓准消费者的心态需求，把握市场状况并推陈出新，即使是淡季，也能掀起"康师傅"的热潮。

（一）了解市场：找出机会，初定目标

1. 经验与调查相结合，确定推广产品对象

康师傅各种产品开发的初衷以及翔实的数据资料很明确地告诉我们，今年夏季的主推产品是干拌面这支新生不久的产品。一年前干拌面开发的基点就是针对夏天天气炎热而开发的一种没有热汤、吃起来不热的快食面。另外，从自广州顶益干拌面上市以来的销售走势来看，夏季的销量比冬季销量高得多，销量比约为 5∶1。整个拌面市场的销量走势也是在 5—9 月处于销售高峰，占全年拌面销量的 85%以上；11 月至次年 2 月份处于销售的低谷。

2. 容器面市场空间分析

市场调查数据显示，目前拌面市场仅占整个方便面市场的 0.3%，在容器面市场中也仅占 2.6%的份额，所占的市场份额很小，属于小众市场。从拌面近两年的发展趋势来看，2002 年 1 月干拌面在容器面市场的占有率为 1.2%，到 2003 年 4 月，干拌面在整个容器面市场的

占有率提高到 2.6%。

(1) 拌面市场结构分析

在整个拌面市场中，目前主要的产品有日清的 UFO、公仔炒面王、新面族、干拌面等品项，且拌面市场竞争状况已由几年前的 UFO 主导市场的局面而得到日渐改善。新面族与干拌面渐渐挤占更多的市场，尤其是干拌面更是异军突起、后来居上，拌面市场占有率由 11%上升到 34%。

(2) 竞争品牌及产品分析

目前，市场上各品牌方便面竞争激烈，从整个市场的品牌知名度分析，排名前几位的是康师傅、统一、日清、华龙等。但具体到拌面（或炒面）市场，其知名度排名则是以日清的 UFO 及公仔炒面王为高，且拌面食用率最高的品牌是日清的 UFO，达 68%，其次才是康师傅等品牌。调查同时表明，夏季，干拌式的方便面还是很受消费者欢迎的方便食品。数据显示，很想尝试或很喜欢食用和较喜欢或愿意尝试干拌面的消费者达 82%，占夏季方便食品接受率的 70%，且由于康师傅品牌方便面的高知名度和高美誉度，消费者对康师傅品牌的延伸产品——康师傅干拌面抱有好感。在口味测试中，消费者表现出 88%的好感度。由此可见，康师傅干拌面产品的消费者品牌接受度已有较好的基础。

3. 初定预期目标

综合各种市场数据分析及康师傅干拌面 2004 年同期的销售状况，结合上季度的销量成长状况，加之本次活动推广的力度预估投放量交叉分析，广州顶益为本品定下了在推广期 5—9 月月均销售 3.6 万箱，较第一季度月均销售增长 200%的销量目标；以及占据拌面市场 64%的市场占有率，占据容器面市场 2.6%的市场拓展目标。

(二) 深入市场：找出问题，定位主题

1. 主题创意源自消费末端

夏季的方便面为何难销？调查中消费者反映最多的是，因为夏季用开水冲泡后马上食用，太热；同时方便面产品形态——油炸面饼，夏季食用易导致热气、上火，不利于生理代谢。从各个品牌方便面的宣传点来看：康师傅香辣牛肉面"吃辣，找康师傅，对辣"之宣传，热辣辣的，顿感火猛冲，让人敬而远之。还有宣传美味、量多的如超级福满多方便面"福气多多，满意多多"，好滋味方便面"好汤，好面，好滋味"，统一来一桶方便面宣传双面块量多还加火腿肠，今麦郎的文化和历史气息之宣导，"华龙面，天天见"之消费者行为引导宣传，等等，在夏季的销售情况都不太好。因为"方便面"的产品形态——油炸面饼已在人们心中根深蒂固，与之相关联的"热、上火"等观念，成了消费者夏季选择方便面的首要大敌，决定了方便面市场夏季持续低迷的事实。而处于竞争优势的 UFO，宣导"不要炒的炒面"，"炒面"自然避开了传统的"方便面"概念，"不要炒"随之覆盖了"炒"

所带来的"热气"之联想。市场证明该主题定位得到了消费者的认同，也是其一度主导拌面市场的重要因素之一。要想在淡季里开创康师傅热潮，就必须使产品拥有特色，靠特色吸引顾客，靠特色抢占市场，靠特色击败对手，靠特色整合品牌！

2. 为何消费者欲购又止

在调查中发现，有很大部分的消费者想买，但为何现实的销量比却是如此之低？要透过现象看本质，必须深入市场。市场反映，有近80%的潜在消费者反映不知该如何食用而放弃尝试。且在产品口味测试调查时也发现，拿一盒干拌面给未食用过拌面的被测者食用时，40%的被测者不知该如何食用，45%的被测者当普通方便面冲着吃。原来这支正在成长中的产品竟有那么大的市场损失是由产品的吃法告知欠缺所造成的。

(三) 洞悉市场：找准基点，有的放矢

要让广告策划活动针对性更强，效果更明显，在了解市场空间、竞品状况的同时，还得深入了解本品的消费对象，本品的优、劣势等影响因素，才能知己知彼，百战不殆。

1. 消费群分析

本品价格3元/盒，价格相对较高，决定其消费对象要有较好的经济基础。成长期的产品，全新的食用方式和品牌定位，需要新品接受能力和意愿较强的消费对象首先来接受和支持它。

2. 产品分析

（1）知名度分析

市场调查表明，很少吃或不吃方便面的消费者知道康师傅干拌面者约占5%，较常吃拌面的消费者知道者约占30%，而竞争者UFO分别达25%和90%。由此可见，"康师傅"方便面的品牌知名度很高，但其延伸产品——康师傅干拌面，目前人们还知之甚少。

（2）产品力分析

产品要拓展市场，树立品牌，决不能在质量方面让消费者有任何的不满意。广州顶益干拌面上市一年多来，通过积极与消费者沟通并总结发现，消费者对产品面条的弹性、口感，酱料的散滑性有更高的要求。为此顶益公司改善产品的工艺制程，以满足消费者的需求。目前的本品已是一支较为完善的产品了。

（3）产品销售区域及销售点分析

广州顶益干拌面自上市以来，广州、深圳等"珠三角"城市销量占绝大部分，特别是广州和深圳两地的销量占整个干拌面销量的70%，这主要是由该区域的消费水平所决定的，表明本品的推广重点市场区域应选择"珠三角"城市，特别是广州、深圳两地。同时广州顶益干拌面各区的铺货率与业绩达成显示，销量贡献最高的KA、CA点以38%的铺货率，贡献了80%的销售业绩，其中KA点，以9%的铺货率贡献了59%的业绩。这表明活动的地点应该选择在较大型的人流较集中的超市或购物中心，即 KA 点开展，才更有辐射力和影响力。

（四）综合市场分析：力求创新，出奇制胜

在加大开展活动力度的同时，综合考虑活动策划以最低的成本产生最佳效果的原则，既尽量节约资源又追求最大的活动效果。确定在活动前期及销售宣传较集中、辐射力较大的中小区域，采用现场免费试吃及赠送赠品的促销方式，在大型活动点，前期宣导吃法，中后期进行效果预测，开展试吃的体验大赛。

（资料来源：http://www.em-cn.com/article/2007/142299.shtml）

思考题：

1. 分析康师傅新干拌面目标顾客群应该选择什么样的群体。
2. 请你为康师傅新干拌面确定一个区别于竞争对手的"市场定位"。同时，在免费试吃的过程中应该突出康师傅新干拌面的什么特色？

案例三

六神沐浴露如何赢得市场

在《成功营销新生代 2002—2003 年度品牌竞争力排行榜》沐浴露产品类别中，上海家化的六神沐浴露以 18.04% 的市场份额排名第一，比第二名力士高出 10.54%，而在市场份额前五名的品牌中，后四名均为跨国公司品牌。六神沐浴露的市场品牌忠诚度名列第二，为 72.85%，品牌竞争力综合指数以 71.86% 列第一位，排在第二名的只有 32.14%。

（一）企业介绍

上海家化公司是中国历史最悠久的化妆品企业，年主业营业额超过 30 亿元，赢利能力屡居同行第一。近三年来上海家化连续保持了 30% 以上的年销售收入增长幅度，是中国最大的化妆品企业之一。中国市场上第一瓶二合一香波、第一罐护发定型摩丝、第一瓶混合型香水、第一支护手霜……这一系列具有现代意义的日化产品均源于上海家化。企业拥有国内仅有的两个化妆品驰名商标美加净和六神，以及"清妃"、"露美"、"佰草集"、"舒欣"、"飘洒"等著名品牌。面对来势汹汹且实力雄厚的外国竞争对手，"六神"把握住了中国消费者的特殊品味——对传统中医文化的信赖，由此而确立的产品独特定位——中药成分的沐浴液，更是为自己建立了强势的市场区隔。在宝洁、联合利华等跨国公司的强势进攻下，"六神"沐浴露的策略，为中国本土公司如何利用本地优势做了一个漂亮的注解。

(二)本土品牌成功阻挡国际品牌

从20世纪末开始,国际著名的日化集团开始将中国市场作为新兴利润来源地之一,它们凭借着成熟的产品体系、先进的营销推广手段以及雄厚的资金保障在中国市场上兴风作浪。一时间宝洁、联合利华、花王等公司的产品充斥着商店的货架,消费者也以使用这些舶来品牌为荣;而民族品牌在强大的竞争压力下有些逐渐销声匿迹了,有些则成了国外集团的收购对象,剩下的又大多在苦苦支撑。在沐浴露市场中,宝洁的舒肤佳、联合利华的力士成为耀眼的明星。而六神却凭借着鲜明的本土形象树立了自己的特色。六神或"六位神灵",是中医传统上用来治疗痱子和其他夏季疾病的药方名称,其中主要成分是珍珠粉和麝香。根据这个处方,1993年,上海家化推出了六神花露水,供夏天使用。以"去痱止痒、提神醒脑"为明确的产品诉求,这个品牌迅速赢得了60%的花露水市场份额。

两年后,上海家化推出了"六神"沐浴露,专攻中国夏季个人洗护用品市场。"六神"沐浴露的推出,一方面是鉴于"六神"品牌在市场上已具有的强大品牌效应,要将"六神"品牌的价值最大化;另一方面,面对跨国公司的挑战,上海家化把握住了中国消费者的特殊品味——在一些领域更加相信中医。

在对消费人群进行细分后,上海家化推出"六神"沐浴露,将目标对准了"六神"花露水的使用者及长期青睐传统中医产品的消费者。产品推出后,很快就赢得了绝大部分"六神"花露水的用户,至1998年,在中国逐渐建立起的沐浴露市场中占据最大的市场份额,"六神"沐浴露成为中国夏季个人洗护用品的第一品牌。

日化产品是一个情感附加值相对较高的产品品类,这意味着消费者的需求具有多样化和个性化的特性。跨国公司虽然具有不俗的实力和声名显赫的品牌,但缺乏对本土消费者品味和需求的了解,而且为了保持全球化经营的标准性,在产品设计上主要考虑发达市场的需求,而不能根据新兴市场的本地化需求提供满足当地消费者偏好的产品。他们主要将那些追求时髦的城市居民作为目标客户群。以中国内地的年轻人为例,他们往往会对西方的所有东西都表现出高度的狂热。上海家化并没有与外国厂商争夺这个市场领域,而把销售重点放在了一个更大的领域:对某些传统成分的功效深信不疑的忠诚客户,并提供较为低廉的价格。

(三)独特定位卡住竞争对手

随着中国沐浴露市场的不断扩大,跨国公司开始加大市场争夺力度。宝洁、联合利华等公司除了加强对原有的舒肤佳、力士等强势品牌在广告、渠道上的投放,还推出了不同价位、不同功效的新品。从价格上看,现在"六神"的价格仅比国际一线品牌便宜1/4左右。在中心城市的主流消费市场,"六神"面临着国际品牌的挤压;而那些区域性品牌又试图凭借自己的价格优势从"六神"的市场份额中分一杯羹。以广东中山地区为代表的中小日化厂家，也凭借地利和成本优势，推出了一些在区域市场得到广泛认同的品牌，如澳雪等，这些品牌的价位最低者仅为"六神"沐浴露的一半。但是，"六神独特的产品定位成为它竞争的先天优势。我们通过消费者调查发现，对于夏天洗澡后的感觉，中国消费者比其他地区的消费者更追求清爽的感觉。"六神的品牌经理李峻说。因此，在产品诉求上，与国际品牌大多宣扬的"润肤、除菌"等功效不同，"六神"沐浴露突出产品"清凉、清爽"的感觉，而又因为延续了"六神"花露水的传统风格，使人自然联想到中药成分对清热功能的促进，因此"六神"沐浴露树立了自己独特的清爽形象。

"六神"沐浴露是第一个在沐浴露市场上突出"清爽"定位的产品，一步领先，就以时间换取了发展的空间；六神上市后迅速取得了成功，一直占据着市场老大的位置，并在这个定位上建立了强大的屏障。对本土企业来说，如果现在去模仿六神，无论在企业实力还是品牌基础上都很难与"六神"抗衡。某些本土企业即便利用低廉的价格争取到了一部分消费者，但这部分不注重品牌、对价格敏感的顾客本来就不是六神主要争取的目标消费群体；而跨国公司处于国际战略的考虑，在新品开发上则缺乏一定的弹性。

由于建立了产品定位的强势区隔，使"六神"沐浴露一定程度上避免了在价格上的竞争，保持了较好的赢利水平，其毛利率约为 22%。李峻认为，中国沐浴露市场才开始，处于上升期，仅有 30%的城市人口使用沐浴露，在农村的普及率更低，市场仍旧存在大量机会，一个产品只要有新奇、独特的产品定位，就一定能站稳脚跟。而市场中，尚有许多这样的定位并未被开发。

（四）迎合消费心理，不断创新

日化用品是"时尚"用品，消费者求新求变的心理在这个行业比较明显。虽然凭借"六神"本土化的品牌文化内涵和独特的产品定位，"六神"沐浴露夺取了比较大的市场份额优势，而且由于消费者使用习惯的惯性，这种优势得以在长时间内保持。但许多消费者对"六神"沐浴露的态度是——忠诚度高，好感度低，认为产品时尚感不强。这说明"六神"沐浴露面临着品牌老化的倾向。

为了适应消费者新的心理需求，近一两年来，"六神"沐浴露从简单的"清爽"产品诉求变为树立"夏季、清凉、家庭、健康、时尚"的品牌理念，在产品包装、广告宣传等方面均做了一定的调整，并加大广告投放力度，希望在将"六神"花露水用户悉数收尽外，吸引更多的年轻化但依旧对中国传统感兴趣的高端用户，争取到一些跨国公司的地盘。在产品开发上，除了维持原有"清爽"的特点外，增加了具有"润肤、除菌"等功效的系列产品，将原来季节指向性明显的产品向夏季以外的季节扩展。同时，因为"六神"花露水在很多地区，尤其是黄河以南地区仍旧保持着旺盛的生命力，而跨国公司在这一领域并不屑于染指，因此，"六神"花露水在这一领域的影响力较强。近年来，上海家化对"六神"

花露水也加强了品牌创新工作,力图吸引更多、更年轻的消费者,这对"六神"沐浴露也起着积极的作用。

(资料来源:刘蔚.成功营销,北京商业管理干部学院,2004年第1期.)

思考题:

1. 六神沐浴露的目标顾客群是哪些消费者?六神沐浴露的市场定位是如何体现消费者需求的?
2. 六神沐浴露成功的案例对我国企业有哪些启示?

案例四

沪上老年用品市场细分

(一)沪上老年用品市场趋向细分化

随着社会敬老风气的弘扬,上海老年用品市场呈现新亮点,老年人吃、穿、用等商品得到有效开发,并成为新的经济增长点。据统计,中国老龄人口将达4亿,上海现有60岁以上老人233.57万人,占总人口的18%。老年用品市场是夕阳产业中的朝阳市场,具有很大的发展潜力。特别是在社会保障体系日趋完善、老年人生活质量大为提高、生活方式发生巨大变化的情况下,这一市场将越发显得生气勃勃。目前,上海老年用品市场出现了细分化的特点,按年龄划分为三段:60~70岁的,突出旅游文化用品的需求;70~80岁的,突出自我保健、生活自理用品的需求;80岁以上的老人,突出延年益寿、保健康复用品的需求。

如今老年食品市场丰富多彩,不仅有传统的甜酥食品、休闲食品、时令糕团等时令食品,还有现代的保健食品、食疗食品、绿色食品,以及讲究热闹、体现情趣的寿星宴、寿星面等情趣食品,并有适应老年人常见病和多发病治疗控制、调理、进补的食品、补品和药品。

穿着用品市场中不仅有按照老人体形制版样的特定规格的服装、皮鞋、布鞋、运动装、帽子,还有老年人的化妆用品,包括乌发焗油膏、抗皱护肤用品、淡妆化妆品以及以黄金和玉石为主的首饰用品。

日用品市场不仅供应老人晨练用的健身球、健身剑、运动衫、运动鞋等体育锻炼健身、健美用品,以及老人修身养性用的琴棋书画用品、报纸杂志影碟用品和种养的花卉,还有让老年人耳聪目明的助听器、老花眼镜、放大镜及让老人健脑防衰老的老人玩具,并有让老年人学会自我保健,有效地控制常见病、多发病的自我测量仪器和自我治疗仪器等。

老年用品市场还推出了网上购物服务，让老年人在家中就能得到上门送菜、上门烧菜、上门治疗、上门理发、上门授教等服务。但从上海老年用品市场总体情况来看，目前还仅是零打碎敲，鲜有老年用品的专卖店、连锁店，没有系统的老年用品网上购物网络，对老年用品细分化的市场，没有大力开拓。作为工商企业的老总，应当把眼光放远，着意开发多元化、多特色、多档次、多样式的老年用品市场。

（二）专为中老年女性"开小灶"

满街的时装店开得比金铺、米店还要多，但望衣兴叹，抱怨购衣难、制衣难的沪上中老年消费者依然大有人在。岁月流逝，青春不再，要么是服装尺码规格对不上路、配不上号，要么是款式陈旧、面料灰蓝黑，连老太太们都看不上眼。据说，服装生产部门也有难言隐衷，发福女性身材的各部分尺寸比例可谓千差万别，别说千人千面，统一版样根本无法确定，就是核算成本、定价格也难，占料、用料大了，价格一冒高，买主往往以为：莫不是你乘人之"难"非得宰我一刀不成？位于老西门的上海全泰服饰鞋业总公司，近年来为中老年顾客解决购衣难问题本是全国出了名的。但毋庸讳言，以往的解难偏重于拾遗补缺，主要集中于规格、尺码、特殊体形、特殊需求的"量"上的排忧解难为多。随着时间的推移，银发世界里如今新成员在不断地与日俱增，其中不乏昔日穿着甚为讲究的新一代白领女性。如果说以前在穿衣戴帽的选购上，她们能够随心所欲的话，那么如今也终于尝到了购衣难的苦头。"全泰"也因此专门为中老年职业女性的服饰配套问题进行探索。他们遴选公司各系统部门的精兵强将，集中优势人力和物力开展个性化的服装产销咨询、设计、制作一条龙的特色服务。具体的做法是，推选上海市商业系统职业明星和服务品牌、市劳模胡伟华创建的"中老年服饰形象设计工作室"担纲唱主角，由资深样板师杜福明等主持裁剪，加工制作师傅均须经过严格技术考核并持有5级以上证书。公司还专门委派采购人员分赴市内外各面料生产和出口主营企业翻仓倒库，寻觅花色繁多的小段"零头布"作为独家拥有的"个性化面料"，形象设计、来样定制、来样定做、来料加工、备料选样定制，诸多"小锅菜"齐上桌，深得消费者的喜爱。

（资料来源：市场营销学60例．http://www.iboss.cn/bbs/attachment.php?aid=1355）

思考题：

1. 请找出两种细分标准，并描述在此标准下划分出的子市场。
2. "全泰"所选定的目标市场有哪些特征？这个目标市场是通过怎样的细分过程来确定的？

模块三 实训练习

实训一

【实训目的】

通过实训,了解如何才是有效的市场定位。

【组织方式】

分小组,每组6~8人,以小组为单位,分别列举市场上电脑或冰箱的现有品牌,分析其市场定位,并就其定位战略加以比较,总结为书面材料。

【实训内容】

目前市场上各种品牌电脑或冰箱的定位多种多样,哪些品牌的定位较科学、准确?哪些品牌的定位不确切或不准确?

实训二

【实训目的】

通过实训,学习如何进行市场细分,并据此选择合适的目标市场。

【实训内容】

1995年当埃克森美孚公司(当时称做美孚公司)面临销售和利润双双下滑之际,它进行了一场大规模的市场细分行动。

第一步是找到其市场的标准:便利性(易于找到加油站)、价格敏感度以及享受额外服务的能力(诸如购买小吃、饮料和其他小商品的能力)。

第二步是确定每一个标准的各个类型客户对每一项服务标准的偏爱。有的客户可能需要很高的便利性,希望有额外服务,而不关心价格;有的客户的偏爱或许会截然不同。

第三步是根据已确定的标准,按客户相似的地方将客户分类。A客户可列入第一客户群,B客户可列入第二客户群……埃克森美孚公司发现了5种客户群,将他们分别称为"公路勇士"、"纯粹车手"、"3F族(燃油、食品、速度)"、"家庭主义者"和"价格导向购物者"。

最后一步就是设法描述各个客户群的特征以帮助选定目标。这些客户特征通常包含人口、心理、性情、态度和行为表现的资料。最后它选定了三个客户群——"公路勇士"、"纯粹车手"和"3F族"。

思考题：

埃克森美孚公司是采用什么标准细分市场的？埃克森美孚公司以什么作为依据选择了目标市场？

模块四 单元测试

（一）名词解释

市场细分　目标市场　市场定位　可衡量性　可进入性　心理细分　比附定位　利益定位

（二）单项选择题

1．在春节、中秋节、情人节等节日即将来临时，许多商家都大做广告，以促销自己的产品。他们对市场进行细分的方法是（　　）。
　　A．地理细分　　　　B．人口细分　　　　C．心理细分　　　　D．行为细分
2．对于经营资源有限的中小企业而言，要打入新市场适宜用（　　）。
　　A．集中市场营销　　　　　　　　B．差异性市场营销
　　C．整合市场营销　　　　　　　　D．无差异市场营销
3．企业为使产品获得稳定销路，培养产品特色，树立市场形象，以求取得顾客的特殊偏爱，这叫做（　　）。
　　A．市场营销组合　　　　　　　　B．寻找市场机会
　　C．市场细分　　　　　　　　　　D．市场定位
4．（　　）不属于消费者市场细分的依据。
　　A．人口细分　　　　B．心理细分　　　　C．地理细分　　　　D．技术细分
5．有效的细分市场不包括（　　）。
　　A．可控制性　　　　B．可测量性　　　　C．可进入性　　　　D．可赢利性
6．同一细分市场的顾客需求具有（　　）。
　　A．绝对的共同性　　　　　　　　B．较多的共同性
　　C．较少的共同性　　　　　　　　D．较多的差异性
7．不属于产业市场细分标准的是（　　）。
　　A．地理位置　　　　B．生活格调　　　　C．顾客规模　　　　D．品牌忠诚度

8. 采用无差异性营销战略的最大优点是（ ）。
   A．市场占有率高　　　　　　　　B．成本的经济性
   C．市场适应性强　　　　　　　　D．需求满足程度高
9. 同质化较高的产品，宜采用的营销战略是（ ）。
   A．产品专业化　　　　　　　　　B．市场专业化
   C．无差异营销　　　　　　　　　D．差异性营销
10. 企业只推出单一产品，运用单一的市场营销组合，力求在一定程度上适合尽可能多的顾客的需要，这种战略是（ ）。
    A．产品专业化战略　　　　　　　B．选择专业化战略
    C．市场全面化战略　　　　　　　D．市场集中化战略

（三）多项选择题

1. 细分消费者市场的标准有（ ）。
   A．地理环境因素　　B．人口因素　　C．心理因素
   D．行业因素　　　　E．行为因素
2. 属于产业市场细分变量的有（ ）。
   A．社会阶层　　　　B．行业　　　　C．价值观念
   D．地理位置　　　　E．购买标准
3. 市场定位的主要方式有（ ）。
   A．产品定位　　　　B．形象定位　　C．避强定位
   D．对抗性定位　　　E．重新定位
4. 无差异营销战略（ ）。
   A．具有成本的经济性
   B．不进行市场细分
   C．适用于绝大多数产品
   D．只强调需求共性
   E．适用于小企业
5. 企业采用差异性营销战略时（ ）。
   A．一般只适合于小企业
   B．要进行市场细分
   C．能有效提高产品的竞争力
   D．具有最好的市场效益保证
   E．以不同的营销组合针对不同的细分市场

6. 企业在市场定位过程中（　　）。
   A. 要了解竞争产品的市场定位
   B. 要研究目标顾客对该产品各种属性的重视程度
   C. 要选定本企业产品的特色和独特形象
   D. 要避开竞争者的市场定位
   E. 要充分强调本企业产品的质量优势

（四）简答题

1. 简述3种目标市场营销战略的概念、优缺点及运用条件。
2. 简述市场细分的意义。
3. 如何评价细分市场？
4. 简述目标市场战略的类型。
5. 简述市场定位战略。

单元七　市场竞争营销战略

学习目标：

1. 能够识别市场竞争者。
2. 能够进行竞争优势分析，并制定适当的竞争策略。
3. 能够根据自己在竞争中所处的地位，选择与竞争地位相适应的竞争战略。

引例

哈勒尔大战宝洁

哈勒尔最大的胜利，就是在20世纪60年代初购进称为"配方409"的一种清洁喷液批发权，以及其后在全国展开的零售努力。到1967年时，"配方409"已经占有5%的美国清洁剂产品市场，以及几乎一半的清洁喷液区域市场。这是一项很舒服的专卖权，也带来很舒适的生活。哈勒尔既不用顾虑股东（公司在他严密掌握中），又不用担心强大的竞争对手（喷液市场并不很大）。

然而，来了宝洁公司——家用产品之王，任何公司对它都不会掉以轻心，它推出了一种称为"省事"（Lestoil）的新清洁剂。哈勒尔的生意遭遇到一个问题：它成功的程度叫人看了眼红。"宝洁"正是那种看了会眼红的公司。该公司于1837年设立于辛辛那提，当时威廉·普罗克特（William Procter，来自英国的蜡烛制造商）和他的堂兄弟詹姆斯·甘布尔（James Gamble，来自北爱尔兰的肥皂制造商）认为两人的生意性质相近，就一起设立了一间办公室和后园"工厂"——一个铸铁底面的木壶，用来把脂肪炼成油脂。即使在当时，该公司也认为把产品行销网络撒得越广泛越好。1850年时，该公司的信纸上面印着这几行字——宝洁公司：制造与批发各式各样的蜡烛、松香、棕榈、甘油、洗脸与刮胡用皂、珍珠粉和猪油等。

1879年，"宝洁"推出最成功的产品"象牙肥皂"（Ivory Soap，化妆用的肥皂）。这项产品的潜力极大，该公司拨出1.1万美元的庞大广告预算，普罗克特的儿子写下第一句广告词："象牙肥皂……纯度高达99.44%。"进而，"它还能飘浮"。

当哈勒尔做起他的"配方409"生意时，"宝洁"已经采用"象牙肥皂"配方近10年之久，成为一项新的家用产品，并且也找到向大众作诉求的方式。当然，该公司也因为问卷调查、个别和集体的访问，以及随着产品的每一推出阶段所进行的数字统计和心理分析，对产品的质量和包装颜色做了许多改进。可是"宝洁"的基本主题还是一样：建立一种新产品，向已经在经销本公司其他产品的零售商进行推销，并且利用大量的广告来争夺市场占有率。

因此，当有一项清洁产品逐渐打开市场时，当然会让"宝洁"眼红了。"宝洁"为了保持自己的优势，就必须推出一种竞争性产品，借此开辟新的生意领域。1967年，它开始试销一种称为"新奇"（Cinch）的清洁喷液。

"宝洁"在创造、命名、包装和促销"新奇"这项产品时，曾投入大量的资金，进行耗费巨大的市场研究。"宝洁"在科罗拉多州丹佛市进行这项产品的试销时，也是采取声势浩大、郑重其事的方式进行（在没有事先确知"新奇"是一项值得投资的产品之前，即在全国以大笔的广告和促销经费展开推销攻势，所冒的风险就太大了）。在这场竞争中，"宝洁"显然因为规模大而占据优势。它可以投入数百万美元经费，而不必计较是否立刻就有收获。我们都会认为金钱可以搜集到有关消费者的知识，从而知道如何投其所好而把哈勒尔打垮。

但是，规模大也有不利的一面。小公司可以迅速行动，可以一面打一面跑，它不会陷入规模大的官僚泥淖中。就在"宝洁"一步步展开行动时，哈勒尔听到了风声，并且得悉丹佛市被选为第一个测试的市场。

哈勒尔所采取的战术完全适合本身公司的小型规模。他很巧妙地从丹佛市场撤出"配方409"。当然他不能直接从超级市场货架上搬走，因为这样"宝洁"就会发觉，但他可以中止一切广告和促销活动。当某一商店销完"配方409"时，推销员所面对的是无货可补的局面。这是一种游击战：用静悄悄而又迅速的行动去扰乱敌人。这种战术发生了作用。新奇清洁喷液在试销中表现极佳，宝洁公司在丹佛市负责产品试销的小组，现在可以回到辛辛那堤总部得意洋洋地声称："所向披靡，大获全胜。"由于虚荣心作祟，再加上对"宝洁"信心十足，使他们完全没有意识到哈勒尔的策略。

当"宝洁"开始发动全国推销攻势时（将之称为"席卷攻势"，因为攻势是按地区逐步推进），哈勒尔开始采取报复措施。他采用的策略是设法打击"宝洁"高级主管的信心。他借着操纵丹佛的市场而使宝洁公司对"新奇"抱着很高的期望，现在则要使实际销售情况远不如当初的想象。因此，他把 16 盎司装和半磅装的"配方409"，一并以一块 0.48 美元的优待零售价销售，比一般零售价降低甚多。这纯粹是一种削价战——哈勒尔并没有充分的资金长期支撑，但却可以使一般的清洁喷液的消费者一次购足大约半年的用量。他用大量的广告来促销这种优惠商品。

因此，当"宝洁"还在使用传统的新产品行销策略，辛辛那堤总部派出大军来配合展开全国性广告攻势时,"配方409"的使用者,用商业术语说,已经"不在市场上",他们不需要再购清洁喷液,唯一留在市场上的是新使用者,这种人的需求极其有限。最后,"宝洁"从货架上撤回这项新产品,尽管它在试销阶段曾大获全胜。

哈勒尔赢得很险,所有的小公司通常都是如此,尤其是面对"宝洁"这种强劲的对手时。可是,哈勒尔深知大公司的心理。他知道这种公司都自信,他知道这种公司都会相信花大钱对新产品进行的市场测试结果。他判断"宝洁"会因为规模太大,而不去密切注意他的动静。"宝洁"是一头大象,精灵古怪的小猴子很容易听到它的脚步声而先躲开。

案例分析:市场的竞争,从某种意义上来说就是对顾客的竞争,如果充分利用自身的优势,打败名牌,即使是处境困难的企业,也能摆脱山重水复疑无路的困境,走上柳暗花明又一村的坦途。

哈勒尔的战术与自己公司的规模完全适合,他打的是一场游击战,小型公司也有小型公司的优点,这一点被他充分利用。而"宝洁"仗着自己的财势、声誉,不注意对市场细微环节的调节,以致在这场交锋中失利。

(资料来源:http://www.sivee.com/zixun/Article_Show.asp?ArticleID=298)

市场竞争战略是在企业总体经营战略的导向下,为创建相对于竞争对手的战略优势而开展活动的规律体系。竞争战略是企业总体经营战略的重要组成部分,而战略优势又是竞争战略的核心。

模块一 基 础 知 识

一、市场竞争者的识别

(一)影响竞争的五种力量

一个行业是生产可以互相替代产品的一群公司的集合,这些公司之间彼此竞争。迈克尔·波特在其经典著作《竞争战略》中,提出了行业结构分析模型,即所谓的"五力模型"。他认为:新进入者的威胁、行业现有的竞争状况、供应商的议价能力、客户的议价能力、替代产品或服务的威胁这五大竞争驱动力,决定了企业的赢利能力,并指出公司战略的核心,在于选择正确的行业,以及行业中最具有吸引力的竞争位置。波特的"五力"分析法不仅说明了该行业中的企业平均具有的赢利空间,也可用于创业能力分析,以揭示本企业在本行业中具有何种赢利空间。

1. 潜在进入者的威胁

潜在进入者是指那些试图或新进入到某个行业参与竞争的企业。行业利润越高，越容易吸引潜在竞争者的加入。新的竞争者往往会带来大量的资源投入，形成新的生产能力，这都会导致行业内产品价格的下降，利润减少。

潜在进入者威胁的大小，取决于进入该行业的障碍大小，以及现有企业的反应。阻碍潜在竞争者进入的具体方法有以下几种。

（1）规模经济。经济学中有一个规模经济的概念，即某种产品的生产，只有达到一定的规模时，才能取得较好的效益。它表现为在一定的产量范围内，产品的单位成本会随着产量的增加而下降。当行业内企业实现了显著的规模经济时，新进入者就难以与之竞争。

小链接：

微波炉生产的最小经济规模为100万台。早在1996—1997年间，格兰仕就达到了这一规模。随后，规模每上一个台阶，生产成本就下降一个台阶。格兰仕的做法是，当生产规模达到100万台时，将出厂价定在规模80万台企业的成本价以下；当规模达到400万台时，将出厂价又调到规模为200万台的企业的成本价以下；而现在规模达到1 000万台以上时，又把出厂价降到规模为500万台企业的成本价以下。格兰仕每一次降价都是它主动发起的。之所以能一次又一次地主动降价，是因为它的成本在下降，是规模经济为其带来的竞争优势。

由于格兰仕已经将微波炉的成本和利润都降到很低，任何一个跨国公司，要把微波炉的成本降到格兰仕之下，是相当困难的，甚至是不可能的。即使成本能达到格兰仕的水平，但由于格兰仕已经拥有70%的国内市场占有率，如果把生产能力做到与格兰仕相当（为了使成本与格兰仕相当，其规模也不得不与格兰仕相当），仅两家的生产能力就会超过市场需求的40%，结果必然是两败俱伤。这就是格兰仕"价格战"所产生的"恐吓"效应。

格兰仕CEO梁昭贤曾这样评价自己的竞争战略："格兰仕这样做，就是要摧毁竞争对手的信心，让这个产业有市场但没有任何投资价值。格兰仕凭价格战构筑了自己的经营安全防线。"

（资料来源：中国论文联盟，http://www.lwlm.com/zhongguojingji/200902/268407.htm）

（2）产品差异化程度。产品差异性越大，独特性越强，意味着现有企业更易获得消费者对品牌的忠诚度，这将对潜在进入者形成进入壁垒。它使得新进入者必须耗费大量的资金来消除原有企业的顾客忠诚度优势，树立自身的品牌形象，这无疑将加大新进入者的运营风险。

（3）对资本量的要求。竞争需要的投资越多，那么除了实力强大的企业外，一般企业不易进入。

（4）较高的转移成本。转移成本是指买方从原有卖方转换到新卖家所遇到的一次性转移成本或转换成本。这包括重新培训人员、购买新的附属设备等。若转移成本很高，则会对新进入的企业形成一种进入壁垒。

（5）分销渠道的控制。通过控制现有的分销渠道，增加新企业的进入成本。理想的分销渠道被原有企业占据，新进入企业若想进入则必须采用各种营销策略促使中间商接受其产品，如降低商品价格、分担广告费用等，这必将降低新进入企业的利润。

（6）行业内现有企业的抵制。当新进入企业来瓜分市场时，现有企业往往会结成联盟进行抵制，如短期内大幅度降低商品价格、垄断原材料市场等。强烈的抵制行为会扼杀掉刚进入市场的新企业。

2．行业现有的竞争状况

行业中必然存在竞争，竞争却是一把"双刃剑"，当整个行业处于良性竞争时，竞争会促使各个企业不断降低成本，使成本趋于合理化。恶性竞争则会使整个行业的利润降低，导致产业内部的不稳定。任何一个行业都无法完全避免竞争，但竞争强度则会有所差别。

影响某一行业竞争激烈程度的因素主要有以下几个方面。

（1）行业内竞争对手的数量和力量对比。通常而言，行业内竞争对手越多，竞争越激烈；行业内竞争对手实力越相近，竞争越激烈。

（2）行业内产品的差异程度。竞争者之间提供的产品越相似，竞争越激烈。产品的差异化程度越低，则消费者的忠诚度越难以控制，而用户比较容易转移，这必将导致竞争的加剧。

（3）行业的增长速度。当整个行业发展迅猛时，企业较容易获得销售额和利润的增长，企业间摩擦较小。而一旦行业发展速度放慢，"市场蛋糕"难以做大时，企业间的竞争就会加剧。

（4）退出行业的难易程度。当行业内存在高额的固定投资时，企业为了降低单位产品的固定成本，必然要扩大生产，充分利用企业的剩余生产能力，这必然会导致竞争的加剧。另一方面，由于投资庞大，资金回收较为困难，在短时期内企业无法迅速退出该行业，过剩的生产能力就无法释放到产业之外，结果就造成整个行业平均利润率的降低，加剧行业内部企业竞争的激烈程度。

3．上下游客户的议价能力

行业的上游厂商是行业的供应商。供应商的议价能力体现在能否促使买方接受较高的价格水平，并可能少地提供服务。

影响供应商议价能力的因素主要有以下几种。

（1）供应商对行业的制约能力。若供应商数量少，规模大，集中度高，则供应商对行业的制约能力就强，在议价中就处于优势地位。

（2）供应商所提供产品的特点。若供应商生产的是差异性明显，或者该产品是买方的重要投入品时，买方转换货源较为困难，供应商就具有较强的议价能力。

（3）彼此之间的依赖程度。若供应商销售对象较多，并不专门依赖某一买主时，则其议价能力较强；反之，若供应商过于依赖买主，则会削弱其议价能力。

行业的下游厂商客户是行业产品的消费者或用户。买方的议价能力主要体现在能否促使卖方以更为优惠的价格提供更高质量的产品或服务。

影响买方议价能力的因素主要有以下几种。

（1）购买的数量。顾客购买的数量越多，议价能力越强。

（2）信息的完全性。若买方能充分掌握市场供求信息、产品的相关生产成本与营销费用，就有较强的议价能力。

（3）买方的特点。消费者虽然人数众多，但力量分散，购买批次多，单次购买量少，议价能力较弱。工业用户单次购买量大且较为集中，议价能力较强。

4．替代产品或服务的威胁

替代产品或服务是指功能相近，满足顾客相似需要，从而可以相互替代的产品或服务。如牛肉和羊肉、蔗糖和糖精等。当某一行业存在替代品时，替代品就会对企业的现有产品构成竞争。要消除替代产品所带来的竞争威胁，企业可以通过扩大产品之间的差异程度，避免可能导致替代现象出现的价格差别。

当然，各产业在形成竞争时，会有不同的作用力占据显要地位。对于远洋油轮业，关键压力或许来自下游的客户，如主要的石油公司；而对于轮胎业，关键压力来自强有力的原始设备买主以及竞争对手；对于钢铁业来说，主要竞争压力来自国外的竞争对手以及替代产品。

（二）识别竞争者的方法

1．从行业竞争角度识别竞争者的方法

行业的定义为一组提供一种或一类相互密切替代产品的公司群。如果一种产品的价格上升能引起对另一种产品的需求明显增加，那么这两种产品就是密切替代产品。企业竞争者主要来源于以下几个方面。

（1）行业内部竞争者。行业内部现有的竞争者通常以价格和非价格因素（质量、服务、广告）等方式展开竞争，争夺市场地位。

（2）行业外部新加入的竞争者。

（3）替代品生产者。替代品是指满足同一市场需求的不同性质的产品。例如茶叶代替咖啡，空调代替电风扇等。

一般来说，一个行业的所有企业都在与生产替代品的行业进行竞争。替代品越有吸引力，企业所要承受的竞争压力就越大。

2．从市场竞争角度识别竞争者的方法

除了从行业角度识别竞争者外，还可以从市场角度，即把其他竞争者看做是力求满足相同消费需求或服务于同一消费者群的企业。从市场角度看，对竞争者的识别开阔了企业的视野，扩大了实际和潜在竞争者的范围，使企业能制定出更具竞争性的营销战略。这样，可以区分4种类型的竞争者：品牌竞争者、产品形式竞争者、产品类别竞争者及愿望竞争者。其关系如图7-1所示。

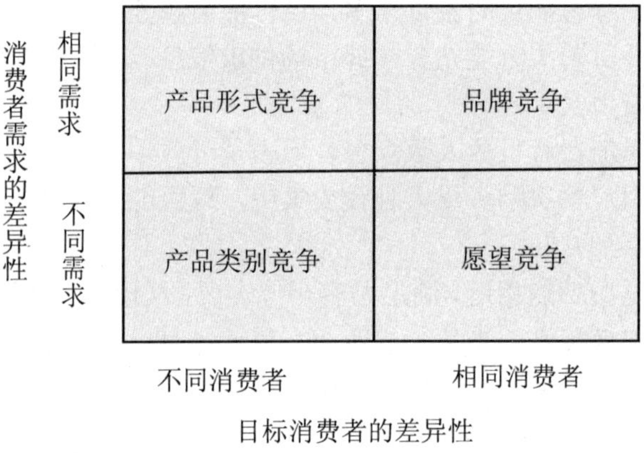

	不同消费者	相同消费者
相同需求	产品形式竞争	品牌竞争
不同需求	产品类别竞争	愿望竞争

目标消费者的差异性

图7-1　竞争类别分析图

以上4种类型的竞争者如果从消费者的角度看，是企业间的产品在满足消费者需求的替代性方面的竞争。品牌竞争的替代性最高，竞争也最直接、最激烈，而愿望竞争是在消费者有限购买能力的条件下，吸引消费者购买满足不同欲望的产品。因此从表面看，并没有表现为直接的竞争，也正因为这样，这种类型的竞争容易被企业所忽略。

由此可见，竞争者的范围十分广泛，不能仅仅理解为提供同类产品和服务，以相似价格供给同一市场的竞争对手，必须分析4种类型竞争者的各种竞争关系，才能真正把握与本企业争夺消费者的竞争者究竟有哪些。

二、竞争优势分析

（一）竞争优势的含义

所谓竞争优势，是指企业能够以低于竞争对手产品的价格，向消费者提供具有相同使用价值的产品；或以高于竞争对手产品的价格，向消费者提供具有更高使用价值的产品；或产品较高的质量、售后服务等优于竞争对手，并使消费者从中所获得的额外收益，超出为此所支付的额外价格。

争取竞争优势，是关系到企业能否生存发展的关键问题，具有十分重要的现实意义。

1．建立竞争优势是企业占领目标市场的前提条件

企业只有在产品生产经营全过程中的某一环节上创造出高于竞争对手的效率，才能生产出优于竞争对手的产品，从而在买方市场条件下抢占一席之地。

建立竞争优势是企业获得高于同行业平均利润水平的唯一途径。无论是何种性质的企业，其创办宗旨都是为了获取最佳经济效益。这就要求企业必须具有竞争对手所没有的优势。

2．建立竞争优势是企业求得长久发展的保证

随着各国市场的日益开放，市场竞争日益激烈，竞争在更广阔的范围内和更深入的程度上展开。因此，企业只有建立起自身的优势，才能在竞争中保持不败，获得生存和发展的机会。

3．建立竞争优势是企业内部各方利益的共同要求

企业的所有者要求获得较高的资产回报率，企业管理者和企业的广大员工必须重视实现预定的各项经营目标，而企业的发展则可以促进管理者和广大员工自身利益的实现。满足企业各方利益要求的唯一途径，就是通过建立企业的竞争优势，求得企业的较快发展。

（二）企业获得竞争优势的途径

在了解了企业自身与竞争对手的优劣势之后，企业就可以以此为依据制定合适的竞争策略。企业制定竞争策略的目的是建立起长久的竞争优势，获得高于同行业平均水平的经济效益。企业获取竞争优势的一般途径是：差异性竞争策略；低成本竞争策略；集中型竞争策略。在实际运用中，企业必须结合自身及本行业的特点，选定恰当的方法和途径。

1．差异性竞争策略

所谓差异性竞争策略，是指通过提供与众不同的产品和服务，满足顾客特殊的需求，形成竞争优势的策略。这种策略主要是依靠产品和服务的特色，在市场竞争中突出特色差异，以此获得消费者的忠诚。

产品与产品之间，由于差别的存在，替代性也会降低，一种产品能提供的满足，其他的产品未必就可以，这也就增加了企业对于市场的控制能力。在差别的基础上，顾客做出选择，形成对某一种特征的偏好，对价格的波动也变得不那么敏感。差异性竞争策略是利用客户对品牌的忠诚、顾客对价格敏感性的下降使企业得以回避正面竞争，它可使企业不必通过追求低成本来增加利润。采取差异性竞争策略而赢得顾客忠诚的企业，在面对替代

品威胁时，其所处地位比其他竞争对手更为有利。

企业在运用该策略时，首先，要考虑本行业及本企业的特点。例如，化妆品企业在产品外观、主要功效上容易独树一帜，而建筑设备企业则可在产品的耐用性、售后服务方面树立起自己的特色。其次，要分析顾客对这种特色的重视程度。顾客越重视，越说明这种产品与竞争对手的不同，是顾客所需要的，是具有实际价值的。如耗电量低的电冰箱、图像清晰的电视机等，对顾客来讲，就具有很高的使用价值；反之，如强调冰箱温度误差不超过±1℃，就没有太高的实际价值。再次，要将获得产品的特色所增加的成本，与企业所增加的收益相比，只有在收益高于成本的情况下，这种特色才是值得的。企业也只有获得高于同业平均水平的赢利，才能建立起长久的竞争优势。

差异性竞争策略包含以下内容。

（1）产品质量差异策略。企业产品在质量上优于竞争对手产品，可以通过优质优价，扩大销售额，提高经济效益。质量领先的企业，不仅能获得顾客的认可，并能获得高于行业平均水平的经济效益。美国通用电气公司对 1 200 家企业的调查结果表明：产品质量最差的20%的企业，其投资收益率为13%；产品质量最好的20%的企业，其投资收益率为30%。这充分表明，以质量取胜，既可以获得顾客的信任，又能创造出高于平均水平的经济效益。

企业可通过建立改进原材料结构、扩大产品系列的深度等来形成产品质量差异性优势。如，某中外合资的酿酒企业，通过使用一种独特的酵母，使其啤酒在质量和纯度上大大高于同行其他企业所生产的啤酒，从而形成了产品质量的优势，赢得了市场，取得了最佳经济效益。

（2）产品可靠程度的差异性策略。所谓产品可靠程度的差异性策略，即使产品可靠性优于同行业其他企业的产品。特别是有些行业中，产品可靠性是决定顾客购买行为的重要因素。因此，在这一环节上建立优势能够吸引和赢得大量顾客。企业可通过加强产品的保障系统、提高产品的检验标准、制定严格的作业管理制度等提高产品可靠性。例如，电脑公司发现许多电脑用户并非专业人士，一旦电脑系统发生故障就会给用户造成不便，因此联想等公司开发了一键恢复功能，通过在隐藏分区装入备份文件，当电脑出现故障时，通过一键恢复功能能使电脑恢复到出厂状态，解决了很多初级用户的麻烦。

（3）产品创新的差异性竞争策略。该策略是指通过生产有别于竞争对手的新产品来显示本企业的特色，建立竞争优势，占领市场。它包括专利创新和一般创新两种。例如，名列中国拉链十大知名品牌行列的义乌利达拉链有限公司，为抢占目前国内尚属空白的尼龙互拼拉链市场，投入了220万元研发经费进行专利创新。该公司开发出了具有独特的方牙（双打）齿型结构的产品，并采用自主研发的专用高粘单丝材料，不仅能单边自拼，还能任意互拼，突破了尼龙拉链不能互拼互配使用的禁区，为尼龙拉链应用于帐篷、睡袋、服装、箱包、鞋靴等有互拼特殊要求的产品提供了可能。仅仅这一项突破，就为"该公司"

打开超过 10 亿元规模的市场扫清了技术障碍，树立了自己的竞争优势。

除了专利创新之外，中小企业还可以通过一般创新来创造差异性竞争优势。例如，我国南方某面包生产企业，在市场竞争激烈和产品销售下降的情况下，通过学习国外先进经验，在面包内添加赖氨酸，使其产品成为有别于其他产品的创新产品，从而重新占领市场。

（4）服务的差异性竞争策略。所谓服务的差异性竞争策略，即通过提供有别于同行业其他企业的服务，求得竞争优势。

① 通过提供额外服务取胜。例如，惠普建立了"惠普商用 PC 会员俱乐部"，参加此俱乐部的会员用户，可以免费接受惠普的培训、信息咨询及参加各种俱乐部活动等额外的优惠和服务，并可以在购机的同时，获得积分累计换取礼品与奖励。企业通常将这些额外服务的费用与其所提供的基本服务的费用合计，这样就使顾客觉得所获得的额外服务大于所付的费用，会产生重复购买需求。

② 通过提供组合服务，以便获得整体效益。组合服务就是将几种基本服务组合在一起，企业在提供基本服务的同时，还提供其他相关联的服务，这样做会使企业具有自身的竞争优势。例如，某旅馆在提供清洁的客房和舒适的客床等旅馆业基本服务的同时，还经营餐馆业，向顾客提供酒吧、餐厅等饮食服务，这种将两类基本服务合一的做法，使该企业具有显著的竞争优势。

（5）产品功能的差异性竞争策略。所谓产品功能的差异性竞争策略，即企业产品除拥有同类产品的各项功能之外，还具有其他独有功能。如某企业推出的健康型洗衣机，利用其独特的磁化装置，使水充分磁化，加之高温热洗，洗涤衣物消毒保健，这一功能受到了消费者的欢迎。

（6）商标的差异性竞争策略。所谓商标的差异性竞争策略，即以响亮的品牌名称使本企业产品有别于其他企业的产品。如先提高企业本身的知名度和形象，然后以企业名称命名其所制造的全部产品，以表示本企业产品与其他企业产品不同。例如，创建于"二战"后的日本索尼公司，1958 年正式改名为索尼株式会社后，该公司将其商品一律冠以公司名称"SONY"，以示与众不同。

（7）抢先的差异性竞争策略。抢先的差异性竞争策略，即在同行业中率先向客户提供某项特殊产品或服务，待其他企业再提供类似产品或服务时，客户已经不再需要了。例如，某制药业合资企业，发现客户（主要是医院）的药品时常脱销，就决定替每个客户安装一台电脑终端机供其随时向该企业订货，结果这些客户利用终端机订购了其全部日常药品；而其他制药企业发现销量下降并找出原因后，已无法再向这些医院提供类似的服务，因为一家医院仅愿购买一台用于订货的电脑终端机。

差异性战略也存在一定的风险，如追求差异性，可能使成本差距过大，反而会失去顾客。这是由于实行低成本的竞争对手与实行差异性战略企业之间的成本差距过大，使得差异化无法吸引顾客。在这种情形下，买方会舍弃由差异化企业提供的产品或服务以节省大量开支。尤其是国际营销目标市场国家消费者收入的减少，会使差异性营销面临失去买主的风险。此外，若买主对差异程度的需求下降，即当目标市场的顾客不再看重这种差异性时，这种差异就失去了价值。竞争对手的模仿也会缩小产品差别。随着科技的不断发展，产业的不断成熟，使得产品之间的差异性会逐渐地缩小，消费者已无能力明显地区分同类产品的差异。

> **小链接：**
>
> 　　福特公司早期的汽车销售落后于日本和欧洲汽车商，当时福特的总裁唐·彼得森指示他的工程师和设计师，根据客户认为最重要的400个特征组合成新的汽车。当新汽车完成后，彼得森声称：他的工程师已经改进（而不是复制）竞争者汽车的大部分最佳特征。
>
> 　　在其他方面，福特发现他们要雇用500人管理付款账单，而日本的马自达公司完成同样的任务只要10人。学习了马自达的体制结构后，福特开始实行"无票据系统"和减少员工至200多人，并仍在不断改进。
>
> 　　施乐公司的人员参观了一家"户外"用品销售公司，其仓库工人整理工作比施乐快3倍。施乐最后根据其经验，重新设计了它的仓库管理软件系统。施乐还向美国捷运学习账单处理技术，向卡明斯工程公司学习生产计划技术，由此来提高自身的竞争优势。
>
> （资料来源：王方华. 营销管理. 北京：机械工业出版社，2002.）

　　2. 低成本竞争策略

　　若企业目标市场的购买者对价格比较敏感，那么低成本竞争策略就是一个有效的竞争策略。所谓低成本竞争策略，是指企业的产品或服务，在质量上，与同行业其他竞争对手的同类产品或服务持平，但在成本和售价上却比同类产品低；或价格持平，但质量却优于同类产品。不同行业、不同规模的企业，可以从不同方面获取低成本竞争优势。例如，美国的林肯电器、德州仪器、杜邦公司以及我国的格兰仕等都是以成功应用了成本领先战略而著称的公司。

　　低成本供应商的目标是获取比竞争对手持久的成本优势。这种成本优势是相对而非绝对的低成本。在寻求低成本的领导地位的同时，切不可片面追求低成本而完全无视产品特色。千篇一律、毫无特色的产品实际上会削弱产品的竞争力。企业必须认真考虑那些购买者认为是至关重要的特色与服务。此外，竞争对手能否复制或匹配公司获得成本优势也有着重要的意义，即低成本优势是否具有持久性。若竞争对手花费较少代价就可以复制领导者的低成本方法，那么，这种低成本优势就不会维持很长的时间，也难以成为企业的长久竞争优势。具体地讲，低成本竞争策略包括以下内容。

（1）产品设计低成本竞争策略。该策略是指在产品设计环节，通过产品结构的设计和原材料的采用，将成本降低到其他同类产品成本之下。

① 采用创新材料替代现有材料。例如，某公司用锯末、木片料等压制成合成木料，替代高级木料制成的家具，成本只有同类产品的 50%，从而获得了低成本的竞争优势。

② 减少产品零部件的数量，运用新技术和新工艺重新设计产品的结构，减少不必要的配件，使总成本下降。

③ 在产品设计上增添简易配套装置，以提高产品的性能。例如，U 盘生产厂商，通过在 U 盘上加入解码控制芯片，使 U 盘具有播放 MP3 的功能，提高了产品的附加价值，拓展了销路，获得了更高的利润。

（2）原材料消耗低成本竞争策略。该策略适用于技术密集型企业，即原材料消耗占成本结构的比重较大的企业。这类企业要降低原材料成本可从以下几方面入手。

① 以高技术、深加工来降低原材料的使用量，从而形成比其他同类产品成本低的优势。例如，西方某炼铝企业，通过采用新技术、新工艺，使占炼铝成本第一位的电耗下降了 50%，取得了竞争优势。

② 控制原材料来源，从而拥有同行业企业所没有的廉价原材料。市场竞争，往往要看谁掌握了关键性的资源，谁掌握了市场上更稀缺的资源。控制了这些资源，在市场上就有了不可替代的位置，就可以形成一种左右市场的力量。

（3）工资低成本策略。该策略适用于劳动密集型企业，即工资占成本结构比重较大的企业。通过选择工资低廉的地区设厂、提高自动化水平，进而降低生产成本，提高企业的利润水平。

（4）销售费用低成本竞争策略。所谓销售费用低成本竞争策略，即企业在进入目标市场时，将竞争对手销售同类产品或服务时所增添的各种服务性措施全部省略，以远低于同行的成本从事经营。例如，美国西南航空公司根据乘客到达机场时间的先后，在乘客到达机场服务台报出自己的姓名后，给乘客打出不同颜色的卡片，顾客根据颜色不同依次登机，然后在飞机上自选座位。这种设计既降低了机票制作成本，又提高了乘客登机的效率，使该公司办理登机的时间比其他航空公司快 2/3，节约了票务办理和登机的时间，减少了飞机在机场的滞留时间，有效地控制了公司应付给机场的租金，降低了企业的运营费用。

该策略的优点在于：顾客已经习惯和接受了在销售产品中所采用的服务措施，如果一旦取消，可能导致顾客的不满，这使得竞争对手不敢贸然跟进。它的缺点则在于：极有可能吸引潜在竞争对手加入到市场竞争中。因此，采取该策略的企业应能承受可能出现的激烈价格竞争，且自身成本结构合理，具有长期保持成本竞争优势的潜力。

（5）销售地点低成本竞争策略。该策略适用于零售业企业和服务性企业。这类企业通过占有最有利的零售地点，使其产品或服务及时进入市场。而竞争对手往往因运输线长，既增加运费，又延缓了产品上市的时间，导致成本上升，丧失竞争优势。

（6）利用机遇的低成本竞争策略。在某一行业进入衰退期前，该行业的某些厂家必然要出售设备，以便转向其他行业从事生产经营活动。这些厂家一般以极低的价格出售设备，购买者就可以抓住机遇，以低价购入设备，从而取得资产低成本的优势。在该行业市场消失前，利用其低成本的优势，就可以取得高于同业其他企业的经济效益。

（7）间接费用的低成本策略。该策略适用于大中型企业。这类企业由于管理层次较多，所以间接费用较高。企业可以通过加强管理，降低本企业的间接费用；也可以通过购买其他亏损企业，对其进行改组，实行统一生产和经营，从而降低间接管理费用。

成本领先一方面能给企业带来竞争优势，但同时也存在一定风险，如技术上的变化会使以往的投资和过去累积的经验失效。行业的新加入者或追随者们会通过模仿或者具备高技术水平设施的投资能力，从而降低成本。此外，由于企业的竞争优势主要来源于成本领先带来的价格优势，企业只有设法保持足够价格差异，才能抵消竞争对手们的品牌形象或其他差异化特色。而成本的膨胀却会使这种价格差距不断缩小，进而丧失竞争优势。

关于以成本领先作为单一目标带来风险的一个典型例子是日本夏普公司的民用电子产品。夏普公司曾长期遵循成本领先战略，但现在却被迫开展声势浩大的广告促销活动，以获得品牌信誉。公司的竞争优势则由于成本上升以及美国的反倾销法而被削弱。

小链接：

20世纪20年代，高露洁曾在拉丁美洲、亚洲太平洋地区和欧洲销售商品。那时，它是该地区的主要经销商，保持品牌的营销力比较容易。20世纪80年代起，宝洁、联合利华、汉高这些公司开始积极进军高露洁支配的市场，特别是第三世界国家。

但是一个拥有强劲的、深厚的市场基础的领军者不会过多担心更大型的竞争者分享其成果。高露洁已经稳定增长了十多年。然而，公司1995年在全球范围内的80亿美元的销售收入，与宝洁330亿美元的销售额和联合利华500亿美元的销售额相比，就是小巫见大巫了。宝洁在海外的尿布业务的销售额几乎相当于高露洁的全部国际业务额，而且其增长速度与高露洁全部业务的增长速度并驾齐驱。

高露洁的解决之道分为两个方面。首先，公司决定专注于5个核心业务——口腔护理、个人护理、家居表面护理、织物护理和宠物食品。"我们曾经试图给所有人带来所有的用品，但事实上这行不通。"斯蒂尔解释说。所以从20世纪70年代到其后的约10年间，高露洁卖掉了它的很多子公司，包括Hebrew National Foods 和 Riviana Rice。现在高露洁专心致志地经营其核心业务。

其次，高露洁发展自己的"资料夹"（它是关于高露洁知道的所有品牌的资料，每份资料包含了高露洁的国家和地区经理所知道的有效地销售某一特定产品的详细信息)理念，以此来传达计划和保证全球销售的一致性。

（资料来源：Subhash C. Jain. 国际营销案例（第6版）. 宋晓丹，张莉，等译. 北京：中国人民大学出版社，2006.）

3．集中型竞争策略

集中型竞争策略是指企业在细分市场后，只选择其中一个子市场从事生产经营活动。把经营重点放在一个特定的目标市场上，为特定的地区或特定的购买者（集团）提供特殊的产品或服务，围绕一个特定的目标进行密集型的生产经营活动，要求能够比竞争对手提供更为有效的服务。企业不是在较大的市场获得一个较小的市场份额，而是在一个较小的细分市场获得一个较大的市场份额。

集中竞争策略的理论基础是市场的可细分性。如消费品市场又可细分为体育用品市场、保健用品市场、化妆品市场等。由于每个子市场的消费者对产品性能、外观、包装、价格等要求是不尽相同的，所以，没有哪个企业能很好地满足每个子市场顾客的要求。因此，这就为采用集中竞争策略的企业创造了赢得市场的机遇。具体地讲，集中竞争策略包括以下几种。

（1）产品的集中竞争策略。该策略即缩短产品组合的宽度和深度，甚至只保留一个产品系列中的一个产品品种。该策略适用于中小企业和资金、技术力量薄弱的企业。

（2）地区的集中竞争策略。该策略是按地理区域将目标市场细分化，然后选择其中一个子市场为企业的目标市场。采用该策略的企业一般都有以下特点。

① 产品制造成本低，但运输成本高。例如，生产水泥的厂家运输成本占总成本的70%以上，如果这类企业集中于特定地区设厂，就能大大降低产品成本。

② 目标子市场消费者与其他子市场消费者对产品使用价值有明显不同的标准。例如，不同地区的消费者对菜肴味道要求不同。

（3）低市场占有率的集中竞争策略。该策略的理论依据是：市场占有率只是企业获得高投资回报率的手段之一，在某些情况下，低市场占有率更能使企业获得高于同行业平均水平的收益率。但是，企业采用该策略时，必须具备以下条件：主要竞争对手不能满足该子市场消费者的特殊要求；能够将有限的财力集中用于改善企业成本结构中的关键环节；产品品质较好，价格适中，产品的附加值较大。

此种战略的风险在于成本差距的扩大会使目标集中战略丧失成本优势。具有规模经济优势的企业与目标集中企业间的成本差距变大，从而使目标集中战略产生的差异优势被抵消。另外，若竞争对手对目标市场再细分，会使得目标集中企业显得不够集聚。竞争对手在战略目标市场中又找到细分市场，因而对目标集中企业的经营战略会产生很大的影响，竞争的优势会进一步减弱。

三、竞争战略定位及实施

(一) 企业的竞争地位

不同的企业竞争地位,必然会导致不同的策略,而由于企业竞争地位、市场占有率不同,便会形成四种类型的营销者:市场领导者、市场挑战者、市场跟随者和市场补缺者。企业的实力不同,所处的竞争地位不同,所采用的竞争战略也应随之改变。

以美国汽车行业为例,通用汽车公司处于一种市场领导者地位,它所采取的多是防御性策略,以保护自己所支配的那部分市场份额;福特公司处于一种市场挑战者的位置,它所制定的从来都是进攻性策略,以便从领导者的弱点中赢得市场占有率;克莱斯勒公司明显处在追随者的市场地位,它只能采取侧翼作战的总体策略,以便在运动中赢得市场;美国汽车公司是汽车行业的拾遗补缺者,是市场竞争中的游击队,这决定了它的竞争策略为游击策略,通过不断地寻找市场空隙来补入或跟进,在细分小市场上开展营销活动。它们各自所处的地位决定了它们不同的竞争对手定位策略和市场营销目标。

1. 市场领导者

市场领导者是指在某一相关产品市场占有率最高的企业,它在价格变动、新产品开发、分销渠道和促销能力上一般具有绝对优势,其他企业也都承认其在该领域的统治地位。一般来说,大多数行业都有一家企业被认为是市场领导者。如快餐业的麦当劳连锁店、软饮料行业的可口可乐公司等。它们是市场竞争的导向者,也是其他企业挑战、效法或躲避的对象。它们的地位是在竞争中自然形成的,但不是固定不变的。市场领导者面临着如何保持和扩大现有的行业市场份额,怎样充分发挥自身的优势,以求得最佳经济效益的问题。

2. 市场挑战者

所谓市场挑战者是指那些积极地攻击本行业企业,并由此来提高自身市场占有率的企业,它们与市场领导者相比,在许多方面仅仅稍逊一筹,因此常常会在不同的场合向市场领导者发起挑战,故称市场挑战者。比如软饮料市场上的百事可乐公司、美国汽车市场的福特公司、美国的西屋电器等。

3. 市场跟随者

市场跟随者是指在相关产品市场上的占有率较市场领导者或市场挑战者低,其安于次要地位,愿意维持原状,在"共处"的状态下求得尽可能多的收益,故称市场跟随者。此类企业并不进行产品革新,而只是模仿或改进革新者所推出的新产品。如照相器材市场上的日本柯尼卡公司。

4. 市场补缺者

市场补缺者是指那些在市场上处于弱小地位的小企业,它们在市场上选择某些专业化的、难以吸引大企业的小市场来经营，专营大企业可能忽略或不屑经营的业务，为此类市场提供有效的服务，在这些小市场上通过专门化经营来获取最大限度的收益。在本质上，这类企业属于一种"填空档"企业，通过提供市场上所短缺的产品，抢占夹缝，做独门生意。如日本有家企业专门从事树叶资源的开发与生产，以及中国许多外向型乡镇企业等。

（二）市场领导者竞争战略

市场领导者如果没有获得法定的垄断地位，必然会面临激烈的竞争。为此，市场领导者必须保持高度的警惕并采取适当的策略来维持和发展自己的地位，否则就很可能丧失主导地位。市场领导者通常采取三种措施来维持自己的优势，保住自己的主导地位。一是扩大市场需求量；二是保持现有市场占有率；三是在市场规模不变的前提下，进一步提高市场占有率。

1. 扩大市场需求量

当一种产品的总体市场需求量扩大时，受益最大的总是市场领导者。例如，如果中国消费增加对外国名牌的需求，受益最大的当然是市场领导者。一般来说，市场领导者可以通过下列途径来扩大市场需求量。

（1）发掘新的使用者。一个生产企业可以通过市场渗透策略、新市场策略和地理扩张策略三方面找到新的使用者。如美国的强生公司曾经生产过一种婴儿用的洗发精，并且一度成为婴儿洗发精产品中的名牌产品。但是，随着美国人口变动趋势中出生率的降低，未来的销售状况并不令人乐观。为此，公司进行了一项调查，结果发现，在某些家庭中，大人有时也会使用婴儿洗发精，这表明婴儿洗发精本身尚有可待开发的新的作用者。强生管理部门立即决定针对成年人发动一场广告攻势，以便在成年人中找到原来婴儿洗发精的市场。没用多长时间，强生牌的婴儿洗发精竟然又成了整个洗发精市场的名牌产品。

（2）开辟产品的新用途。为企业的产品开辟新的用途，使产品拥有更多的使用者，从而可扩大市场需求量并使产品销路久畅不衰。如阿尔姆-海默尔公司是一家生产食用发酵粉的生产企业，但其产品销售额在漫长的一百多年中一直呈下降趋势。后来，该公司的营销人员发现有的消费者把它作为冰箱除臭剂使用，由此公司实施了大规模的广告和公共宣传攻势，重点强调这种产品的独特用途，成功地使美国许多家庭把装有食用酵母粉的敞口盒子放在冰箱里。几年过去之后，该公司又发现消费者还用酵母粉来消除厨房里的油烟，于是便大力开发并宣传其作用，结果又取得了很好的销售业绩。

（3）增加使用者的使用量。设法使用户增加用量是扩大需求的一种重要手段。如宝洁公司进入中国市场时所采用的广告策略："今天你洗头了吗？"强调天天洗头的卫生观念。随着消费者洗头频率的增加，对洗发水的用量自然也就增加了。

2. 保持现有市场占有率

为了保持市场领导者的位置，企业必须时刻提防市场挑战者的进攻。挑战者往往都具有很强的实力，领导者稍不注意就可能被取而代之。因此，防御策略是市场领导者的竞争基调。通常，以下几种防御策略可供市场领导者选择。

（1）阵地防御。它是那些已经占有市场领导者地位的大型公司所采取的保护现有产品市场的策略。这是一种静态的防御，也是防御的基本形式，但如果企业以全部资源投入这种防御，就可能招致失败。典型的例子如当年的福特汽车固守 T 型车，曾一度使经营陷入困境。

（2）侧翼防御。它是指市场领导者除了要保卫自己的阵地之外，还必须建立某些辅助性的基地作为防御阵地，必要时还可以作为反攻基地。市场领导者特别要注意保卫自己较弱的侧翼，防止竞争对手乘虚而入。以可口可乐公司为例，尽管其可乐产量已经占到了世界软饮料市场的一半，却也在积极开发酒类市场，并且还收购了几家果汁饮料公司，甚至还把资金分散到经营海水淡化设备和塑料生产中去。

（3）先发防御。它是指在竞争对手抢占自己的目标市场之前，先发制人，这是一种比较积极的防御策略。比如当竞争者的市场占有率达到某一危险高度时，就对它发动攻击；或者是对市场上的所有竞争者全面攻击，使其人人自危。但是也有的企业听任其他企业向自己发起攻击，因为他们认为以攻为守并不划算。这类企业多是那些拥有强大的市场资产的企业，如品牌忠诚度高、技术领先等，它们可以经受得住多轮的打击，最后使竞争发起者耗尽实力而被迫退出市场。这方面最为典型的案例，是亨氏公司听任汉特斯公司在番茄酱市场上的进攻，而自己却"以静制动"，最终，后者为此付出了惨重的代价。

（4）反攻防御。它是指当市场领导者受到攻击后，即以正面的、侧翼的或者钳型包围的方式对挑战者加以有力的反击。如麦当劳在面临来自其他外国风味的快餐连锁店的竞争时，便不失时机地推出了牛肉杂碎三明治作为反击防御的武器，自此而始，麦当劳又相继推出了麦香鱼、麦乐鸡块等产品，通过花样的不断翻新，麦当劳吸引了不少晚上在外用餐的家庭消费者。这正是市场领导者利用产品策略来进行反击防御的具体例子。

（5）机动防御。这种防御策略要求市场领导者不但要防守现有的市场份额，还要把其目标市场扩展到可作为未来防御和进攻中心的新领域或目标市场上去。

① 采用市场扩大化，就是企业将其注意力从目前的产品上转到有关该产品的基本需要上，并全面研究与开发有关该产品需要的科学技术。例如，开拓农机公司在原有的市场业务中，增加了与原有业务具有一定相关性的事业领域，即开发建筑用机具、引擎和材料搬运机具。由于这些业务领域的相关性程度很高，因而开拓农机公司以相同的经销商网络，也节省下了不少的额外开支。在此基础上，公司还致力于满足顾客需求，通过广泛的经销商网络提供高质量、高可靠度的产品，从而在好长一段时期内它都保持着市场领导者地位。

② 市场多角化，即向与原来业务无关的其他市场扩展，实行多角化经营方式，来保护企业的增长与发展。例如，生产万宝路香烟的菲利普·莫里斯公司，在全球性的反对吸烟运动和政府对在公共场合下吸烟的限制越来越严厉的情况下，它所进行的并非是单纯的阵地防御，甚至也不是致力于去寻找香烟的替代品，而是迅速转入到啤酒、酒类、软饮料以及速冻食品等新行业，以求获取长远的发展机会。

（6）收缩防御。它是指市场领导者发觉自己的战线过长，难以抵抗竞争者的进攻时，主动地收缩战线，集中力量，以增加防御能力。通常企业会放弃疲软的市场阵地，把力量集中到主要的市场阵地上去。例如，杜邦公司曾推出过一种叫做柯凡的合成革，耐磨性极强。后来，时髦商品开始受到欢迎，真皮皮鞋的价格也不太贵，皮革代用品乙烯的价格又很便宜，加之，杜邦公司所推出的式样不太适合消费者的口味，公司对市场及竞争者的理解也存在失误，所以，杜邦公司不得不将柯凡革撤离市场。尽管这在当时造成了近1亿美元的损失，但却为公司在其他明星业务的市场赢得了机会。

3．提高市场占有率

市场领导者可以通过提高市场占有率来增加收益。如果企业能在每个市场中促使其市场份额的提高，对企业的利润增长将起到推动作用。企业市场占有率的提高不是在任何情况下都意味着收益率的增长，这还要取决于为提高市场占有率所付出的代价与所获得的收益之间的关系。因此企业在实行市场占有率的策略时，应注意以下3个因素。

（1）要避免引起反垄断指控的可能。因为在许多国家，当市场占有率达到一定程度时，容易遭到其他企业甚至政府的指控，从而引起反垄断行动。

（2）要避免为提高市场占有率而导致的规模不经济。当市场占有率已达到一定水平时，再要求进一步提高就要付出很大的代价，必须付出更多的营销费用及其他交易费用，存在着边际成本的提高现象。因此为了保持市场领导地位，有时需要在较疲软的市场上主动放弃一些份额。

（3）要运用正确的营销组合策略。要注意的是有些营销手段对提高市场占有率很有效，却不一定能增加利润。只有在以下两种情况下市场占有率才与收益率成正比：一是单位成本随市场占有率的提高而下降；二是产品价格的提高超过为提高产品质量所投入的成本。美国等一些国家企业的经验表明，如果在提高市场占有率的同时，不注意产品开发，不重视产品质量的提高，就有可能导致利润的下降。

（三）市场挑战者的产品竞争策略

市场挑战者如果要向市场领导者和其他竞争者挑战，首先必须确定自己的战略目标和竞争对象，然后依据竞争对象的不同选择适当的进攻策略。

1. 确定战略目标和竞争对象

一般来说，可供其进攻的竞争对象主要有下列三类。

（1）攻击市场领导者。这种选择具有高度的风险性，但一旦成功，收益则十分可观。市场挑战者通过寻找市场领导者的弱点和缺陷，作为自己攻击的目标。此外，还可创造出超出主导者的新产品，以更好的产品来夺取市场的主导地位。

（2）攻击与自己实力相当者。市场挑战者如果发现有一些与己方地位相当，但经营不善、财务状况较差的公司，就可以设法夺取它们的市场份额，积蓄力量，最终与市场领导者较量。

（3）攻击地方性小企业。挑战者通过对本地区一些财务状况不良的小企业的攻击与兼并，扩大自己的市场，积累力量，力图脱颖而出。

小链接：

柯达公司是目前全世界最大的感光材料生产厂商，至今占据着世界感光业的霸主地位，占世界市场的42%左右。而富士则于"二战"后才成立，直到20世纪80年代才有影响力，占据世界第二位。两家公司的产品结构几乎完全一样，竞争一直非常激烈。

由于中国在感光产品市场上巨大的发展潜力，两家公司对中国市场都志在必得，在各方面展开了激烈的竞争。一个企业在竞争中采取怎样的策略，受很多因素影响，其中起决定性作用的是企业在该行业中的地位。若说在全世界，那么无疑柯达是领导者，而富士是挑战者。在中国市场的医疗产品和专业产品上，柯达是领导者；但在普通胶卷市场上，则两家公司的地位非常接近。目前富士普通胶卷的市场份额仍占第一位，因而可以说富士是领导者，柯达是挑战者。

在中国市场，本来是柯达先进入，但开始可能没有重视富士的实力；富士在80年代后期发起大规模攻势，反而占了优势。目前，在中国的民用普通胶卷(特别是100度)市场，富士的份额超过40%，而柯达低于40%；但在其他产品系列上，特别是专业产品和医疗产品上，则是柯达占了绝对的优势。作为世界范围的领导者，柯达在中国普通胶卷上稍逊于富士，它无论如何不会心甘情愿，因而近年来大举进攻富士。

1997年，柯达公开表示，要在未来5年内在中国投入15亿美元而不求回报，以达到最终挤垮乐凯、打败富士的目的。在柯达全球裁员的大背景下，在中国却大规模增加投入。兼并公元、福达，是其全面进攻策略的体现之一。同时大规模推广新产品，如数码相机、电脑光碟等。富士也不甘示弱，凭着在中国市场已有的基础，全面反击，特别体现在胶卷产品上。在1997年5月至10月这半年之间，富士连续推出两代胶卷新产品。5月份推出SUPER-HG系列胶卷，取代原来的HR系列胶卷。而仅仅几个月后，又推出SUPERIA晶彩胶卷系列，与柯达推出的金胶卷系列全面对抗。同时，针对柯达对专卖店的大规模投入，富士在 1997 年下半年推出新的影像服务专卖店形象,原来的专卖店全部进行新的装修,形象焕然一新。其目的很明显,就是要保持胶卷的领先地位。在各个方面,两家公司一直都对抗着。可以预见,未来柯达与富士之争将会更加激烈。

(资料来源:市场营销学 60 例. http://www.iboss.cn/bbs/attachment.php?aid=1355)

2. 选择进攻策略

在确定了战略目标和竞争对象之后,市场挑战者还要考虑采取什么进攻策略。就进攻策略而言主要有以下几种。

(1)正面进攻。它是指市场挑战对手集中资源正面与竞争对手展开竞争,即攻对手的强项而不是弱项。百事可乐与可口可乐的竞争,就是最好的案例。无论在世界任何地方,只要可口可乐新开设一家合营企业,百事可乐就一定会在那个地方开设一家同样的企业。无论何时,只要可口可乐推出一种新产品,百事可乐就会不惜代价地也推出同一性质的产品。在这种情形下,进攻者力求在产品、广告、价格等主要方面超过对手。一般而言,正面进攻需要具备雄厚的资源基础,否则很难成功。

(2)侧翼进攻。它是指市场挑战者集中优势力量攻击对手的弱点,不正面进攻竞争对手,而是进攻其侧翼或背面。这又可分为两种情况:一种是地理性的进攻,即在全世界寻找对手力量薄弱的地区,在这些地区发动进攻;另一种是细分性进攻,即寻找市场领导企业尚未为之服务的细分市场,在这些小市场上迅速填空补缺。例如,日本公司进入美国电视机市场时,早期多采用侧翼进攻策略,它们尽量避开与美国公司的正面冲突,在型号上专注于小电视机的生产。索尼等日本公司主要通过美国的几家大型连锁商店进行独家代理销售,这在短时期内在分销渠道上不会与美国的同行业竞争对手发生直接冲突。正是由于日本产品型号小、价格低,美国的电视机制造商根本没有加以理会,从而造成了后来日本家用电器产品大举进入美国市场的契机。

(3)包围进攻。它是指挑战者企业向市场提供竞争对手所能供应的一切,甚至比对方还要多,从而使自己提供的产品被市场所接受的策略。当挑战者确信比竞争对手有更大的资源优势,并确认能够完全包围对方,可采取这种策略。如日本精工公司在全世界范围内生产和销售多种款式的手表,全方位地对瑞士手表展开攻势,结果大获全胜。

(4)迂回进攻。它是指市场挑战者避开对手的锋芒,通过多角化经营发展自己的市场,积聚自己的资源而对竞争对手展开间接攻击。具体方式有 3 种:一是发展无关的产品;二是使现有产品进入新市场;三是发展新兴技术、新产品,取代现有产品。

(四)市场跟随者的产品竞争策略

市场跟随者与挑战者不同,它不是向市场领导者发动进攻,而是跟随在领导者之后自觉地维持共处局面。并不是所有居次要地位的企业都愿意向市场领导者进行挑战。因为在缺乏把握的情况下，挑战往往意味着失败，或者两败俱伤。为此选择跟随策略有时显得更为明智。效法主导者为市场提供类似的产品，因而市场占有率相当稳定。但跟随并不等于被动地单纯追随市场领导者，它必须找到一条不致引起竞争性报复的成长途径。它必须根据企业自身的条件，采取适当的策略。通常有3种可供选择的追随策略。

1. 紧密跟随

紧密跟随是指在细分市场和营销组合方面，尽可能地效仿市场领导者。这类企业一般不采取过激的挑战行动，不从根本上侵犯到领导者的地位，也不会与领导者发生直接冲突。如美国的巴多斯公司以出售电子计算机系列产品为主要业务，在其设计中型电子计算机时，该公司曾采取过紧密跟随策略。它尽可能地模仿IBM公司的设计，但售价却压得更低。这样，每当政府招标时，巴多斯公司总能以最低的价格中标。

2. 有距离地跟随

有距离地跟随是指跟随者在主要方面，如目标市场、产品创新、价格水平和分销渠道等方面都追随领导者，但仍与领导者保持一定差异。由于它们不直接构成对领导者的威胁，所以容易在市场上取得一定的份额。这种跟随者可通过兼并小企业而使自己发展壮大。

3. 有选择地跟随

有选择地跟随是指跟随者只是在某些方面紧跟领导者，只模仿市场领先者行之有效的策略，而在其他方面则自主经营，择优跟随。采取这种竞争策略的企业，必须经常进行产品小革新，以避免与领先者发生直接竞争。

此外，还有一种"跟随者"在国际上十分猖獗，即名牌货的伪造者或仿制者。他们的存在对国际驰名商标是一个巨大的威胁。对这种"跟随者"应该设法清除掉。据不完全统计，国内市场上类似"华伦天奴"的注册商标一度高达两百多个；而与"梦特娇"雷同的品牌持有企业就有六十多家。

（五）市场补缺者的产品竞争策略

市场补缺者必须在市场上拾遗补缺，以求得在夹缝中生存与壮大。为此，它们必须在市场上寻找到适合自己发展的"空隙"。一个理想补缺市场必须有足够的市场规模和购买力，足以支持企业的赢利，还应具有一定的利润增长潜力。被大企业所忽视，且企业具备为该市场补缺的资源和能力，能有效地对付大企业的攻击。那么，市场补缺者如何取得有利的市场位置呢？主要的策略是实行专业化，即在市场、顾客、产品和营销组合方面实行专业化，以取得有利的市场位置。具体来说有下列几种可供选择的专业化策略。

1. 最终使用者专业化。它是指企业专门为某一类型的最终顾客服务，如"婴幼儿用品商店"。

2. 垂直专业化。它是指企业在生产销售过程中的某一层次实行专业化经营，如专门从事零部件加工的企业。

3．特定顾客专业化。它是指企业将服务对象限定在某一个或少数几个客户身上的经营策略，如我国江浙有些小企业专门为沃尔玛供货。

4．顾客规模专门化。它是指企业专门面向某一规模的顾客服务，如有些小企业专门为那些被大企业忽略的小客户服务。

5．地理区域专业化。它是指企业只在某个地方或世界某一区域进行国际营销活动。

6．产品或产品线专业化。它是指企业只生产一类产品以供市场使用，如美国的箭牌公司只生产口香糖一类产品。

7．客户订单专业化。它是指企业专门按照客户订单生产产品或提供服务。

8．质量和价格专业化。它是指企业专门生产某一质量和价格的产品，如专门生产高质高价产品或低质低价的产品。

9．服务项目专业化。它是指企业专门提供一种或几种独特的服务项目，如 EMS 特快专递服务。

10．分销渠道专业化。企业专门服务于某一类分销渠道，如专门为超级市场生产适于销售的产品的企业。

为了使得企业经营风险减小，市场补缺者一般应选择在两个以上的领域实行专业化经营，以确保企业的生存和发展。总之，只要营销者善于经营，小企业也有许多机会在获利的前提下为顾客提供优质服务。

在选择市场利基时，多重利基比单一利基更能减少风险，增加保险系数。因此，营销者通常选择两个或两个以上的利基，以确保企业的生存和发展。

模块二　案　例　分　析

案例一

九阳豆浆机：潜伏的领导者

山东九阳小家电有限公司是一家新兴的小家电专业企业。九阳公司成立于 1994 年 10 月，为山东省高新技术企业、国家大豆行动计划示范企业。其中拳头产品九阳豆浆机被列为省级星火计划项目，九阳商标被认定为山东省著名商标。九阳公司的拳头产品九阳牌系列家用豆浆机拥有 23 项国家专利，为豆浆机行业第一品牌。九阳公司目前已成为全球最大的豆浆机制造商。

九阳豆浆机从一面市即受到广大消费者的喜爱和欢迎，产品畅销全国，并远销日本、美国、新加坡、印尼、泰国等海外二十多个国家和地区，年销量突破百万台，年产值几亿元。目前，九阳已在全国地市级以上城市建立了二百多个服务网点，做到了凡是有九阳产品销售的地区均有九阳的服务机构，并在行业内率先在全国大部分城市实行了上门服务。现在，九阳公司主要致力于新型家用小电器的研制、开发、生产与销售，主导产品有九阳全自动家用豆浆机、电磁炉、开水煲、果汁机、电火锅等系列家电。2000年4月，"国家大豆行动计划"领导小组将九阳公司列为行业内唯一"国家大豆行动计划示范企业"。2001年至2003年，九阳豆浆机连续被国家统计局中国行业企业信息发布中心认定为"全国市场同类产品销量第一名"。2004年5月，九阳公司荣获中国最具发展潜力的中小企业"未来之星"称号。

1994年，工程师王旭宁发明了集磨浆、滤浆、煮浆等诸功能于一身的九阳全自动豆浆机。这一年王旭宁下海创业创建九阳公司，追随他的是和他一样年轻的北方交通大学的师兄弟们。该年被九阳人自豪地称为：九阳元年。不起眼的九阳公司最初选择的同样是一个不起眼的产品——豆浆机。齐鲁大地这块沃土是豆浆机的诞生地，它的出现是豆浆制作方法的一次革命，结束了中国人过去一直用石磨做豆浆的时代。

新生产品的生产者必须耗费大量力气去培养消费者的消费习惯。1994年第一批2000台豆浆机生产出来，当时很多商场别说认同你的产品，就是见也没见过，想进去卖要费很多周折，讲解、演示，还要托关系。这样这批豆浆机堆在库里无人问津，九阳人心急如焚。由此发生了一件事，被九阳的创业者们称做九阳公司的第一个标志性事件。1994年11月，在《齐鲁晚报》上紧贴通档广告的上方出现了一则1cm高的宣传九阳豆浆机的反白长条补缝广告，花钱不多，效果却出奇的好。补了几次缝下来，到1995年春节前，2 000台豆浆机便销售一空。1995年，九阳豆浆机的销售突破了10 000台。自此年轻的九阳深深感知到宣传的重要性。要想让消费者真正认同豆浆机，必须从宣传大豆及豆浆对人体的益处做起。自那以后，九阳宣传大豆与豆浆营养知识的软文广告开始席卷全国媒体，前后与其合作的媒体有500家之多。从与报刊共同推出专栏，宣传豆浆的健康功效，到参与央视《夕阳红》栏目活动，再到"国家大豆行动计划"的推广，继而在央视《东方时空》和《开心辞典》投入品牌广告，九阳豆浆机的市场宣传策略已从"引导消费豆浆"转移到"引导消费九阳豆浆机"，九阳不但在市场中活了下来，并且带动发展起了一个新兴的豆浆机行业。

每年占销售收入20%～30%的研发投入，强大的营销网络的支持，支撑起了九阳在行业内第一品牌的地位。刚问世时豆浆机的缺点一点不比优点少：一煮就糊，粘机且清洗困难，电机工作不稳，返修率高，等等。不突破技术障碍，豆浆机必被淘汰出局。要生存下去，九阳就必须不断完善技术，进行技术革新。九阳的发展壮大过程也是技术创新过程。1994年，九阳创新地将电机上置式安装；1996年九阳发明了"外加豆"技术；1998年针对消费者对豆浆机清洗困难的反馈新创了"智能不粘"技术；2001年"浓香技术"产品在九阳研发成功并投入规模化生产。2001年8月,九阳豆浆机荣获中国首届外观设计专利大赛二等奖。2001年10月,荣获首届中国企业"产品创新设计奖"优秀奖。2003年12月,九阳豆浆机JYDZ-17、电磁炉JYC-24E及JYC-21D三款产品荣获中国工业设计"奥斯卡奖"。2001年4月,荣获"中国专利山东明星企业称号"。2001年8月,荣获山东省第六届专利奖金奖。

到1997年年底,九阳公司省内外的办事处已达10家,有二百多家经销商,由于销售采取总经销制,加之总部的宣传支持,公司年销售收入逾千万元,完成了最初的原始积累。1998年到1999年九阳优化了自己的销售网络,对经销商加以筛选,同时加大了管理力度。销售网络优化效果很好,利润增长明显。在小家电行业内九阳公司形成了罕见的客户和售后深度服务能力。

进入1998年,九阳度过了最艰难的创业开拓期,实力渐强。九阳豆浆机一机风行,诱发了投资者效仿的热潮。一时间全国各地如雨后春笋般新生了一百余家豆浆机生产企业,规模较大的如福建的迪康,广东的科顺、雄风,河南的田山等。2001年6月18日,荣事达在沈阳宣布全面进入小家电市场,并声称要在两年内成为豆浆机的主导品牌。10天之后,美的公司也宣布斥资3000万进入豆浆机领域,豆浆机公司随即成立,并计划年内生产能力达到150万台,进入行业前两名。其他曾进入豆浆机行业的大家电企业还有海尔、澳柯玛等。

作为豆浆机行业的主导品牌,九阳面对纷至沓来的激烈竞争,并未显得手忙脚乱。他们在2001年度投入大量科研经费,研发了全新的专利"浓香技术";推出九阳小海豚浓香豆浆机,迅速畅销全国。在品质管理方面,除进行常规的各项生产检验外,还单独成立了多个实验室,如电机实验室、成品实验室等,对关键配件和整机进行全面实验检测。2001年九阳豆浆机销量达到160万台。九阳通过在技术方面不断推陈出新,远远甩开了竞争对手,这是九阳在豆浆机行业市场上市场占有率始终维持在80%以上,销量年年第一的"法宝"。在保持快速技术创新的同时,九阳公司根据形势做出战略调整,为了在新技术、新材料、新工艺等方面赶上潮流,同时降低制造成本,在北方驻守了近十年的九阳决定将公司的研发和制造重心南移,利用当地丰富的OEM资源,将研发、制造和销售三个重点减为两个重点,其中的制造环节将慢慢淡出。2003年九阳营业额近3亿元,其中2亿来自豆浆机。

豆浆机毕竟是小家电的边缘产品,即使占有80%的市场,也觉得自己的那一块蛋糕太小,全国大约只有3亿元的市场。固守着豆浆机这一单一产品,很难让企业实现持续的快速增长。九阳人想做的是"小家电第一品牌",于是继豆浆机之后,九阳2001年进入电磁炉行业,九阳人想通过电磁炉再现成功的一跃。九阳电磁炉自上市以来,也取得了不凡业绩。2003年3月,九阳电磁炉荣列"全国市场同类产品六大畅销品牌"。2003年度九阳位居全国电磁炉行业前两名,成为电磁炉行业的主导品牌。

(资料来源:邓丽明. 新编市场营销案例与分析. 南昌:江西高校出版社,2007.)

思考题：
1. 九阳豆浆机长时间占据市场领导地位的原因是什么？
2. 九阳公司针对大量的市场挑战者和市场追随者，采取了何种竞争策略？

案例二

TCL 大战长虹

（一）交战双方

卫冕者——长虹：一直以来，中国彩电业当之无愧的霸主长虹利用大规模、低工资形成的低成本优势，以向龙头经销商大量抛货的方式带动了整个市场的需求量，1996年创造了440万台彩电的创纪录销量，1997年更是达到660万台。

挑战者——TCL：1997年TCL只销了134万台，仅相当于长虹的20%。

1998年，野心勃勃的长虹计划占领全国彩电市场一半的份额，要清理门户。当时，松下、东芝等洋彩电一直恒定在12%的市场份额，如果长虹占了50%的份额，那么其他大大小小的彩电企业都要挤在38%里面，日子将会很难过。

TCL怎么办？是坐以待毙，还是集中资源跟长虹打一场硬碰硬的恶战？此时的TCL管理层忧心忡忡，一直在苦苦探索如何跳出长虹的阴影。

（二）战略谋划

卫冕者——长虹：以高达17～25点的折扣作为条件吸引经销商，通过高端甩货给经销商，一级一级甩。这种经销方式的优点是出货极快，且批量大，会节约运费等成本。

挑战者——TCL：经深入分析长虹的营销方式，发现其致命缺陷——其产品并没有真正进入消费领域，而是大量堆积在经销商仓库里。对TCL而言，这就是机会。只需要改变销售方式，降低销售中心，砍掉大户，直插终端：只要TCL在终端卖出去一台，等于阻塞长虹进入流通领域一台。这阻塞的不是长虹厂子里的电视机，而是长虹在经销商手里的电视机。等阻塞完了，长虹还不知道，这是最关键的。等长虹清醒过来的时候，格局已经变了。董事长兼总经理倪润峰一贯重视商业资本的力量，这使得长虹与经销商，特别是一些龙头经销商关系一直保持良好，并以此创造了市场扩张的奇迹。但他没有建立自己的一支新军来掌控中国流通。因为他受到观念的制约，以为流通是商业资本的事情。这是长虹的软肋。通过周密思考，TCL确定了"以速度冲击长虹规模"的战略。

（三）战略总攻

从1998年年初开始，TCL开始砍掉了一批商、二批商，大搞店中店和专卖店，并在县级市场上寻找核心网络经销商。到1998年年底在全国建成10 000个控制的售点。10 000个售点只要一天卖一台，一年365天，能卖365万台。掌握了流通渠道，销售不一定就能成功。TCL决定以卡西欧的经营方式与长虹竞争，即要和对手打一场变款式、变产量、变价格的速度战。

当年卡西欧刚进入电子计算器市场时，面临的是市场上"三足鼎立"的局面：第一方阵以索尼、日立为代表；第二方阵以松下、东芝为代表；第三方阵以夏普为代表。刚创业就一头撞在了这些巨无霸身上。但他们仔细研究，发现在这个市场上，独占鳌头的是夏普。因为夏普的经营方式不一样，他们以比别人更快的速度推出新款，从而实现暴利。等别人也推出新款时，他们早已准备放量，量一上去，单价就往下走，然后再把量存起来。等对手刚推出新款时，他们已经存量了。等到对手也跟进存量时，他们又把存量放掉了，又一新款推出。他们推款的速度很快，以25%的速度推出新款，以100%的速度拉高产量，以50%的速度拉低售价。这种方式竞争太有力量了。最终，夏普占据30%的市场份额。卡西欧看到夏普的这种运作方式，认为自己只能比夏普做得更快，才有赢的余地。于是决定以50%的速度更新品种，以200%的速度拉高产量，以100%的速度拉低售价。当时卡西欧是没有资源的，怎么办呢？它把工程师集聚到前方的营销领域，根据消费者的反馈，及时、不断地开发出新产品，然后在后面组织OEM生产。所以到现在为止，卡西欧公司基本是一个虚拟企业，它的全部产品是通过下级企业生产。卡西欧从一个很小的企业做起，在短短5～6年的时间内，以这种方式，最终打败了这些巨无霸，占有市场份额的34%。夏普跌落了17%，而松下等一些大公司纷纷被迫退出了这个市场。

要想与长虹和其他对手打一场变款式、变产量、变价格的速度战，TCL一年至少要变60～100款产品。刚开始TCL部分决策干部还疑虑重重：变款式需要模具，一套模具就得花费300万元，万一这款卖不动呢？何况有这么多工艺师变款式吗？然而观念的解放最终帮助他们打开了思路：其实变款式很简单，就像小女孩今天早晨出去，头发上别两支小发卡，明天出去，只别一支大发卡。每天都在变换。这不就是改包装吗？怎么变呢？自己搞设计肯定不行，TCL的工业设计历史太短，设计水平还达不到一定的审美层次，而且，很多消费者都崇尚外国品牌。那就去模仿，日本人不就善于模仿别人吗？于是TCL就以这种方式，每年能做到变换70款，速度很快，远远将其对手长虹抛在了后面。

（四）战果清点

胜方——TCL：整个1998年TCL彩电的销售收入增长了98%，销量增长了110%。

败方——长虹：根据推算，同期在长虹手里和经销商手里的库存应该是400万～500万台，长虹的现金流量处于严重缺血状态。

（资料来源：http://www.5ucom.com/downqy/ppgl/518044.shtml）

思考题：

1．长虹与 TCL 的竞争中，TCL 获胜的最主要的原因是什么？其竞争战略有哪些值得借鉴的地方？

2．站在长虹的角度，应采用何种竞争战略应对来自 TCL 的竞争？

模块三 实 训 练 习

实训一

【实训目的】

通过实训，学习不同地位竞争者竞争战略的选择。

【组织方式】

在教师指导下，由学生自由组成以 4~8 人为一组的研究性学习项目小组，并确定负责人。由教师为其分配不同的研究对象，研究其竞争战略，总结为小组报告。互相交换小组报告，比较不同企业采取战略的异同，并就其原因加以讨论。

【实训内容】

中餐与西餐在竞争过程中，尽管有时采用相同的策略或竞争战略，但为什么效果会截然不同？就"真功夫"竞争战略与"麦当劳"竞争战略进行比较，列表说明其异同点，并就其原因进行分析。

实训二

【实训目的】

通过实训，使学生了解如何根据自身情况，选择合适的竞争战略。

【组织方式】

分组讨论，将讨论结果总结为幻灯片形式，并由各组派出代表发言。

【实训内容】

麦肯锡曾这样评价中国企业：成本优势的巨人，却是成本管理上的侏儒。其实，成本控制是一门花钱的艺术，而不是节约的艺术。如何将每一分钱花得恰到好处，将企业的每一种资源用到最需要它的地方,这是每一个企业都不能忽视的。

2006年年初,一家中国江苏的纺织企业——天天纺织陷入了成本困境。一方面,随着欧盟和美国近年对中国纺织品的重重设限,捉摸不定的市场使得订单难以把握。于是,无法制订合适的资金使用计划。另一方面,市场需求的骤涨骤落和原材料价格的起伏多变,致使企业即使有了计划,也很难执行下去。实际上,企业的成本要素很复杂,比如原材料采购、应收账款、日常运营、生产成本等。如果一个要素有变化,应对起来还比较容易;如果众多要素一起变化,那么企业管理者即使有三头六臂也很难抵挡。

根据案例中的情形,请你为天天纺织出谋划策,在国内外竞争越来越激烈的情形下,是否应该继续追求低成本的竞争优势?还是应该选择发掘其他的竞争优势?如果仍要继续保持、发挥自身的低成本竞争优势,应采取哪些措施?

模块四 单元测试

(一)名词解释

竞争者 市场领先者 市场挑战者 市场追随者 市场补缺者 侧翼防御 垄断竞争 行业竞争者 选择型竞争者 从容型竞争者 随机型竞争者

(二)单项选择题

1.(   )需要的实力最强。
　　A.正面进攻　　　B.侧翼进攻　　　C.包围进攻　　　D.迂回进攻
2.有能力对市场领导者采取攻击行动,有望夺取市场领导者地位的公司属于(   )。
　　A.强竞争者　　　B.市场挑战者　　C.市场补缺者　　D.市场追随者
3.采用扩大市场需求量、保持现有市场占有率、在市场规模不变的前提下,进一步提高市场占有率的竞争战略的是(   )。
　　A.市场领导者　　B.市场挑战者　　C.市场跟随者　　D.市场补缺者
4.通过寻找和攻击竞争对手的弱点,在挑战者的挑战战略中属于(   )。
　　A.侧翼进攻　　　B.正面进攻　　　C.游击进攻　　　D.多面进攻
5.市场补缺者发展的关键是实现(   )。
　　A.多元化　　　　B.避免竞争　　　C.紧密跟随　　　D.专业化
6.在进行竞争者分析时,首先要(   )。
　　A.建立企业竞争情报系统
　　B.判断竞争者的市场反应

C．确定竞争者的目标与战略

D．识别企业的竞争者

7．占有最大的市场份额，在价格变化、新产品开发、分销渠道建设和促销战略等方面对本行业其他公司起着领导作用的竞争者，被称为（　　）。

  A．市场领导者 B．市场补缺者 C．强竞争者 D．近竞争者

8．市场挑战者如果要向市场领导者和其他竞争者挑战，首先必须确定（　　）。

  A．战略目标和挑战对象   B．竞争策略

  C．竞争者的优劣势   D．市场规模

9．一般来说，市场挑战者最有效和最经济的竞争战略是（　　）。

  A．正面进攻 B．侧翼进攻 C．包围进攻 D．迂回进攻

10．日本公司进入美国电视机市场时，在型号上专注于小电视机的生产，它们尽量避开与美国公司的正面冲突。日本公司采用的策略是（　　）。

  A．正面进攻 B．侧翼进攻 C．包围进攻 D．迂回进攻

（三）简答题

1．什么是竞争者？如何识别竞争者？

2．企业可运用的基本竞争战略有哪些？选择的条件是什么？

3．市场领导者的防御战略有哪些？

4．市场进攻者的进攻战略有哪些？

5．市场追随者的追随战略有哪些？

策略篇

　　市场营销策略是企业市场营销的一个重要组成部分,是指将企业可控的基本营销措施组成一个整体性活动。市场营销的主要目的是满足消费者的需要,而消费者的需要很多,要满足消费者需要所应采取的措施也很多。因此,企业在开展市场营销活动时,就必须把握住那些基本性措施,合理组合,并充分发挥整体优势和效果。

单元八 产品策略

学习目标：

1. 能阐明产品的整体概念。
2. 能描述并运用产品组合及其优化策略。
3. 能描述产品生命周期理论,应用各阶段的营销策略。
4. 能够运用产品品牌经营策略。
5. 能够应用产品包装策略。

引例

润妍开发路

宝洁公司的洗发护发产品,在中国消费者中具有相当高的知名度,其名下的"海飞丝"、"潘婷"及"沙宣"、"飘柔"在中国洗发市场上占据半壁江山。此外上海联合利华有限公司的"夏士莲"、"力士"和广州丝宝集团的"舒蕾"这3个品牌在市场上也有较高的占有率。而宝洁公司在中国市场上处于绝对霸主地位,但宝洁公司并不满足于这些,于2000年推出了旗下的第五个品牌:"润妍"倍黑中草药润发露。

(一)市场调查

宝洁公司早在1997年就打算在中国推出全新的展现东方女性黑发美的润发新产品——"润妍",意为"滋润"与"美丽"。在研制产品之前,按照公司惯例,首选要找准目标消费者的真正需求,研究全球的流行趋势。为此,宝洁公司先后请了300名消费者进行产品概念测试。

宝洁公司在调查中,又进一步了解到,东方人以皮肤白皙为美,而头发越黑,越可以反衬皮肤的白皙。经过3次反复的概念测试,宝洁公司基本把握住了消费者心目中的理想护发产品是既能滋润又能乌发的产品。因为,滋润而又具有生命力的黑发最美。

"润妍"产品的目标市场定位于成熟女性,融传统与现代为一体的,最具表现力的黑发美,也许就是她们的选择。于是,宝洁公司决定研制推出专门针对东方人发质、发色设计的中草药配方洗润发产品,这种产品能为秀发提供全面的、从内到外的滋润，并逐渐加深秀发的自然黑色。

在中国市场上绝大多数中国人已经习惯使用二合一洗发水，较少使用专门的护发产品，那么新产品上市后能被广泛接受吗？对此，宝洁公司产品开发部认为，专门用润发露护发已经是全球化的趋势，发达国家约有80%的消费者长期使用润发露。在日本，这一数字则达85%。而在中国，专门使用润发露的消费者还不到6%。因此，可以确定润发露在中国有巨大的潜在市场，关键问题在于什么样的护发产品是消费者最喜欢的。

（二）推广新品牌

宝洁公司的日本技术中心从消费者的需求出发进行技术创新，研制开发出了免洗型和冲洗型两款"润研"润发产品，从不同层面滋润秀发。

免洗型中新颖的水润配方能随时随地提供秀发所需的水分和养分，在干发或湿发上都可以使用，是专为忙碌的职业女性研制的。冲洗型在使用洗发露清洗头发之后使用，再利用其独特的润发专利技术来强化滋润作用。润妍产品推广的护发理念正是无论使用何种洗发露，即使是二合一洗发露，都应该持续使用专门的润发露。

产品研制出来后，宝洁公司并没有马上投放市场，而是在消费者群体中做使用测试，并根据消费者的建议进行产品改进。最终推向市场的"润妍"倍黑中草药润发露强调专门为东方人设计，在润发露中加入了独创的水润中草药精华（何首乌），融合了国际先进技术和中国传统中草药成分，特别适合东方人的发质和发色。

"润妍"品牌从创意产生到产品上市，经过了将近3年时间，产品设计出来后，下一步要做的工作就是选择外包装和广告。为了更好地了解顾客的偏好，宝洁公司专门设立了模拟货架，将自己的产品与不同品牌特别是竞争品牌的洗发水和润发露放在一起，反复请消费者观看，然后调查消费者究竟记住什么，忘记什么，并据此进行进一步的调整与改进。同时，公司先请专业的广告公司拍摄一组长达6分钟的系列广告，再组织消费者前来观看，然后请消费者选择她们认为最好的3组画面。

最后，根据绝大多数消费者的意见，将神秘的女性、头发芭蕾等画面进行再组合。广告片的音乐组合也颇具匠心，现代的旋律配以中国传统的乐器古筝、琵琶等，进一步呼应"润研"产品的现代东方美定位。

宝洁公司采取了自己向自己挑战的策略，推出新产品来占领细分市场，以巩固自己在市场中的领导地位。"润妍"的出击可以既是最好的进攻，又是最好的防守。同样地，当润妍逐渐失去魅力的时候，是否能不断地涌现新产品以保持公司现有的市场份额也是对企业创新能力的考验。

"消费者至上"，宝洁公司把许多经营者挂在嘴边的这句话，做到了实处，不折不扣地落实到生产销售的每一个环节。公司在日本设立了宝洁公司全球最大的技术中心,专门研究适合东方产品为亚洲服务。宝洁公司还力求从产品的质量、配方及包装设计上满足消费者的需要。它的各种产品每年至少要做一次改进和改良,宝洁公司在日益激烈的竞争中处于领先优势地位的秘诀,正是其成功的创新策略。

新产品开发是企业产品策略的重要组成部分。宝洁公司作为跨国公司,尽管在中国市场上已经拥有众多的知名品牌,但是仍然重视对品牌的延伸和新产品的开发。

"润妍"的成功,在很大的程度上是由于宝洁充分重视了东方女性独特的古典式审美观念,在推广活动中充分宣传其"黑白之美"的功能,跨越了跨国经营中因文化差异、审美观念差异所引起的障碍。这一点,对中国企业国际化经营有借鉴意义。

(资料来源:赵光忠.市场营销管理模版与操作流程.北京:中国经济出版社,2004.)

产品是市场营销组合中最重要、最基本的因素,产品策略是市场营销4P组合的核心,是价格策略、分销策略和促销策略的基础。从社会经济发展历程看,产品的交换是社会分工的必要前提,企业生产与社会需要的统一是通过产品来实现的,企业与市场的关系也主要是通过产品或服务来联系的;从企业内部而言,产品是企业生产活动的中心。因此,产品策略是企业市场营销活动的支柱和基石。

模块一 基础知识

一、产品的整体概念

所谓产品,是指能够提供给市场,用于满足人们某种欲望和需要的任何事物,包括实物、服务、场所、组织、思想、主意等。产品整体概念包含核心产品、有形产品和附加产品三个层次。

1. 核心产品

核心产品是产品整体概念中最基本、最主要的部分,是消费者购买某种产品时所追求的基本效用和利益,是消费者真正要购买的利益和服务。如洗衣机的核心利益体现在它能让消费者方便、省力、省时地清洗衣物。

2. 有形产品

有形产品是核心产品的载体,具有质量、功能、款式、品牌、包装等五个方面的特征。劳务产品或服务产品的有形产品,表现为服务质量及服务水平的高低。

3. 附加产品

附加产品是产品的各种附加服务和利益的总和,主要包括运送、安装、调试、维修、产品保证、零配件供应、技术人员培训等。

二、产品组合策略

产品组合是指某一企业所生产或销售的全部产品大类和产品项目。产品组合包括产品大类和产品项目。其中产品大类，又称产品线，是指许多产品项目的集合，这些产品项目之所以组成一条产品线，是因为这些产品项目具有功能相似、用户相同、分销渠道同一、消费上相连带等特点；产品项目，是指产品大类中各种不同品种、规格、质量的特定产品，企业产品目录中列出的每一个具体的品种就是一个产品项目。

具体的产品组合就是企业生产经营的全部产品线、产品项目的组合方式，即产品组合的宽度、长度、深度和关联度。其中产品组合的宽度是企业生产经营的产品线的多少；产品组合的长度是企业所有产品线中产品项目的总和；产品组合的深度是指产品线中每一产品有多少品种；产品的关联度是各产品线在最终用途、生产条件、分销渠道和其他方面相互关联的程度。

根据产品组合的四种尺度，企业可以采用以下4种产品组合策略。

1．扩大产品组合

扩大产品组合包括拓展产品组合的宽度和加强产品组合的深度。拓展产品组合的宽度是在原产品组合中增加一个或几个产品大类，扩大产品经营范围；加强产品组合的深度是在原有产品大类中增加新的产品项目。

2．缩减产品组合

缩减产品组合是指废除那些得不偿失的产品大类或产品项目，使产品组合缩减，以集中力量经营获利大的产品线和产品项目，提高经济效益。

3．产品延伸

产品延伸策略是指全部或部分地改变公司原有产品的市场定位，主要做法有三种：向下延伸、向上延伸和双向延伸。

（1）向下延伸

向下延伸是指企业以高档品牌推出中低档产品，通过品牌向下延伸策略扩大市场占有率。

（2）向上延伸

向上延伸是指企业以中低档产品的品牌向高档产品延伸，进入高档产品市场。

（3）双向延伸

双向延伸是指原定位于中档产品市场的企业掌握了市场优势以后，同时向产品大类的上下两个方向延伸，一方面增加高档产品，另一方面增加低档产品，扩大市场阵地。

例如，丰田公司对其产品线采取了双向延伸的策略，在其中档产品卡罗纳的基础上，为高档市场增加了佳美牌，为低档市场增加了小明星牌。该公司还为豪华汽车市场推出了凌志牌。这样，凌志的目标是吸引高层管理者；佳美的目标是吸引中层经理；卡罗纳的目标是吸引基层经理；而小明星牌的目标是吸引手里钱不多的首次购买者。

4. 产品大类现代化

在某些情况下，虽然产品大类的长度、宽度都很恰当，但产品大类的产品形式可能已过时，这时就需要对产品大类进行现代化改造。

三、产品生命周期

产品生命周期，简称 PLC，是指产品从进入市场到退出市场所经历的市场生命循环过程。和人的生命一样，产品在市场上也需要经历导入、成长、成熟、衰退的周期。

（一）导入期

导入期是指产品从设计投产直到投入市场进入测试阶段，当新产品投入市场，便进入了导入期。在这一阶段，产品品种少，顾客对产品还不了解，除少数追求新奇的顾客外，几乎无人实际购买该产品。生产者为了扩大销路，不得不投入大量的促销费用，对产品进行宣传推广。该阶段由于生产技术方面的限制，产品生产批量小，制造成本高，广告费用大，产品销售价格偏高，销售量极为有限，企业通常不能获利，反而可能亏损。在导入期，企业市场营销的重点主要集中在促销和价格两个方面，主要有以下四种市场营销策略。

1. 快速撇脂策略

快速撇脂策略是以高价格和高促销水平的方式推出新产品。采用高价格，使得在每单位销售中尽可能获取更多的毛利；同时配合大量的宣传促销活动，加快市场渗透率，把新产品推入市场，希望在竞争还没有大量出现之前就能收回成本，获得利润。采用快速撇脂策略，一般要求符合以下市场环境：具有相当大的潜在市场需求量；潜在市场的消费者愿意并有能力购买；企业面临着潜在的竞争对手，需要快速地建立良好的品牌形象。

2. 缓慢撇脂策略

缓慢撇脂策略是以高价格和低促销水平的方式推出新产品。采用高价格，从每单位销售中获得尽可能多的毛利；推行低水平促销，可以减少销售成本，获取大量利润。采用缓慢撇脂策略，一般要求符合以下市场环境：市场相对固定、明确；潜在消费者已经知晓或熟悉这类产品，并愿意高价购买；潜在的竞争并不迫在眉睫。

3. 快速渗透策略

快速渗透策略是以低价格和高促销水平的方式推出新产品。这一策略，可以使商品迅速进入市场,有效地限制竞争对手的出现,给企业带来最快速的市场渗透和最高的市场份额,适应性很广泛。采用快速渗透策略,一般要求符合以下市场环境:具有很大的市场容量;消费者对产品不知晓或不了解;消费者对产品价格敏感;潜在的竞争比较激烈;随着生产规模的扩大和制造经验的积累,企业的单位制造成本会下降。

4. 缓慢渗透策略

缓慢渗透策略是以低价格和低促销费用来推出新产品。采用低价格,有助于市场快速地接受商品;低促销又能使企业减少费用开支,降低成本,以弥补低价格造成的低利润或者亏损。采用缓慢渗透策略,一般要求符合以下市场环境:具有很大的市场容量;潜在消费者对产品已经知晓或熟悉;消费者对产品价格敏感;存在潜在的竞争。

(二) 成长期

成长期是指产品通过试销效果良好,消费者逐渐接受该产品,产品在市场上站住脚并且打开了销路。在这一阶段,需求量和销售额迅速上升,生产成本大幅度下降,利润迅速增长。由于大规模的生产和利润的吸引,竞争者纷纷进入市场参与竞争,使同类产品供给量增加,价格随之下降,企业利润增长速度逐步减慢,最后达到生命周期利润的最高点。在成长期,主要有以下几种适用的策略。

(1) 改进产品质量,增加产品特色和式样,增加侧翼产品;
(2) 进一步细分市场,积极开拓新的市场,创造新的用户;
(3) 增加新的分销渠道,扩大分销覆盖面;
(4) 改变企业的促销重点,如从产品知觉广告转向产品偏好广告;
(5) 降低价格,吸引对价格敏感的消费者,增加竞争力。

(三) 成熟期

成熟期是指产品进入大批量生产,并稳定地进入市场销售,随着购买产品的人数增多,市场需求趋于饱和,而在市场上处于竞争最激烈的阶段。在这一阶段,产品普及并日趋标准化,成本低而产量大。销售增长速度缓慢直至转而下降,由于竞争的加剧,导致同类产品生产企业之间不得不在产品质量、花色、规格、包装、服务等方面加大投入,在一定程度上增加了成本。成熟期的持续期一般长于前两个阶段,因此,大多数产品都处于生命周期的成熟阶段,大部分的营销管理部门处理的正是这些成熟产品。在成熟期,主要有以下几种适用的策略。

1. 调整市场

调整市场,即通过努力开发新的市场,来保持和扩大自己的商品市场份额。具体的策略有:转变非用户为用户;进入新的细分市场;提高使用频率;增加使用量;开辟新用途;

争取竞争者的顾客。

2. 调整产品

企业可以通过产品特征的改良,来提高销售量。具体的策略有:质量改进;特色改进;式样改进。

3. 调整营销组合策略

调整营销组合策略,即企业通过调整营销组合中的某一因素或者多个因素,来刺激销售。其具体的策略有:降低价格;扩展销售渠道;改变广告方式;采用各种促销方式。

(四)衰退期

衰退期是指产品逐渐老化,进入了淘汰阶段。随着科技的发展以及消费习惯的改变等原因,产品的销售量和利润持续下降,销售量可能会下降到零,或者也可能僵持在一个低水平上持续多年。当销售量和利润衰退时,一些成本较高的企业就会由于无利可图而陆续停止生产,该类产品的生命周期也就陆续结束,以至最后完全撤出市场。留下来的企业可能会减少产品供应量,从较小的细分市场和较弱的贸易渠道中退出。在衰退期,主要有以下几种适用的策略。

1. 维持策略

维持策略,即企业在目标市场、价格、销售渠道、促销等方面维持现状。由于这一阶段很多企业会现行退出市场,因此,对一些有条件的企业来说,并不一定会减少销售量和利润。

2. 收缩策略

收缩策略,即企业仍然留在原来的目标上继续经营,但可以减少目标市场,减少分销渠道,或降低促销水平,降低促销费用,以增加该阶段的利润。

3. 放弃策略

放弃策略,即企业决定放弃经营某种商品以撤出该目标市场。

四、品牌策略

品牌是一种名称、术语、标记、符号、设计,或是它们的组合运用,目的是借以辨认某个销售者,或某群销售者的产品或服务,并使之与竞争对手的产品和服务区别开来。

具体的品牌策略主要有:品牌化策略、品牌统分策略、合作品牌策略、品牌延伸策略及品牌更新策略。

(一)品牌化策略

品牌化策略是指企业决定是否给产品起名字、设计标志,是否建立自己的商标、树立品牌的活动。使用品牌对企业有如下好处：有利于订单处理和对产品的跟踪；保护产品的某些独特特征不被竞争者模仿；为吸引忠诚顾客提供了机会；有助于市场细分；有助于树立产品和企业形象。尽管品牌化是商品市场发展的大趋向，但对于单个企业而言，是否要使用品牌还必须考虑产品的实际情况，因为在获得品牌带来的上述好处的同时，建立、维持、保护品牌也要付出巨大成本，如包装费、广告费、标签费和法律保护费等。

（二）品牌统分策略

企业决定所有的产品使用一个或几个品牌，还是不同产品分别使用不同的品牌，这就是品牌统分策略。具体的策略主要有以下几种。

1. 个别品牌

个别品牌是指企业对不同的产品使用不同的品牌。采用个别品牌名称，为每种产品寻求不同的市场定位，有利于增加销售额和对抗竞争对手，还可以分散风险，使企业的整个声誉不致因某种产品表现不佳而受到影响。例如，宝洁公司是世界最大的日用消费品公司之一。宝洁在中国的品牌在各自的产品领域内都处于领先的市场地位。

2. 统一品牌

统一品牌是指企业对所有的产品都统一使用一个品牌。对于那些享有高声誉的著名企业，全部产品采用统一品牌名称策略可以充分利用其名牌效应，使企业所有产品畅销。同时企业宣传介绍新产品的费用开支也相对较低，有利于新产品进入市场。美国通用电气公司（GE）是一家多元化公司，产品和服务范围广阔，从飞机发动机、发电设备、金融服务、水处理到医疗成像及媒体，所有产品都用 GE 作为品牌名称。

3. 分类品牌

分类品牌是指企业对各大类产品使用不同的品牌。使用分类品牌策略，一般是为了区分不同大类的产品，一个产品大类下的产品再使用共同的品牌，以便在不同大类产品领域中树立各自的品牌形象。

例如，曙光汽车集团专注于民族汽车工业的发展，2006 年开始对企业的品牌进行全面的整合，倾力打造两大自主品牌："黄海"牌汽车和"曙光"牌车桥及零部件。其中"黄海"牌汽车由三大系列产品组成：黄海客车、黄海乘用车（SUV/CUV/皮卡）、黄海特种车；"曙光"牌车桥及零部件涵盖了重、中、轻、微、轿等全部系列车桥及半轴、齿轮、制动器、转向节、拨叉、差速器等多品种零部件。

4. 企业名称加个别品牌

企业名称加个别品牌是指企业对不同的产品使用不同的品牌，且在产品的品牌之前都冠以企业的名称。在新产品的品牌名称上加上企业名称，可以使新产品享受企业的声誉，而采用不同的品牌名称，又可使各种新产品显示出不同的特色。

（三）合作品牌策略

合作品牌策略也是一种复合品牌策略，是指两个或更多的品牌同时出现在同一个产品上。合作品牌策略结合了不同公司的优势，可提高产品的知名度，增强产品的竞争力，降低促销费用。这种品牌策略现在非常常见，如"索尼爱立信"、"东风标致"、"明基-西门子"等。

（四）品牌延伸策略

品牌延伸策略是指在已有相当知名度与市场影响力的品牌基础上，将原品牌运用到新产品或服务以期望减少新产品进入市场风险的一种营销策略。品牌延伸具有能增加新产品的可接受性，减少消费行为的风险性，提高促销性开支使用效率，满足消费者多样性需要等多项功能，因而在广告与品牌营销中得到广泛应用。

（五）品牌更新策略

品牌更新策略是指随着企业经营环境的变化和消费者需求的变化，品牌的内涵和表现形式也要不断变化发展，以适应社会经济发展的需要。具体的策略主要有：形象更新、定位修正、产品更新换代及管理创新等。

五、包装策略

进入市场的许多产品必须包装，包装是指设计并生产容器或包装物，将产品盛放或包裹起来的一系列过程。包装是产品策略的重要内容，具有识别、便利、美化、增值和促销等功能。

产品包装的构成主要有以下3个层次。

1. 首要包装

首要包装是产品最直接的包装。

2. 次要包装

次要包装是保护首要包装的包装物。

3. 运输包装

运输包装是指产品储存、辨认和运输时所必需的包装。

一个好的包装还必须结合适合的包装策略才能更好地发挥作用，可选择的具体包装策略主要有以下几种。

1. 类似包装策略

企业对其生产的产品采用相同的图案、近似的色彩、相同的包装材料和相同的造型进行包装，便于顾客识别出本企业产品。对于忠实于本企业的顾客，类似包装无疑具有促销的作用，企业还可因此向节省包装的设计、制作费用。但类似包装策略只能适宜于质量相同的产品，对于品种差异大、质量水平悬殊的产品则不宜采用。

2．配套包装策略

按各国消费者的消费习惯，将数种有关联的产品配套包装在一起成套供应，便于消费者购买、使用和携带，同时还可扩大产品的销售。在配套产品中如加进某种新产品，可使消费者不知不觉地习惯使用新产品，有利于新产品上市和普及。

3．复用包装策略

在包装内的产品使用完后，包装物还有其他的用途，这种包装策略可使消费者感到一物多用而引起其购买欲望，而且包装物的重复使用也起到了对产品的广告宣传作用。

4．附赠品包装策略

在商品包装物上或包装物内附赠奖券或实物，或包装本身可以换取礼品，吸引顾客的惠顾效应，导致重复购买。

5．改变包装策略

改变包装策略即改变和放弃原有的产品包装，改用新的包装。由于包装技术、包装材料的不断更新，消费者的偏好不断变化，因此应采用新的包装以弥补原包装的不足。企业在改变包装的同时必须配合好宣传工作，以消除消费者以为产品质量下降或其他的误解。

模块二　案　例　分　析

案例一

蓝吉利刮胡刀片的产品组合策略

美国吉列公司生产的蓝吉利刮胡刀片已享誉世界几十年之久，它的成功离不开吉列公司出色的产品决策。1891年，有人向吉列公司创始人吉列先生建议：集中精力去开发顾客必须反复购买的产品，是一条成功的捷径。这一观点虽然激起了吉列的兴趣和好奇心，但却一直缺少具体设想。直到1895年一个夏日之晨，他要刮胡子时发现其刮胡刀很钝，不能使用，只有等磨刀师磨利后才能再用，为此他很生气。突然，开发另一种新刮胡刀的设想浮现眼前。他想到一系列的零件和若干组装方式，总之，得有一个很薄的非常锋利的刀片⋯⋯他觉得非常兴奋，因为这种产品可以实现顾客的反复购买，这正是他几年来梦寐以求的新产品。

在吉列先生把设想变成设计，并付诸行动的考验中，他信心十足，努力工作，期望其新产品能更加完美，但结果却经常成为朋友取笑的话柄。然而，最使他不安和气馁的是，当他去请教那些机械工具的专家和学者时，他们都认为他的新产品设想是不切实际的幻想，应当立即放弃。1901年他的好友将吉列刮胡刀的设想告诉了麻省理工学院毕业的机械工程师尼克逊，尼克逊同意研究吉列的设想。数周后，尼克逊成为吉列的合伙人。为了筹措所必需的5000美元生产设备费用，1902年公司的名称改为美国安全刮胡刀公司。

公司在芝加哥物色了一家代销机构，并规定其安全刮胡刀套件（一支刀架和20片刀片）的售价为每套5美元，刀片每20片为一包，每包1美元。当年10月，首次广告提供30天退款保证，在《系统》杂志上登刊，至1903年年底的两年期间共售出51万套安全刀架和168万片刀片。

公司在1906年首次发放股票。在以后的10年中继续以每年30万～40万套的销量出售安全刮胡刀，刀片的销售从45万包增加到7亿包。至1911年，公司的南波士顿厂雇用了1 500个员工。三年后，由于尼克逊发明了全自动刃磨机，使其生产能力迅速增加。这些新设备比尼克逊以前发明的机器大大地降低了生产成本，又提高了刀片的质量。

原型的安全刮胡刀的专利权于1921年10月满期，吉列公司管理当局早就为此作了准备。在当年5月，使其竞争对手吃惊的是，吉列推出了两种新产品：一种按原价出售的新型改进吉列安全刮胡刀和另一种售价1美元的Sliver Brownie安全刮胡刀。1923年公司再推出镀金刮胡刀，售价仍为1美元。当妇女盛行短发的时候，吉列又推出称为Debutante的女用安全刀，而售价仅为79美分。

到了20世纪30年代初期，安全刀片的竞争变得非常激烈，数百家公司以低价刀片充斥着整个市场，并广泛受到公众的欢迎，但却严重地侵蚀了质量和价格都较高的吉列刀片的市场占有率。因此，从1931年年初起公司采用了多种市场营销策略。在其所谓的"社会意识型"广告中，吉列强调"刮干净与成功的关系"。其他的广告则直接针对竞争产品，提醒消费者劣质刀片的经常刺激将导致严重的皮肤病。公司也进行了降价以争取更多消费者的策略。比如那时推出的Probak和Valet两种刀片都减价至5片25美分与10片49美分。尽管如此，1933年的利润仍比1932年减少了两亿美元。

1934年，公司又推出第一种单面安全刮胡刀和Probak Junior刀片，售价为4片10美分或10片25美分，至1936年公司推出安全刀系列以外的产品——吉列无刷刮胡膏，售价为98美分。

1938年秋，公司又推出吉列薄刀片，吉列电动刮胡刀也于当年圣诞节问世。电动刮胡刀是在数年前发明的，但直至30年代后期才被接受。对公司来说，这一年最重要的发展是史攀（Joseph Spang）出任公司的总经理。在他的领导下，开始实行许多新的管理政策。公司仍然沿用低价策略，但十分强调产品质量，以保持产品的信誉。公司采用了本企业研究人员发展的新制造工艺，以便在制造过程中严格检查刀片的数量。在1939年至1945年间，由于战争的缘故，公司没有推出新产品。尽管如此，公司的研发人员仍研制成了第一台双刃刀片分配机，从而改进了过去的包装工作。1946年公司的经营状况很好，其年销售额约为52 000万美元，这时，吉列的名字已晓誉全世界。

第二次世界大战后，吉列公司开始实行对外兼并和内部创新，以便成为世界性的多样化经营企业。经过认真分析之后，公司于1948年决定扩大市场。同年购进托尼家用烫发器制造公司，1955年兼并在加利福尼亚生产圆珠笔和刮胡膏的梅特公司。

1960年，公司又推出超级蓝吉利刀片，即全世界第一种涂层刀片。1964年公司重新调整了产品组合，形成两大类产品并由两个事业部分管：吉列产品组合——负责刮胡刀产品和男用品；多样化产品组合——负责其他所有产品。自吉列产品组负责人吉格勒（Vincent Ziegler）升任公司总经理后的十年间，是公司销售和产品发展最迅速的时期。在他领导下的前几年，公司连续推出盒式刮胡刀组、多笔尖圆珠笔、Hot-One刮胡膏、可调盒式刮胡刀、超级不锈钢刀片、增塑刀片、微孔笔和几种止汗剂，这些产品的市场投放都取得了成功。

虽然公司的多样化经营主要是靠内部产品开发来实现的，但是，在1967年也购进了一家制造电动刮胡刀、家用电器和照相器材的西德公司。1971年，公司重新调整了产品组合和管理机构。

这样，公司在70年代初期开发和营销了许多新产品。1974年以前公司一半以上的销售额来自近五年内的新产品。安全刮胡刀部在推出 Trac Ⅱ型刮胡刀系列之后，迅速成为市场上的最畅销品，继而又推出女用 Daisy 削发刀及男用 Good News 刮胡刀。保健用品部也营销了多种新产品，如柠檬洗发精、无碱洗发精。公司于1972年进入个人用具市场，如开发和营销 Max 手提式烘发机。

自1971年吉列公司购进一家服务行业公司后，便正式开始了服务的社会营销。公司的兼并虽然涉及了范围广泛的行业，但强调高质量和具有好的消费形象却是其共同之处。至此吉列已成为名副其实的多样化跨国公司。

（资料来源：http://www.wcram.com/show.asp?id=269&dlei=经典案例）

思考题：

1. 吉列先生构思的刮胡刀采用的是哪一种构思方法？
2. 刮胡刀上市后采用什么产品策略？
3. 举例说明吉列公司在扩大产品组合决策时，增加了产品组合中的长度、宽度、深度和密度中的哪一种或哪几种。为什么？

案例二

"无声小狗"生命周期各阶段的产品策略

在美国,提起澳尔费林环球股份公司(以下简称费林公司),几乎家喻户晓。20世纪60年代的美国,是澳尔费林公司"无声小狗"猪皮便鞋风行一时的世界。

澳尔费林环球股份有限公司在1903年前是一个皮革、皮鞋的供应商。1903年以后,开始制鞋和制革业,主要产品是马皮及马皮制作的鞋。30年代后期,由于马匹减少,公司决定发展猪皮来代替马皮。因为猪皮制作的鞋穿起来比较舒服,并且防汗和不怕潮湿、不易变质,更重要的是猪皮资源充足。因而澳尔费林公司凭借自己有制作特种皮革的经验,率先选用猪皮来制鞋。

费林公司根据潜在顾客的需求,决定把制鞋业引入使人穿了舒适的便鞋市场。1957年,试销了男式便鞋3万双。该公司生产的鞋底和鞋帮采用胶合方式,每款有11种颜色,向农村和小镇出售。

1958年,试销成功后,费林公司决定给猪皮鞋取一个吸引人的牌号。为取一个好牌号,他们进行了市场调查:在洛杉矶和芝加哥走访了300人,提出了6个可供选择的名称,其中包括"无声小狗"。这个名称有个来源,在美国南部某些州中,每当小狗叫唤时,人们就给它一块吃的东西,并对它说:"别叫唤了,小狗。"小狗果然马上就安静下来了。费林公司的销售经理对这个名字十分欣赏,他认为,用这个名称做牌号十分贴切,当人们穿上猪皮便鞋时,他那疲乏的双脚就会像小狗吃到东西一样,顿时感到舒服,变得"安静"起来。公司决定采用这个名称,还特地配上了一个有趣的商标:一只带有忧郁眼神,耷拉着长耳朵的矮脚猎狗。"无声小狗"这一新产品终于诞生了。为了占有市场,费林公司开始实施一系列有效的销售策略。

(一)艰难的开拓阶段

1957—1958年,是该产品的投入期。在1957年,无声小狗鞋卖出3万双,到了1958年,公司进入了最艰难的开拓阶段。

一般来说,产品在导入期主要遇到的困难是知名度不高,市场占有率和销售增长率都很低,无声小狗鞋也遇到了这一困难。同时,它还面临着销售市场和渠道的转变困难,因为该公司原来的产品主要是马皮鞋,卖给农民,鞋子主要的特点是结实和抗酸,现在"无声小狗"则强调舒适,消费对象是城市和郊区。因而,原先的销售点、销售网及推销员都不能适应。

针对上述两大困难,费林公司采取了以下措施。

1. 开辟新的零售点。费林公司董事会通知销售经理,假如在 6 个月内,在 35 个城市设立 600 个新零售点,公司即批准拿出销售额的 17%用做广告预算。这次庞大的广告预算支出,相当于该行业平均销售额的 1.5%。销售经理接受了这项任务,并制订出了相应的销售计划。

新的销售计划有两项重要内容。

① 充分利用报刊集中进行宣传。办法是,在影响较大的《本周》杂志的星期日增刊上刊登彩色广告,连同当天的报纸一起发送到 35 个城市。这种宣传活动一年进行 4 次,即复活节、5 月、8 月和 12 月各一次。

② 采取鼓励零售商的方针。公司规定,凡零售商订购"无声小狗"牌便鞋的数量达到最低限度标准者,其商号名字可以显著地登在报刊星期日增刊的广告栏中。事实证明,这个计划获得了成功。

2. 培训推销人员。1958 年 8 月,费林公司调回分散各地的推销人员,集训一个多月后,再派往 35 个城市,集中力量掀起推销无声小狗的高潮。所有推销人员忘我地工作,个人带着不同颜色的鞋样,向潜在顾客表演猪皮如何防酸、防雨和防汗。一时各推销员成了人们关注的中心人物,销路终于打开了。

3. 加强广告宣传。费林公司将全部广告预算用在《本周》杂志星期日增刊上刊登大幅广告。广告的内容别具一格。过去,绝大部分鞋店的广告都只画一直大鞋,而费林公司的画面却是把鞋穿在人的两只脚上。公司还利用人们在圣诞节互赠礼物的习俗,做了一次季节性广告。这样,大部分零售商几天之内就把便鞋存货卖光了,公司一下销售出 12 万双鞋,每双售价都是 7.95 美元。

(二)成长期——随机应变策略

1959 年,该公司进一步扩大了广告的范围,他们利用《游行》杂志做广告,发展了 50 多个市场。这一时期的广告预算,占销售额的 7%,是制鞋业平均广告费的 4 倍,但费林公司继续增加广告费用,又在《家庭周刊》的星期日副刊以及别的报纸杂志上刊登广告。与此同时,不断开发新款式男便鞋,使销售额成倍地增长,广告费用也继续增加,从而到 1961 年,"无声小狗"便鞋在美国已成为名牌。

由于这一时期,生产远远赶不上需要,费林公司便将鞋的价格由原来的 7.95 美元/双提高到 9.95 美元/双,同时确定重点经销商,发展新款式,以招徕更多顾客。1960 年,费林公司开始生产高尔夫鞋,当时高尔夫鞋每年在市场的销售总量约 10 万双,而"无声小狗"高尔夫鞋第一年的销售量就已达到 9.4 万双。1961 年,该公司又设计出了女式便鞋。到 1963 年,款式更加多样化,5 岁以上儿童穿的"无声小狗"便鞋都有供货了。费林公司的工人一天三班倒,管理人员忙着采购更多的猪皮,销售量猛增,鞋子供不应求。

(三) 成熟期——有的放矢策略

1963年，产品开始跨入成熟期，销售额的增长率开始放慢，公司及广告商开始有时间调查购买"无声小狗"便鞋的一些资料了。他们了解到购买"无声小狗"便鞋的主要对象是专业人员和技术人员，属于高收入、高教育水平的阶层，原因是这种便鞋舒适、轻便和耐穿。

于是费林公司采取以下策略。

1. 继续扩大广告范围，以便影响新的目标市场。
2. 强调无声小狗鞋的舒适，喊出了"穿上无声小狗便鞋，使人行横道变得更柔软"的主题宣传口号。
3. 继续延伸它的销售渠道，发展其零售点。

此时，公司拥有的销售点已有15 000个，其中60%是鞋店，40%是百货商店。从1959——1965年，每双鞋价一直保持在9.95美元，后由于成本提高，价格涨到11.95美元/双。但由于鞋的质量好，在1965年利润仍达到顶峰。

(四) 销售增长率剧减时——更新策略

从1966年开始，"无声小狗"便鞋的总销售量及利润开始逐步下降，特别是年增长率急剧下降，1966年的总销售量比1965年的总销售量下降了10倍，利润也下降了40%。到了1968年，形势更加严峻，除了竞争更加激烈、原材料成本上涨等因素外，更主要的是消费者很少重复购买。原因是买了鞋的顾客不像刚买鞋的新顾客那样，喜欢经常穿；同时鞋子质量好，不容易穿坏，因而影响再买新鞋。

费林公司通过对市场的调查表明，60%的男士和67%的女士购买它是因为舒适，41%的男士和35%的女士不买它的原因是款式。

对销量的下降，费林公司经理伤透了脑筋，但他们对重新唤起人们的购买热潮仍有信心，他们认为"无声小狗"便鞋的重点似乎仍应该是舒适，只是采取什么样的广告形式还得考虑，不过有一点是肯定的，即产品款式是一定要更新了。

(资料来源：朱华. 市场营销案例精选精析 (第四版). 北京：中国社会科学出版社, 2009.)

思考题：

1. 概括在"无声小狗"便鞋的不同生命周期，费林公司分别采取了什么营销策略？你认为还有哪些不足之处？
2. "无声小狗"便鞋是否在1968年已经进入衰退期？是否应该改变这一产品？你认为它有可能重新恢复到过去的销售增长率的水平吗？

案例三

青岛啤酒的品牌策略

随着我国市场经济的进一步发展和完善，品牌竞争已逐渐取代了以价格竞争为主的市场竞争低级阶段，引导市场进入高级竞争阶段，品牌已成为企业在商战中取胜的一把利剑，品牌运营越来越得到企业的重视。可以预见，21世纪将是品牌的世纪，企业将从卖产品转向卖品牌，产品只是一种载体。

创建于1903年的"青岛"啤酒（以下简称青啤），已发展成为驰名中外的著名啤酒品牌，品牌价值2001年已达到67.1亿元。近年来，青啤集团凭借品牌优势，在中国啤酒工业中刮起一股强劲的规模扩张旋风，产量已于1999年12月19日突破100万吨大关，2001年产量则达到251万吨，形成麾下拥有近50家企业的青啤军团。而在其规模扩张中，青啤却对"青岛"品牌珍惜如金，近50家企业，除深圳青岛啤酒朝日有限公司的产品允许使用"青岛"品牌外，其余企业全部使用原有品牌，或个别企业产品质量、档次水平较高的允许其使用所属的"栈桥"品牌。青啤为什么不在规模扩张中利用"青岛"品牌的强大优势，进行品牌延伸，让"青岛"品牌到处生根发芽，提高市场占有率呢？这就是青啤人的高明之处，在品牌运营中，利用多品牌策略，也是青啤人经过了品牌延伸失误的阵痛后，而改变的策略。

1994年，青啤集团斥巨资收购了扬州啤酒厂，在青啤的技术、工艺、管理等诸多软件尚未完全到位的情况下，就把产品换上了"青岛"品牌。该集团的本意是想借此缓解产量的不足，满足市场需求，但却忽视了产品质量这一市场竞争的关键因素，忽视了产品质量与品牌的一致性，结果因产品质量没有得到消费者认可，扬州版的"青岛"啤酒并未因"青岛"品牌的名传天下的影响力而叫响扬州，反而使"青岛"的品牌形象在当地受到损害。总结教训，青啤人才清醒过来，从多方面考虑，高瞻远瞩，把品牌延伸策略改变为多品牌策略，惜牌如金，绝不轻易地把"青岛"品牌用于所扩张的企业之中。

所谓多品牌策略，就是企业在品牌策略过程中，根据系列产品的不同特点，采用两个以上品牌的策略。在多品牌策略中，品牌有主、副之分，如同行政领导岗位设置，一般一正多副，以主为纲，以副为线，以主带副，以副促主，形成一个品牌网络。"上山千条路，同览一轮月"，副品牌各有分工，共同向主品牌负责。通过各个品牌的有效整合，充分挖掘品牌资源，提高所有品牌价值和产品市场竞争力。

通过对青啤多品牌策略的分析，可以看出这种策略的科学性在于以下方面。

1. 维护了主品牌的定位和形象，避免了单品牌延伸产生的弊端。任何一个品牌，尤其是名牌，经过长期市场的洗礼，已在消费者心目中产生了特定的定位和相对稳定的核心内涵，甚至形成一种文化，而且具有不可取代性。定位意味着牺牲，意味着有所为，有所不为，事实证明，开发"男女老少皆宜"、"放之四海皆准"的品牌是不现实的。比如"万宝路"这一高档香烟品牌，曾经用于公司开发的低档产品，结果低档产品没有被消费者接受，却使品牌原有形象严重受挫，营业额大幅下降；"春兰"这个因空调而享誉四海的品牌，被用到摩托车上，却没有产生轰动效应，空调市场的龙头地位，反被其他同行超过。

"青岛"啤酒是经过几代人创造出来的定位于中高档的著名品牌，拥有着"高雅、华贵"的绅士文化内涵，消费它甚至是一种身份和风度的体现。青啤考虑到新扩张的企业由于各方面都没有真正达到"青岛"啤酒应有的水平，如果允许其使用这一品牌，势必重蹈扬州覆辙。

2. 原有品牌如被取代也是无形资产的流失。青啤所扩张的企业大都有过辉煌的历史，品牌在当地消费者中还有相当的市场影响力，企业之所以难以为继，多因管理不善，负债率过高，其技术、设备、市场还是较有潜力的，只要注入青啤先进的技术、管理优势和必要的发展资金，就可以起死回生，这也是青啤对其实施扩张的最主要原因。比如当年青啤只给被兼并的西安啤酒厂派去技术总监、设备总监、财务总监三人，品牌仍然使用在西安具有较大影响力的"汉斯"，如今企业不但起死回生，而且重新成为西安市利税大户，成为青啤集团的重要利润来源，也是青啤多品牌策略成功的真实写照。

3. 主、副品牌相互推进，互为补充，整体形象得到提升。青啤集团把"青岛"品牌作为主品牌，以扩张企业原有品牌形成副品牌，在运作中相辅相成，青啤对扩张企业注入先进的技术、管理和企业 CI 形象，并在商标上加注"青岛啤酒系列产品"字样，达到原品牌内在质量和外在形象的同步提升，同时使青啤产品实现了多品牌、多品种、多风格、多价位，通过副品牌在当地日益提升的影响力，"青岛"品牌的影响力也随之扩大，可谓"一箭双雕"。

4. 降低了品牌运营风险。多品牌运营，就像一艘吃水舱都是隔开的大船一样，其中一个舱漏了，船不会沉，某个副品牌一旦出现运作失误，对主品牌造成的影响远比单品牌延伸中副产品运作失误所造成的影响小得多，这就是多品牌策略的风险缓冲优势。没有无风险的投资，被青啤扩张的企业由于面对新的运作模式、新的环境，必定会有或多或少的不适应之处，出现失误的几率是有的。在多品牌策略下，一旦某个下属企业出现运作失误，因其是地方品牌，市场影响力较小，不会直接对"青岛"品牌造成过大范围的不良影响。

目前多品牌策略在国外早已被广泛使用，如丰田公司、GE公司、松下公司等把多品牌策略优势演绎得极为出色。宝洁公司给中国企业上了更为生动、直观的一课，其在中国市场上使用的海飞丝、飘柔和潘婷三个品牌，各有某一特殊功能的定位，三面出击席卷中国洗发用品市场。如今我国许多企业已吸取"巨人"、"三株"盲目的单品牌延伸的教训，越来越多地导入多品牌策略。如科龙公司运用以科龙为主导，容声、三洋科龙、华宝三个国内知名品牌为副的策略，不但在产品多元化过程中，广告投入成本大大降低，而且无形资产迅速增强，正如总裁王国端所说："作为我们公司的企业形象广告，把一个大科龙打出来，这个大科龙把我们所有的品牌归纳到大科龙里面去。这样的话，我们资源投放一分钱就产生了五分钱的作用，所以跟以前投放五分钱产生一分钱的操作方式不同了。"目前在我国酒类企业中，除青啤之外，如五粮液、茅台等白酒企业也在充分利用其原品牌的优势，成功运用多品牌策略。在多品牌运作过程中要注意的问题有以下几个。

（1）主、副品牌之间要相互促进，共同提高。必须建立起联系主、副品牌的桥梁和纽带，做到密而不乱，疏而不散，使其资源共享，互为补充。青啤集团对被扩张企业导入青啤的CI形象，并在其产品商标上印有"青岛啤酒系列产品"字样，这就是联系"青岛"这个主品牌和地方副品牌之间的桥梁和纽带，主带副，以副促主，同步提高，不但利用"青岛"的名气迅速地提升了地方品牌的价值，而且消费者通过对地方品牌的认识，也增进了对"青岛"品牌的印象。如果主、副之间形成真空，人们不论接触主品牌，还是接触副品牌，都难以认识对方，这就成为多品牌策略的败笔。

（2）主、副品牌明确分工，不能产生冲突。每个品牌的定位都有其特殊性，分工各有所重，如果副品牌在其市场上定位为低档，而主品牌中也有低档产品，且进入副品牌市场，势必对副品牌市场造成冲击。"青岛"啤酒定位于主攻全国城市市场的中高档品牌，副品牌则定位于中低档市场，主攻当地城镇和农村市场，这样既使"青岛"啤酒与其副品牌存在于同一市场区域，因其目标市场不同，也不会造成互相冲击，反而会优势互补，并肩作战。

（3）加强对副品牌的管理。企业的品牌管理水平如何，对多品牌策略实施的成功与否关系重大。副品牌不能在投靠主品牌后，以为找了个"好婆家"、"好靠山"而万事大吉，抱头大睡，因为许多副品牌可能存在种种缺陷，如基础薄、起点低或初创伊始，知名度低，必须对其进行强化管理，包括企业内部管理、市场建设、产品优化、技术创新、企业形象建设等，充分利用主品牌的强大影响力和美誉度，迅速完善、提高副品牌形象和知名度。否则，如副品牌的动作失误，势必波及主品牌形象，对其造成不良影响，甚至产生严重后果。青啤在扩张企业中导入青啤CI形象和管理模式就是对副品牌全面提升的体现。

为什么青啤又使用品牌延伸策略，在深圳公司使用"青岛"品牌？这是因为深圳公司是与驰名全球的日本朝日啤酒公司实行强强联合，共同投资7亿元人民币之巨，融入两公司最新科技，专门生产主供沿海经济发达地区和出口国外的世界一流水平的纯生啤酒，可以说是两公司倾心打造的一件经典艺术品，使用"青岛"品牌更能体现青啤的水平和实力，更加提高了"青岛"品牌的价值和影响力。

"兵无常势，水无常形"。青啤一切以事实为依据，一切以市场为准绳，建立在科学的基础上的对多品牌策略和品牌延伸策略的灵活运用、有效整合，不但体现了青啤高超的品牌管理水平，而且成为中国品牌运营史上的大手笔，为我国企业树立了榜样。

（资料来源：http://www.rztong.com.cn/newshtml/2007225/ns11563.shtml）

思考题：

1. 青岛啤酒的多品牌策略的科学性表现在哪些方面？
2. 多品牌策略运作中要注意的问题有哪些？

案例四

罗林洛克啤酒的独特包装策略

随着竞争的加剧和消费的下降，美国啤酒的竞争变得越来越残酷，像安豪斯·布希公司和米勒公司这样的啤酒业巨人正在占据越来越大的市场份额，从而把一些小的地区性啤酒商排挤出了市场。

出产于宾夕法尼亚州西部小镇的罗林洛克啤酒在20世纪80年代后期勇敢地进行了反击。营销专家约翰·夏佩尔通过他神奇的经营活动使罗林洛克啤酒摆脱了困境，走上了飞速发展之路。而在夏佩尔的营销策略中，包装策略发挥了关键作用。

包装在重新树立罗林洛克啤酒的形象时，扮演了重要角色。夏佩尔为了克服广告预算的不足，决定让包装发挥更大的作用。他解释道："我们不得不把包装变成牌子的广告。"

夏佩尔接管公司后，为罗林洛克啤酒设计了一种绿色长颈瓶，并漆上显眼的艺术装饰，使包装在众多的啤酒中很引人注目。夏佩尔说："有些人以为瓶子是手绘的，它跟别的瓶子都不一样，独特而有趣。人们愿意把它摆在桌子上。"事实上，许多消费者坚持认为装在这种瓶子里的啤酒更好喝。公司也重新设计了啤酒的包装箱。"我们想突出它的绿色长颈瓶，与罗林洛克啤酒是用山区泉水酿制的这个事实。"夏佩尔解释道，"包装上印有放在山泉里的这些瓶子。照片的质量很高，色彩鲜艳、图像清晰。消费者很容易从30英尺外认出罗林洛克啤酒。"

夏佩尔喜欢用魅力这个词来形容罗林洛克啤酒的新形象，他说："魅力，这意味着什么呢？我们认为，瓶子和包装造就了这种讨人喜欢的感觉。看上去它不像大众化的产品，而是一种高贵的品质感。而且这种形象在很大程度上也适合啤酒本身。罗林洛克啤酒出自宾州西部的小镇。它只有一个酿造厂，一个水源。这和安豪斯·布希啤酒或库尔斯啤酒完全不同，我们知道，并非所有的库尔斯啤酒都是在科罗拉多州的峡谷中酿造的。"

包装对增加罗林洛克啤酒的销量有多大作用呢？夏佩尔说："极为重要。那个绿瓶子是确立我们竞争优势的关键。"

（资料来源：朱华. 市场营销案例精选精析（第三版）. 北京：中国社会科学出版社，2006.）

思考题：
1. 罗林洛克啤酒的包装发挥了什么作用？
2. 罗林洛克啤酒的包装策略符合哪一条设计原则？有哪些好处？

模块三　实　训　练　习

实训一

【实训目的】

熟悉产品的整体概念、产品市场生命周期、产品组合、品牌与包装等策略的原理与应用。

【组织方式】

在教师指导下，由学生自由组成 4～8 人为一组的研究性学习项目小组，并确定负责人。由教师选择 2～3 个类型的产品作为研究的样本，进行产品策略相关分析研究。

【实训内容】

1. 该产品的产品整体概念可以怎样表达？
2. 该产品处于生命周期的什么阶段，采取了哪些相应的产品策略？
3. 该产品有何进一步开发的机会？
4. 该产品的品牌能否延伸？包装可否进一步调整？

实训二

【实训目的】

掌握产品品牌策略，了解各品牌策略在现实中的运用情况。

【组织方式】

由教师指定 3～5 个企业，学生以小组为单位，利用课余时间，从网络、图书馆、市场上调查该企业拥有的品牌，并分析其采用的品牌策略。

【实训内容】

1. 企业在各产品大类下拥有的品牌。
2. 该企业各品牌定位和目标市场的差异性。

3. 该企业采用的品牌策略。
4. 该企业竞争者采用的品牌策略，并进行比较。

实训三

【实训目的】

掌握产品包装策略，了解各包装策略在现实中的运用情况。

【组织方式】

由教师指定 3～5 类产品，学生以小组为单位，利用课余时间，到超市实地调查该产品的包装，分析其采用的包装策略，并制作 PPT 进行讲演。

【实训内容】

1. 产品各个系列的包装有何联系和区别？
2. 产品包装能否满足目标市场消费者的购买偏好？
3. 该企业采用的包装策略，及其与品牌策略是否能匹配？
4. 比较同企业其他产品的包装及包装策略。

模块四 单元测试

（一）名词解释

产品　产品组合　产品生命周期　品牌延伸策略　包装　核心产品　附加产品

（二）单项选择题

1. 企业所拥有的不同产品线的数目是产品组合的（　　）。
   A．深度　　　　　B．长度　　　　　C．宽度　　　　　D．关联度
2. 用料与设计精美的酒瓶，在酒消费之后可用做花瓶或凉水瓶，这种包装策略是（　　）。
   A．配套包装　　　B．附赠品包装　　C．分档包装　　　D．复用包装
3. 在产品生命周期中，丰厚的利润一般在（　　）这一阶段开始出现。
   A．导入期　　　　B．成长期　　　　C．成熟期　　　　D．衰退期
4. 通常所说的一个企业经营着多少产品品类，指的就是产品组合的（　　）。
   A．宽度　　　　　B．深度　　　　　C．长度　　　　　D．关联度

5. 除了提供质量合格的产品，还必须提供相应的附加服务，如保养、售后服务等，这对制造商来说（　　）。
　　A．售后服务是由经销商来承担的，与制造商无关
　　B．如果是优质产品则无必要
　　C．这是产品整体概念的一部分，很有必要
　　D．只要售出产品即可，服务完全没有必要
6. 某种产品在市场上的销售额迅速增长，利润显著上升，该产品这时正处在其市场生命周期的（　　）阶段。
　　A．导入期　　　　B．成长期　　　　C．成熟期　　　　D．衰退期
7. 在产品整体概念中最基本、最主要的部分是（　　）。
　　A．核心产品　　　B．形式产品　　　C．延伸产品　　　D．潜在产品
8. 产品质量水平、外观特色、式样、包装等属于整体产品中的（　　）。
　　A．核心产品　　　B．有形产品　　　C．附加产品　　　D．选购产品
9. 产品组合的长度是指（　　）的总数。
　　A．产品项目　　　B．产品品种　　　C．产品规格　　　D．产品品牌
10. 企业对于拥有良好声誉且生产质量水平相近的多种产品，宜采用的包装策略应是（　　）策略。
　　A．等级包装　　　B．类似包装　　　C．差异包装　　　D．配套包装

（三）多项选择题
1. 产品线的划分依据是（　　）。
　　A．产品功能上相似　　　　　　　　B．消费上具有连带性
　　C．供给相同的顾客群　　　　　　　D．有相同的分销渠道
　　E．属于同一价格范围
2. 一般来说，（　　）的产品成熟期较长，衰退过程也较缓慢。
　　A．高科技产品　　　　　　　　　　B．消费者偏好相对稳定
　　C．技术相对稳定　　　　　　　　　D．新潮产品
　　E．科技发展快，消费者偏好经常变化
3. 包装的作用表现在（　　）。
　　A．便于识别商品　　　　　　　　　B．保护产品
　　C．方便使用　　　　　　　　　　　D．传递产品信息
　　E．增加产品的实用性

4. 指出下列哪些产品可采用无商标策略。（   ）
   A．电力　　　B．煤气　　　C．服装　　　D．自来水　　　E．沙石
5. 市场营销人员眼中的产品，不仅是产品的实体部分，而且也包含了（   ）。
   A．产品生产的保证体系　　　　　　　B．产品的分销渠道
   C．产品形象，保证措施　　　　　　　D．售后服务
   E．顾客所要购买的实质性东西

（四）简答题

1．什么是产品组合？分析产品组合一般应考虑哪些因素？
2．产品生命周期各阶段的主要特点是什么？
3．简述商标的作用。
4．企业商标策略的主要内容是什么？
5．包装有什么作用？企业的包装策略有哪些？

单元九　定价策略

学习目标：

1. 能够分析影响定价的因素。
2. 能运用具体的定价方法。
3. 能够运用各种定价策略对产品价格进行调整。
4. 能够应用价格变动策略，了解消费者、竞争者及企业自身对价格变动的反应。

引例

长虹：风风雨雨价格战

四川长虹电子集团的前身，是1958年创建的军工企业"国营四川无线电厂"，位于四川省绵阳市。1965年，"国营四川无线电厂"更名为"国营长虹机器厂"。1973年长虹厂率先在军工系统成功研制出第一台电视机，注册商标"长虹"，长虹品牌由此创立。

在发展过程中，长虹通过多次的降价活动，成长为我国的"彩电大王"，同时也成为我国家电行业的一面旗帜，将家电行业带动成为我国最具市场经济特征的行业之一。长虹今天的表现归功于长虹的几次主动降价行动。

第一次（1989年8月），开启自主调价之路。1988年彩电严重紧缺，抢购倒卖之风盛行，普通老百姓以高于国家牌价一倍的价格还很难买到彩电。在国家牌价的制约下，出现"百姓多花钱，厂家挣不到钱"的局面。长虹以略高于国家牌价而低于黑市的价格卖给省工商银行一批彩电，开始自己的自行价格调整旅程。1989年国内彩电生产厂引进了大量彩电生产线，同时国家开征彩电消费税，彩电市场顿时供过于求，厂家彩电积压严重。光1989年上半年长虹就积压近20万台彩电，占用资金3.2亿元，资金严重紧张。在请示省物价局后，1989年8月9日长虹进行自行降价活动，每台彩电降价350元，长虹积压彩电一销而空，同时也提升了长虹在彩电行业的地位。为此而受到"不让涨价你涨价，不让降价你降价"的责难，引发了一场"长虹现象"大讨论。1989年9月，围绕1988年和1989年长虹的两次价格调整，由《中国体改研究会通讯》发起，《中国电子报》积极响应的"长虹现象"大讨论在全国范围内轰轰烈烈地展开。1991年3月，国家统计局公布：长虹1990年首次荣登彩电行业销售冠军。

第二次（1996年3月），也是一场具有决定意义的降价行动，国产彩电开始"当家做主"。1996年，进口品牌在25英寸以上大屏幕彩电市场占有绝对优势，在北京、上海、广州的市场份额更是高达80%以上，但众多合资厂尚未投入规模生产。1996年3月26日长虹彩电凭借"同样的技术、同样的质量"，举起降价大旗，首次向洋彩电宣战。面对铺天盖地的洋彩电，长虹宣布在全国范围内降价18%，带动国产彩电夺取市场份额，由此使国产彩电在国内中低端彩电市场占据了绝对主导地位。而长虹的市场占有率由1995年的22%提高到1996年的27%左右，彩电销量比上年同期增长61.96%。长虹在1996年发起的价格战对于国产彩电的翻身功不可没。

第三次（1999—2001年），长虹针对传统彩电的洗牌行动，逐步向高端市场挺进。对于长虹来说，1998年是一个转折点。长虹为了遏制对手，从当年8月份起大批量购进彩管，最多时控制了国内彩管70%以上，使应付款项、票据从35.51亿元直线上升到61.9亿元。当年长虹计划生产彩电800万台，但实际销量只有600多万台。到1998年末，长虹库存达到77亿元，比上年增加一倍。同时1998年郑百文问题爆发，在暴露的时候，这条渠道的销售收入占长虹总营业额的30%。由于"郑百文事件"，1998年上半年长虹的销售费用由1997年同期的1.98亿元上升至3.46亿元，增加了74.75%，而销售收入却下降了14.2%。到1999年，长虹销售业绩同比下滑14.5%，销售成本反而上升25.5%。"囤积彩管"事件不仅使企业不得不承担起70亿元库存的压力，也使TCL、创维、康佳这三剑客对抗长虹的联盟更加坚固。其结果是，长虹从习惯先声夺人沦为在频繁的价格战中疲于应招。在这一年，长虹主业收入锐减4亿元。经过1997年和1998年由别人发起的价格战，长虹的彩电霸主地位岌岌可危。为了挽回颓势，1999年4月，长虹彩电开始降价行动。但康佳对长虹的降价早有应对，降价幅度超过长虹80～300元。长虹主营利润由1998年的31.6亿元下降到1999年的15.7亿元，净资产收益率仅4.06%，1999年下半年长虹利润仅1亿多元。

国内彩电市场2000年销量为2 000万台，而生产能力却超过了4 000万台，重复建设导致的过度竞争，迫使产品同质化的企业为了生存，只有不断举起价格利刃展开肉搏。2000年伊始，国内彩电业便笼罩在全行业亏损147亿元的浓重阴影中。为了避免发生1999年惨烈的价格战，2000年6月9日，9大彩电企业在深圳召开的"中国彩电企业峰会"上，签下了彩电销售最低价协约，旋即被国家计委宣布为违法。不到一个月后，各地彩电掀起了规模空前的降价狂潮，29英寸彩电最低跌至1680

元，而此时彩电峰会上的一纸协定墨迹未干。之后，同盟军内纷纷"背叛"，同盟者厦华、熊猫率先降价。到了8月，盟主康佳和根本未参加同盟的四川长虹分别宣布大幅度调低彩电售价，其中康佳最大降幅为20%；而长虹的降幅更高，达35%。此次彩电降价是1996年四川长虹挑起价格战以来，规模和降价幅度最大的一次。在这次降价中，29英寸纯平彩电售价不到2 000元。截至2000年12月中旬，长虹销售收入已突破800亿元，长虹彩电总销量694万台，索尼彩电销量为50万台，但两者的利润却几近相同。长虹彩电2000年度再次成为销量第一，在行业大滑坡的情况下，市场占有率重新回升到25%。

第四次（2001年4月），由于2000年在国产品牌全线降价的同时，进口品牌发起大规模反扑，率先在中国市场推出最先进的产品，并靠越来越接近的价格和已有的品牌优势，将29英寸以上大屏幕彩电的市场份额从15%提升到30%，在市场占有率十强中占得三席。虽然经过几次价格战，淘汰了许多彩电企业，但到2001年全国彩电行业还有七八十家生产企业，100多条生产线，5 000万台的年生产能力，而国内销售量仅有2 000万台，经过努力出口达到1 000万台，还有2 000万台的闲置生产能力。为了夺取被跨国公司占据的市场和进一步清理国产品牌，2001年4月中旬，由长虹发起的自称为"五一战役"的行动将这次意料中的价格战提前了半年。

4月13日，长虹将其十多个品种的高档彩电在全国范围内大幅度降价，而这些彩电大都是以前被人们认为高不可攀的大屏幕超屏彩电。在市场畅销的29英寸大屏幕"国礼精品"彩电从4 000元左右直接降到了2 000元左右，价格仅为进口品牌同档次机器的40%~50%。

第五次（2002年至今），开创国产彩电主导高端之路。1998年，我国背投电视销量为4795台，2000年超过10万台，2001年则达到了35万台，连续四年超过300%的增幅。2001年1月1日，中国首台精密显像电视——长虹精显彩电诞生，从而一举打破了彩电高端核心技术一直由跨国彩电巨头垄断的局面。同年7月，领先世界水平的第三代60Hz数字变频逐行扫描背投彩电在长虹诞生，至此，中国彩电业在高端核心技术上全面受制于人已经成为历史。2002年初长虹研制出领先世界水平的第三代75Hz数字变频逐行扫描背投彩电。在长虹产品投放市场以前，彩电高端产品一直是日韩企业的天下。出于技术、利润周期的考虑，日韩企业在背投市场上采用区别对待策略：在发达国家市场投放第三、四代背投，而在中国市场则主要投放第一、二代背投，从而用普通背投延长自己在中国市场的利润赚取时间。2002年4月29日，长虹投影公司宣布即日起将全面停止内销一、二代（即50Hz及100Hz）

普通背投彩电的生产,将全部精力转移到第三代及第四代 60/75Hz+逐行扫描背投彩电的生产和销售。此时,距 2001 年 1 月 1 日中国首台精密显像电视在长虹成功下线仅 16 个月。2002 年 5 月,长虹率先强力推出精显背投,打响了国内彩电业全面进军高端市场的第一枪;之后,跨国公司才开始向国内企业转让高端背投技术,于是 TCL、创维、海信等国内彩电品牌相继推出了等离子、液晶彩电等高端产品。7 月,TCL、创维先后以 29 800 元的超低价启动了等离子彩电市场。至此,国内彩电企业成功地完成了由低端市场向高端市场的转型。在 2002 年中报中,低迷长达 5 年之久的长虹终于拥有了回到从前的感觉。8 月 10 日公布的中报显示,长虹彩电等主营业务收入同比增长 65.38%,净利润同比增长 435.67%,彩电出口额达 27.96 亿元,同比增长 1 789%,在中国彩电行业中排名第一。另外,长虹精显背投彩电仅用了一年时间,就直逼东芝和索尼,无可争议地成为中国背投彩电的代言人。2001 年 10 月,长虹背投市场占有率不足 1.5%,而 2002 年同期市场占有率则高达 18.5%。

2003 年 4 月 8 日,中国彩电大王长虹在捧回 2002 年全国彩电销量冠军后不到半个月的时间内,又出重拳,推出"长虹背投普及风暴"活动,在高端市场全面反击跨国背投品牌。长虹精显王背投彩电价格全线下调,进一步巩固和增加自己背投的市场份额,平均降价幅度为 25%,最高降幅达 40%。2004 年 10 月,长虹开始"虹色十月"行动,"虹色十月打造新一代数字阶级"活动在全国如火如荼地进行.

(资料来源:郭松克. 市场营销学. 广州:暨南大学出版社,2008.)

定价策略是一个比较近代的观念,在多数情况下,价格作为消费者选择商品的主要决定因素之一,也是决定公司市场份额和赢利率的最重要因素之一。因此,定价策略在营销组合策略中是一个相当重要的组成部分。

模块一 基础知识

一、影响定价的因素

(一)定价目标

根据不同时期,不同目标市场和市场定位战略,企业会制定不同定价目标,进而影响企业具体定价。具体定价目标可以是维持生存、当期利润最大化、市场占有率最大化、产品质量最优化等，企业应权衡各个目标的利弊，做出选择，确定具体的定价目标。

1．维持生存

如果企业产能过剩，或面临激烈竞争，或试图改变消费者需求，则需要把维持生存作为主要目标。为了确保工厂继续开工和使存货出手，企业必须制定较低的价格，并希望市场是价格敏感型的。利润比起生存来要次要得多。许多企业通过大规模的价格折扣来保持企业活力。只要其价格能弥补可变成本和一些固定成本，企业的生存便可得以维持。

2．当期利润最大化

有些企业希望制定一个能使当期利润最大化的价格。他们估计需求和成本，并据此选择一种价格，使之能产生最大的当期利润、现金流量或投资报酬率。假定企业对其产品的需求函数和成本函数有充分的了解，则借助需求函数和成本函数便可制定确保当期利润最大化的价格。

3．市场占有率最大化

有些企业想通过定价来取得控制市场的地位，即使市场占有率最大化。因为，企业确信赢得最高的市场占有率之后将享有最低的成本和最高的长期利润，所以，企业制定尽可能低的价格来追求市场占有率领先地位。

4．产品质量最优化

企业也可以考虑在市场上产品质量领先这样的目标，并在生产和市场营销过程中始终贯彻产品质量最优化的指导思想。这就要求用高价格来弥补高质量和研究开发的高成本。

（二）产品成本

产品成本是所有产品价格构成中最基本、最重要的因素，也是企业定价的最低经济界限。因此，企业的商品成本与其价格有着直接关系，也成为企业定价考虑的主要因素。

（三）市场需求

产品价格除受成本影响外，还受市场需求的影响。产品的最低价格取决于该产品的成本费用，产品的最高价格取决于产品的市场需求。

（四）竞争者的价格

根据产品成本和市场需求确定的最低价格和最高价格，企业可以根据竞争者同种产品的价格水平进一步确定产品价格。

二、定价方法

产品价格的高低需要全面考虑产品成本、市场需求和竞争者价格等因素的影响，但在实际定价过程中往往只会侧重于其中某一个方面的因素。因此，在制定基础价格时根据这三个因素导向，企业定价方法主要有成本导向定价法、需求导向定价法和竞争导向定价法等 3 种定价法。

（一）成本导向定价法

成本导向定价法是企业定价最常用、最基本的定价方法，是一种主要以成本为依据的定价方法。其具体方法主要有成本加成定价法、目标利润定价法和边际成本定价法等。

（二）需求导向定价法

按照市场营销观念要求，企业要以消费者需求为中心，在产品定价方面也不能只考虑产品成本，因此可以运用需求导向定价法。需求导向定价法是一种以市场需求强度和消费者感受为主要依据的定价方法，其具体方法主要有感受价值定价法、需求差异定价法、反向定价法等。

（三）竞争导向定价法

竞争导向定价法是一种主要以竞争者的价格水平为依据的定价方法，其具体方法主要有随行就市定价法、投标定价法等。

三、定价策略

产品的基础价格根据成本导向定价法、需求导向定价法和竞争导向定价法确定，但是在市场营销的实际操作过程中，企业还需要灵活运用各种定价策略，以此来调整和修正产品的基础价格。

（一）折扣定价策略

折扣定价是指对基本价格做出一定的让步，直接或间接降低价格，以争取顾客，扩大销量。

1. 数量折扣

数量折扣是指根据购买者的购买数量来决定价格折扣程度，即按照购买数量的多少，分别给予不同的折扣，购买数量越多，折扣越大。其目的是鼓励大量购买，或集中向本企业购买。

2. 现金折扣

现金折扣是指对在规定的时间内提前付款或用现金付款者所给予的一种价格折扣。其目的是鼓励顾客尽早付款，加速资金周转，降低销售费用，减少财务风险。

3．功能折扣

功能折扣是根据各类中间商在产品分销过程中所处的环节不同，其所承担的功能、责任和风险也不同，企业给予不同的价格折扣。

4．季节折扣

季节折扣是对常年生产而季节性消费的产品，在消费淡季购买商品的顾客给予一定的优惠，使企业的生产和销售在一年四季能保持相对稳定。

（二）心理定价策略

企业在定价时可以利用消费者不同的心理因素，有意识地为产品制定不同的价格，以满足消费者生理的和心理的、物质的和精神的多方面需求，通过消费者对企业产品的偏爱或忠诚，扩大市场销售，获得最大效益。

1．声望定价

声望定价是根据产品在消费者心中的声望、信任度和社会地位来确定价格的一种定价策略。质量不易鉴定的产品比较适合采用声望定价，利用消费者崇尚名牌的心理，往往利用价格判断质量，认为高价格等于高质量。声望定价满足了消费者炫耀身份、显示地位的心理。

2．尾数定价

尾数定价是指利用消费者对数字认知的心理，价格保持零头，给消费者产生价格低廉的感觉。尾数定价主要适用于一些价值较低的日用品和副食品，这类产品需求量比较大、购买频率比较高，因此消费者对价格比较敏感。例如，标价9.96元的商品和10.06元的商品，虽然仅差0.1元，但前者给消费者的感觉是还不到"10元"，而后者却使人产生"10多元"的想法，因此前者可以使消费者认为商品价格低、便宜，更令人易于接受。

带有尾数的价格会使消费者认为企业定价是非常认真、精确的，连零头都算得清清楚楚，进而会对商家或企业的产品产生一种信任感。

由于民族习惯、社会风俗、文化传统和价值观念的影响，某些特殊数字常常会被赋予一些独特的含义。例如，"8"字作为价格尾数在我国南方和港澳地区比较流行，人们认为"8"即"发"，有吉祥如意的意味，因此企业经常采用。又如"4"及西方国家的"13"被人们视为不吉利，因此企业在定价时应有意识地避开，以免引起消费者对企业产品的反感。

3．招徕定价

招徕定价是指将某几种商品的价格定得非常之高，或者非常之低，以引起消费者的好奇心理和观望行为，从而带动其他商品的销售。这一定价策略经常用于综合性百货商店、超级市场，甚至高档商品的专卖店。

（三）差别定价策略

根据需求特性的不同，差异定价策略通常有以下几种形式。

1. 顾客差别定价策略

顾客差别定价策略是指对同一产品针对不同的顾客，分别制定不同的价格。例如，对老客户和新客户、长期客户和短期客户、女性和男性、儿童和成人、残疾人和健康人、工业用户和居民用户等，分别采用不同的价格。

2. 地理位置差别定价策略

地理位置差别定价策略是指随着地理位置的不同而收取不同的价格，比较典型的例子是影剧院、体育场及飞机等，其座位不同，票价也不一样。例如，体育场的前排可能收费较高，旅馆客房因楼层、朝向、方位的不同而收取不同的费用。这样做的目的是调节客户对不同地点的需求和偏好，平衡市场供求。

3. 时间差别定价策略

时间差别定价策略是指同一种产品，成本相同，而价格随季节、日期甚至钟点的不同而变化。例如，供电局在用电高峰期和闲暇期制定不同的电费标准；电影院在白天和晚上的票价有别。

（四）新产品定价策略

1. 撇脂定价

撇脂定价是指新产品上市之初，将价格定得较高，在短期内获取厚利，尽快收回投资。就像从牛奶中撇取所含的奶油一样，取其精华，称之为"撇脂定价"法。

2. 渗透定价

渗透定价是指企业最初设定最低价，以便迅速和深入地进入市场，从而快速吸引来大量的购买者和赢得较大的市场份额。当新产品没有显著特色、竞争激烈或需求弹性较大时宜采用渗透定价法。

3. 满意定价

满意定价是指介于撇脂定价和渗透定价之间的一种定价方法，即新产品采取适中的价格进入市场。

（五）产品组合定价策略

产品组合定价策略，是指处理本企业各种产品之间价格关系的策略，是对不同组合产品之间的关系和市场表现进行灵活定价的策略。常用的产品组合定价策略有以下几种形式。

1. 产品大类定价

产品大类定价是指根据购买者对同一产品大类不同档次产品的需求，精选设计几种不同档次的产品和价格。

2．任选产品定价

任选产品定价是指在提供主要产品的同时，还附带提供任选品或附件与之搭配。

3．附属产品定价

附属产品定价是指以较低价销售主产品来吸引顾客，以较高价销售备选和附属产品来增加利润。例如，美国柯达公司推出一种与柯达胶卷配套使用的专用照相机，价廉物美，销路甚佳，结果带动柯达胶卷销量大大增加，尽管其胶卷价格较其他牌号的胶卷昂贵。

4．副产品定价

在许多行业中，在生产主产品的过程中，常常有副产品。如果这些副产品对某些客户群具有价值，必须根据其价值定价。副产品的收入多，将使公司更易于为其主要产品制定较低价格，以便在市场上增加竞争力。因此制造商需寻找一个需要这些副产品的市场，并接受任何足以抵补储存和运输副产品成本的价格。

5．捆绑定价

捆绑定价是指将几种产品组合在一起，以低于分别销售时支付总额的价格销售。例如，家庭影院是大屏幕电视、DVD 影碟机、音响的捆绑定价。

四、价格变动策略

（一）降价策略

企业降价的原因很多，有企业外部需求及竞争等因素的变化，也有企业内部的战略转变、成本变化等，还有国家政策、法令的制约和干预等。这些原因具体表现在以下几个方面。

1．企业急需回笼大量现金。

2．企业通过削价来开拓新市场。

3．企业决策者决定排斥现有市场的边际生产者。

4．企业生产能力过剩，产品供过于求，但是企业又无法通过产品改进和加强促销等工作来扩大销售。

5．企业决策者预期削价会扩大销售，由此可望获得更大的生产规模。

6．由于成本降低，费用减少，使企业削价成为可能。

7．企业决策者出于对中间商要求的考虑。

8．政治法律环境及经济形势的变化，迫使企业降价。

降价最直截了当的方式是使企业产品的目录价格或标价绝对下降，但企业更多的是采用各种折扣形式来降低价格。如数量折扣、现金折扣、回扣和津贴等形式。此外，变相的降价形式有：赠送样品和优惠券，实行有奖销售；给中间商提取推销奖金；允许顾客分期付款；赊销；免费或优惠送货上门、技术培训、维修咨询；提高产品质量，改进产品性能，增加产品用途。由于这些方式具有较强的灵活性，在市场环境变化的时候，即使取消也不会引起消费者太大的反感。

（二）提价策略

提价确实能够增加企业的利润率，但却会引起竞争力下降、消费者不满、经销商抱怨，甚至还会受到政府的干预和同行的指责，从而对企业产生不利影响。虽然如此，在实际中仍然存在着较多的提价现象。其主要原因如下。

1．应付产品成本增加，减少成本压力。
2．为了适应通货膨胀，减少企业损失。
3．产品供不应求，遏制过度消费。
4．利用顾客心理，创造优质效应。

企业应尽可能多采用间接提价，把提价的不利因素减到最低程度，使提价不影响销量和利润，而且能被潜在消费者普遍接受。同时，企业提价时应采取各种渠道向顾客说明提价的原因，配之以产品策略和促销策略，并帮助顾客寻找节约途径，以减少顾客不满，维护企业形象，提高消费者信心，刺激消费者的需求和购买行为。

（三）消费者对价格变动的反应

消费者对产品削价的可能反应是：产品将马上因式样陈旧、质量低劣而被淘汰；企业遇到财务困难，很快将会停产或转产；价格还要进一步下降；产品成本降低了。

而对于产品的提价则可能这样理解：很多人购买这种产品，我也应赶快购买，以免价格继续上涨；提价意味着产品质量的改进；企业将高价作为一种策略，以树立名牌形象；卖主想尽量取得更多利润；各种商品价格都在上涨，提价很正常。

（四）竞争者对价格变动的反应

竞争者对价格变动的反应有以下几种类型。

1．相向式反应。它是指你提价他也提价，你降价他也降价。这样一致的行为，对企业影响不太大，不会导致严重后果。企业坚持合理营销策略，不会失掉市场和减少市场份额。

2．逆向式反应。它是指你提价他降价或维持原价不变，你降价他提价或维持原价不变。这种相互冲突的行为，影响很严重，竞争者的目的也十分清楚，就是乘机争夺市场。

3．交叉式反应。它是指众多竞争者对企业调价反应不一，有相向的，有逆向的，有不变的，情况错综复杂。企业在不得不进行价格调整时应注意提高产品质量，加强广告宣传，保持分销渠道畅通等。

（五）企业对竞争者价格变动的反应

在同质产品市场，如果竞争者降价，企业必随之降价，否则企业会失去顾客。某一企业提价，其他企业随之提价，但如有一个企业不提价，最先提价的企业和其他企业将不得不取消提价。

在异质产品市场，购买者不仅考虑产品价格高低，而且考虑质量、服务、可靠性等因素，因此购买者对较小价格差额无反应或不敏感，则企业对竞争者价格调整的反应有较多自由。

模块二 案例分析

案例一

沃尔玛——零售业的一个奇迹

《财富》杂志从 1955 年开始评选世界 500 强企业的时候，沃尔玛还不存在。半个世纪后，沃尔玛成为雄踞世界 500 强榜首的零售业巨头。40 年前，沃尔玛还只是美国肯萨斯州一个小镇上的夫妻店。而现在，沃尔玛已经在美国拥有传统连锁店 1702 家、超市 952 家、"山姆俱乐部"商店 479 家、"街区市场"杂货店 20 家，另外，在其他国家还有 1088 家连锁店。全公司雇员 114 万人，组成了一个威力无比的"沃尔玛帝国"。

1918 年，萨姆·沃尔顿出生在美国阿肯色州的一个小镇上。萨姆小时候家里并不富裕，这使他养成了节俭的习惯。1936 年，萨姆进入密苏里大学攻读经济学学士学位，并担任过大学学生会主席。二战结束后结束服役的萨姆回到故乡，向岳父借了 2 万美元，加上萨姆当兵时候积攒的 5000 美元，他和妻子海伦在纽波特租到几间房子开了一家小店，专卖 5 至 10 美分的商品。由于萨姆待人和善，附近的住户都愿意到他店里来买东西。

1950 年，萨姆夫妇以投资额两倍的价钱卖掉了小店，转而迁居阿肯色州的本顿维尔，并在那里开办了一家新店。新商场虽然算是本·富兰克林连锁店的加盟店，但沃尔玛夫妇用家庭的姓氏给它取了名：沃尔顿家庭商店。到了 1962 年，他们的名下已经有 15 家百货店。当年，萨姆和他的弟弟詹姆斯终于在阿肯色州的罗杰斯城开设了第一家完全属于自己的商店——沃尔玛。

沃尔玛一开始就获得很大的成功。第一年，本顿维尔的商店营业额就已经达到了 70 万美元。1964 年，沃尔玛已经拥有 5 家连锁店，1969 年增至 18 家商店。沃尔玛把中小城市和大的村镇放在优先地位。经营模式是一致的：低利润、小库存、大批量进货、多在成本上下工夫并且积极利用信息工具。

萨姆开店坚守着一个信念:"只要商店能够提供最全的商品、最好的服务,顾客就会蜂拥而至。"他向员工提出了两条要求:"太阳下山"和"十英尺态度"。"太阳下山"是指每个员工都必须在太阳下山之前完成自己当天的任务,而且,如果顾客提出要求,也必须在太阳下山之前满足顾客;"十英尺态度"是指,当顾客走进员工10英尺的范围内时,员工就必须主动地询问顾客有什么要求,而且说话时必须注视顾客的眼睛。除此之外,他还提出十大经营法则:全心经营,比别人更尽心尽力;和同事分享利润;激励你的同事;凡事和同事商量;感激同事对公司的贡献;成功要大肆庆祝,失败则不丧心志;聆听公司内每一个人的意见;超越顾客的期望,他们就会一再光临;控制成本低于竞争对手;逆流而上,走不同的路,放弃传统观念。

1992年4月,已是经验丰富的罗布森出任沃尔玛董事长,给沃尔玛的发展注入了新鲜的血液。据1994年5月美国《财富》杂志公布的全美服务行业分类排行榜,沃尔玛1993年销售额高达673.4亿美元,比上一年增长118多亿美元,超过了1992年排名第一位的西尔斯百货公司,雄踞全美零售业榜首。1995年沃尔玛销售额持续增长,并创造了零售业的一项世界纪录,实现年销售额936亿美元,在《财富》杂志1995年美国最大企业排行榜上名列第四。2001年,沃尔玛一跃而成为《财富》500强排名的第二名,事实上,沃尔玛的年销售额相当于全美所有百货公司的总和,而且至今仍保持着强劲的发展势头。

沃尔玛既不经营赚钱快的汽车、石油,更不生产获利丰厚的飞机、大炮,而是靠出售廉价的零售百货,硬是在40年内"打遍天下无敌手"。《财富》杂志记者无不惊叹地写道:"一个卖廉价衬衫和渔竿的摊贩怎么会成为美国最有实力的公司呢?"的确沃尔玛走向成功的过程演绎出许许多多令人拍案叫绝的故事。翻开沃尔玛的历史,人们不难发现有四条经验至为关键。

第一是薄利多销。沃尔玛创始人萨姆·沃尔顿1962年在阿肯色州乡村创立第一家连锁店时靠的就是这一条。当年,沃尔顿对其商店的定位就是中下阶层,经营服装、饮食以及各种日常杂用,最重要的是以低出别家商店的价格出售,因而吸引了众多客户,连锁店越开越多,但"天天低价"的法则始终没有变。沃尔顿有句名言:"不管我们付出的代价多大,如果我们赚了很多,就应当转送给顾客。"如今,不管你走进哪里的为沃尔玛,"天天低价"仍然是最为醒目的标志。为了实现低价,沃尔玛想尽了招数,其中重要的一招就是大力节约开支,绕开中间商,直接从工厂进货。统一订购的商品送到配送中心后,配送中心根据每个分店的需求对商品就地筛选、重新打包。这种类似网络零售商"零库存"的做法使沃尔玛每年都可节省数百万美元的仓储费用。

第二是服务至上。除了低价,沃尔玛再一个引人注目的特点就是良好的服务。从1962年到1992年退休,沃尔顿领公司飞速发展的30年中,格外强调要提供"可能的最佳服务"。为了实现这一点,沃尔顿编制了一套又一套的管理规则。他提出了有名的"十英尺态度",至今仍是沃尔玛职员奉为的守则。对于支援的微笑,沃尔顿还有个量化的标准:"请对顾客露出你的八颗牙。"此外,什么"太阳下山"原则、"超越顾客的期望"等都是沃尔玛吸引顾客的制胜法宝。

第三是团队精神。沃尔玛企业文化中崇尚的三个基本原则的第一条是"尊重个人"。沃尔玛不止强调尊重顾客,提供一流的服务,而且还强调尊重公司的每一个人。再沃尔玛内部,虽然各级职员分工明确,但少有歧视现象。该公司一位前副董事长曾经说:"我们是由具有奉献精神、辛勤工作的普通人组成的群体,来到一起为的是实现杰出的目标。我们虽然有不同的背景、肤色、信仰,但坚信每一个人都应受到尊重和尊严的待遇。"

第四是力争完美。沃尔玛从20世纪60年代初的一家小店到目前已发展成为世界十大公司之一,一颗"力争完美"的雄心依然未变。沃尔玛吸纳新的经营理念和创意的同时,还迅速跟上时代步伐,利用新技术为自身发展服务。它曾投入4亿美元巨资,委托休斯公司发射商用卫星,实现了全球联网,为其高效的配送系统提供保证。据报道,通过全球网络,沃尔玛总部可在1小时内对全球4 000多家分店每种商品的库存量、上架量和销售量全部盘点一遍。近两年,美国网络业普遍不景气,沃尔玛网站虽然受到影响,但该网站的经营却是越来越好。

(资料来源:http://www.rztong.com.cn/newshtml/2006522/ns3058.shtml)

思考题:

1. 沃尔玛的成功主要靠"天天平价,始终如一",坚持每一种商品要比其他商店更便宜,你认为应该如何维持这种低价?
2. 为什么我们有些平价商场、超市却经营不好呢?

案例二

亚马逊公司的差别定价策略

差别定价被认为是网络营销的一种基本的定价策略,但在实施中存在着诸多困难。本文以亚马逊公司在2000年9月一次不成功的差别定价试验为案例,从该次定价试验的背景、过程以及失败的原因入手,分析网络营销中差别定价策略存在的潜在风险及其可能的防范措施。

(一)亚马逊公司实施差别定价试验的背景

1994年,当时在华尔街管理着一家对冲基金的杰夫·贝佐斯(Jeff Bezos)在西雅图创建了亚马逊公司。该公司从1995年7月开始正式营业,1997年5月股票公开发行上市。从1996年夏天开始,亚马逊极其成功地实施了联属网络营销战略,在数十万家联属网站的支持下,亚马逊迅速崛起成为网上销售的第一品牌,到1999年10月,亚马逊的市值达到了280亿美元，超过了西尔斯（Sears Roebuck&Co.）和卡玛特（Kmart）两大零售巨人的市值之和。亚马逊的成功可以用以下数字来说明。

根据Media Metrix的统计资料，亚马逊于2000年2月在访问量最大的网站中排名第8，共吸引了1450万名独立的访问者，亚马逊还是排名进入前10名的唯一一个纯粹的电子商务网站。

根据PC Data Online的数据，亚马逊是2000年3月最热门的网上零售目的地，共有1 480万独立访问者，独立的消费者也达到了120万人。亚马逊当月完成的销售额相当于排名第二位的CDNow和排名第三位的Ticketmaster完成的销售额的总和。2000年，亚马逊已经成为互联网上最大的图书、唱片和影视碟片的零售商，亚马逊经营的其他商品类别还包括玩具、电器、家居用品、软件、游戏等，品种达1 800万种之多，此外，亚马逊还提供在线拍卖业务和免费的电子贺卡服务。

但是，亚马逊的经营也暴露出不小的问题。虽然亚马逊的业务在快速扩张，亏损额却也在不断增加。在2000年头一个季度中，亚马逊完成的销售额为5.74亿美元，较前一年同期增长95%；第二季度的销售额为5.78亿美元，较前一年同期增长了84%。但是，亚马逊第一季度的总亏损达到了1.22亿美元，相当于每股亏损0.35美元，而前一年同期的总亏损仅为3 600万美元，相当于每股亏损为0.12美元；亚马逊2000年第二季度的主营业务亏损仍达8 900万美元。

亚马逊公司的经营危机也反映在它股票的市场表现上。亚马逊的股票价格自1999年12月10日创下历史高点106.687 5美元后开始持续下跌，到2000年8月10日，亚马逊的股票价格已经跌至30.438美元。在业务扩张方面，亚马逊也开始遭遇到了一些老牌门户网站——如美国在线、雅虎等——的有力竞争，在这一背景下，亚马逊迫切需要实现赢利。而最可靠的赢利项目是它经营最久的图书、音乐唱片和影视碟片。实际上，在2000年第二季度亚马逊就已经从这三种商品上获得了1 000万美元的营业利润。

（二）亚马逊公司的差别定价实验

作为一个缺少行业背景的新兴的网络零售商，亚马逊不具有巴诺（Barnes & Noble）公司那样卓越的物流能力，也不具备像雅虎等门户网站那样大的访问流量，亚马逊最有价值的资产就是它拥有的2 300万注册用户，亚马逊必须设法从这些注册用户身上实现尽可能多的利润。因为网上销售并不能增加市场对产品的总的需求量，为提高在主营产品上的赢利，亚马逊在2000年9月中旬开始了著名的差别定价实验。亚马逊选择了68种DVD碟片进行动态定价试验，试验当中，亚马逊根据潜在客户的人口统计资料、在亚马逊的购物历史、上网行为以及上网使用的软件系统确定对这68种碟片的报价水平。例如，名为《泰特斯》（Titus）的碟片对新顾客的报价为22.74美元，而对那些对该碟片表现出兴趣的老顾客的报价则为26.24美元。通过这一定价策略,部分顾客付出了比其他顾客更高的价格,亚马逊因此提高了销售的毛利率。但是好景不长,这一差别定价策略实施不到一个月,就有细心的消费者发现了这一秘密,通过在名为DVD Talk(www.dvdtalk.com)的音乐爱好者社区的交流,成百上千的DVD消费者知道了此事。那些付出高价的顾客当然怨声载道,纷纷在网上以激烈的言辞对亚马逊的做法进行口诛笔伐,有人甚至公开表示以后绝不会在亚马逊购买任何东西。更不巧的是,由于亚马逊前不久才公布它对消费者在网站上的购物习惯和行为进行了跟踪和记录,因此,这次事件曝光后,消费者和媒体开始怀疑亚马逊是否利用其收集的消费者资料作为其价格调整的依据,这样的猜测让亚马逊的价格事件与敏感的网络隐私问题联系在了一起。

(资料来源: http://www.em-cn.com/article/2007/141791_2.shtml)

思考题:

谈谈你对亚马逊公司的差别定价的评价。

案例三

格兰仕的降价策略

"格兰仕"自进入微波炉市场以来,多次打响降价的第一枪,使它在市场上的地位不断提高。综合分析"格兰仕"这些年来的价格策略,有一个重要特点是通过降低价格来赢得市场,扩大规模;规模每上一个台阶,价格就大幅下降。当规模达到125万台时,就把出厂价定在规模为80万台的企业的成本价以下;当规模达到300万台时,"格兰仕"又把出厂价调到规模为200万台的企业的成本价以下。此时,"格兰仕"还有利润,而规模低于这个限度的企业,多生产一台就多亏一台,结果是一大批规模小且技术无明显差异的企业陷入了亏本的泥潭,而"格兰仕"则在家电业创造了市场占有率达到61.7%的奇迹。正是依靠规模经济效应和严格的成本控制措施,"格兰仕"在1996年8月和1997年分别两次大降价,每次降价幅度都达到40%。

1996年8月微波炉的市场价格普遍在1600~2500元之间,当时生产能力已经明显过剩,销售困难,有些企业便以降价的方式来销售积压的产品。8月初,"格兰仕"在上海宣布全部产品让利促销,大幅降价,幅度达40%,一时间"格兰仕"微波炉迅速走俏。不到半个月,"格兰仕"又在北京、南京大幅降价,并在一个月之内推向全国。最初,许多大企业都没有反应过来,以为是"格兰仕"降价出货退出竞争。但等这些企业反应过来时,"格兰仕"已经掌握了市场的主动权,并进行了大规模的宣传活动。虽然同行大加指责,但整个微波炉的市场价格迅速地降到1 000元左右。

1997年5月,"格兰仕"在逐步趋于稳定的微波炉市场火上浇油,又推出了"买一赠三"或"买一赠四"的活动。赠品包括:电风扇、电饭煲、微波炉专用饭煲和微波炉菜谱等,触发了微波炉市场的又一次震荡。这一促销方式使"格兰仕"的市场份额迅速上升,其他许多企业也迅速采取行动,大幅度降价。南京"三乐"降到500元,无锡"菊花"降到500元,中山"安宝路"降为499元。"格兰仕"也不得不采取相应的措施,到1997年8月,"格兰仕"的最低价格已经降到488元。9月初,抵挡不住降价冲击的40多家微波炉厂商联合向国家工商总局和轻工总会状告"格兰仕"进行不正当竞争,倾销产品,企图垄断市场。这时,"格兰仕"宣布9月8日重新调整其价格,将原来488元的微波炉升为538元(广州)和588元(北京及其他地区)。然而,正当"格兰仕"进行价格调整的时候,其他厂家看到旺季来临,纷纷降价并进行大规模的促销活动,从而使"格兰仕"的市场占有率迅速下滑。10月18日,"格兰仕"经过精心筹备,进行了全国范围的降价活动,降价幅度为29%~40%。这一次微波炉的降价,使大部分微波炉的市场价格保持在1 000元以内,最低为488元。

"格兰仕"的两次大降价取得了很好的市场效果。1996年8月的降价使"格兰仕"的市场占有率从36%上升到50.2%,增加了14.2个百分点。1997年10—11月的降价使"格兰仕"的市场占有率上升了11.6个百分点,占有整个微波炉市场六成左右的份额,成为中国微波炉市场上当之无愧的"龙头老大"。

(资料来源:http://www.b770.com/Download.asp?ID=3374)

思考题:

1. 你认为"格兰仕"轮番降价的做法,好还是不好?会对行业产生什么影响?对消费者产生什么影响?

2. 企业靠降价扩大产品销量,提升企业知名度可不可取?

模块三 实 训 练 习

实训一

【实训目的】

了解影响产品定价的因素,掌握具体的定价方法和定价策略。

【组织方式】

学生组成以4~8人为一组的研究性学习项目小组,并确定负责人。由教师指定某一具体的产品,对其价格策略进行调查。

【实训内容】

1. 影响该产品价格的具体因素。
2. 该产品价格依据的定价方法。
3. 采用哪些定价策略对该产品价格进行进一步微调。
4. 对竞争产品的价格进行调查和比较。

实训二

【实训目的】

掌握心理定价策略中的声望定价、尾数定价和招徕定价策略,并能灵活运用。

【组织方式】

学生以小组为单位,利用课余时间,到便利店、超市、商场的产品价格进行调查,分别找出声望定价、尾数定价和招徕定价的实例,并加以讨论。

【实训内容】

1. 找出利用声望定价的产品,并说明为何采用该定价策略。
2. 找出利用尾数定价的产品,并说明为何采用该定价策略。
3. 找出利用招徕定价的产品,并说明为何采用该定价策略。
4. 对采用三种心理定价策略的产品进行归类,找出共性和异性。

实训三

【实训目的】

掌握差别定价策略中的顾客差别定价策略、地理位置差别定价策略和时间差别定价策略,并能灵活运用。

【组织方式】

学生以小组为单位,利用课余时间,对市场上产品或服务的价格进行调查,分别找出顾客差别定价策略、地理位置差别定价策略和时间差别定价策略的实例,并加以讨论。

【实训内容】

1. 寻找利用顾客差别定价策略的产品或服务,并分析采用该策略的原因,以及具体的价格差别的制定。

2. 寻找利用地理位置差别定价策略的产品或服务，并分析采用该策略的原因，以及具体的价格差别的制定。

3. 寻找利用时间差别定价策略的产品或服务，并分析采用该策略的原因，以及具体的价格差别的制定。

实训四

【实训目的】

掌握当竞争者的价格发生变动时，企业应该如何应对。

【组织方式】

学生组成以4~8人为一组的研究性学习项目小组，并确定负责人。由教师指定某一具体的产品，假设市场上竞争者同类产品降价，模拟企业讨论应对策略。

【实训内容】

1. 调查并分析竞争者产品降价的原因。
2. 讨论企业可选择的价格变动策略，或辅助其他营销组合策略。
3. 预测本企业采取相应措施后，竞争者又可能做出何种反应。
4. 提出一整套合理的价格变动应对策略。

模块四　单元测试

（一）名词解释

成本导向定价法　竞争导向定价法　撇脂定价策略　渗透定价策略

（二）单项选择题

1. 在赊销的情况下，卖方为了鼓励买方提前付款，按原价给予一定的折扣，这就是（　　）。
　　A．功能折扣　　　　B．现金折扣　　　　B．季节折扣　　　　D．数量折扣
2. 理解价值定价法运用的关键是（　　）。
　　A．确定适当的目标利润　　　　　　　　B．准确了解竞争者的价格
　　C．正确计算产品的单位成本　　　　　　D．找到比较准确的理解价值

3. 某企业欲运用需求价格弹性理论，通过降低产品价格提高其销售量。一般情况下，这种策略对下列（　　）类产品效果明显。
　　A．产品需求缺乏弹性　　　　　　　　B．产品需求富有弹性
　　C．生活必需品　　　　　　　　　　　D．名牌产品
4. 在其他情况不变的情况下，通常产品的价格上升，则该产品的市场供应量（　　）。
　　A．上升　　　　B．下降　　　　C．不变　　　　D．B 和 C
5. 以下不属于需求导向定价法的有（　　）。
　　A．成本加成定价法　　　　　　　　　B．理解价值定价法
　　C．随行就市定价法　　　　　　　　　D．追随定价法
6. 在企业定价方法中，目标利润定价法属于（　　）。
　　A．成本导向定价　　　　　　　　　　B．需求导向定价
　　C．竞争导向定价　　　　　　　　　　D．市场导向定价
7. 为鼓励顾客购买更多物品，企业给那些大量购买产品的顾客的一种减价称为（　　）。
　　A．功能折扣　　　B．数量折扣　　　C．季节折扣　　　D．现金折扣
8. 某汽车制造商给全国各地的汽车经销商一种额外的折扣，以促进他们执行配件提供、免费咨询、售后服务等更多的功能。这种折扣属于（　　）。
　　A．功能折扣　　　B．数量折扣　　　C．季节折扣　　　D．现金折扣
9. 企业把创新产品的价格定得较低，以吸引大量顾客，提高市场占有率，这种定价策略叫做（　　）。
　　A．撇脂定价　　　　　　　　　　　　B．渗透定价
　　C．认知定价　　　　　　　　　　　　D．成本加成定价
10. 中国电信规定每日 21：00—24：00 拨打国内长途电话按半价收费。这种定价策略属于（　　）。
　　A．成本加成策略　　　　　　　　　　B．差别定价策略
　　C．心理定价策略　　　　　　　　　　D．竞争导向定价策略

（三）多项选择题
1. 以下哪种价格形式属于差别定价。（　　）
　　A．公园门票对某些社会成员给予优惠
　　B．在节假日或换季时举行的"大甩卖"、"酬宾大减价"等活动
　　C．对不同花色、不同款式的商品所定的不同价格
　　D．对大量购买的顾客所给予的优惠

E．剧院里不同位置座位的票价不同
2．影响产品需求价格弹性的因素很多，在以下哪种情况下产品的需求价格弹性最小？（　　）
    A．与生活关系密切的必需品
    B．缺少替代品且竞争产品也少的产品
    C．知名度高的名牌产品
    D．与生活关系不十分密切且竞争产品多的非必需品
    E．消费者认为价格变动是产品质量变化的必然结果的产品
3．企业运用组合定价策略的好处是（　　）。
    A．容易激发消费者的购买欲望
    B．使顾客感觉产品价格低廉
    C．能促进多种产品即时成交
    D．使顾客感觉价格过高
    E．不相信企业
4．什么情况下，新产品可采取渗透定价策略？（　　）
    A．产品需求的价格弹性小
    B．生产和分销成本有可能随产量和销量的扩大而降低
    C．新产品无明显特色，且市场已被他人领先
    D．企业生产能力强
    E．新产品竞争激烈

（四）简答题

1．企业定价目标主要有哪些选择？
2．企业定价主要有哪三类方法？
3．撇脂定价策略和渗透定价策略各自适用于什么情况？
4．折扣价格策略主要有哪几种？
5．心理定价策略主要有哪几种？

单元十　分销策略

学习目标：

1. 能够描述分销渠道的含义。
2. 能识别分销渠道的层次、宽度，并能根据具体的情况进行设计。
3. 能分析影响分销渠道的因素，并设计合理的分销渠道。
4. 能描述批发商和零售商的主要类型以及特点。

引例

格力空调：离开国美，走自己的路

珠海格力集团公司是珠海市目前规模最大、实力最强的企业之一。集团拥有的"格力"、"罗西尼"两大品牌分别于 1999 年 1 月和 2004 年 2 月被国家工商总局认定为中国驰名商标。2003 年，格力集团共实现营业收入 198.42 亿元，位列中国企业 500 强第 88 名。集团下属的珠海格力电器股份有限公司是中国目前规模最大的空调生产基地，现有固定资产 7.6 亿元，拥有年产空调器 250 万台（套）的能力。经过多年的发展，格力空调已奠定了国内空调市场的领导者地位，格力品牌在消费者中享有较高的声誉。国家轻工业局、央视调查中心的统计数据表明，从 1996 年起，格力空调连续数年产销量、市场占有率均居行业第一。现在，格力空调产品覆盖全国并远销世界 100 多个国家和地区。

多年以来，格力空调一直采取的是厂家—经销商/代理商—零售商的渠道策略，并在这种渠道模式下取得了较高的市场占有率。然而，近年来一批优秀的渠道商经过多年发展，已经成长为市场上的一支非常重要的力量。其中尤以北京国美、山东三联、南京苏宁为代表的大型专业家电连锁企业的表现最为抢眼。这些超级终端浮出水面，甚至公开和制造企业"叫板"。自 2000 年以来，这些大型专业连锁企业开始在全国各大中城市攻城略地，在整个家电市场中的销量份额大幅度提高，其地位也直线上升。

2004 年 2 月，成都国美为启动淡季空调市场，在相关媒体上刊发广告，将格力两款畅销空调的价格大幅度降低，零售价原为 1 680 元的 1P 挂机降为 1 000 元，原为 3 650 元的 2P 柜机降为 2 650 元。格力认为国美电器在未经自己同意的情况下擅自降低格力空调的价格,破坏了格力空调在市场中长期稳定、统一的价格体系,导致其他众多经销商的强烈不满,并有损于其一线品牌的良好形象,因此要求国美立即停止低价销售行为。格力在交涉未果后,决定正式停止向国美供货,并要求国美电器给个说法。"格力拒供国美"事件传出,不由让人联想起2003年7月发生在南京家乐福的春兰空调大幅降价事件,二者如出一辙,都是商家擅自将厂家的产品进行"低价倾销",引起厂家的抗议。

2004年3月10日,四川格力开始将产品全线撤出成都国美6大卖场。格力表示,这是一次全国统一行动,格力在全国有20多家销售分公司,其中有5家公司与国美有合作,产品直接在国美销售,导致这次撤柜的主要原因是与国美在2004年度的空调销售政策上未能达成共识。3月11日,国美北京总部向全国分公司下达通知,要求各门店清理格力空调库存。通知称,格力的代理商模式、价格等已经不能满足国美的市场经营需求,要求国美各地分公司做好将格力空调撤场的准备。

面对国美的"封杀令",格力并没有退让。格力空调北京销售公司副总经理金杰表示:"国美不是格力的关键渠道,格力在北京有400多个专卖性质的分销点,他们才是核心。谁抛弃谁,消费者说了算。"格力空调珠海总部新闻发言人黄芳华表示,在渠道策略上,格力不会随大流。格力空调连续数年全国销量第一,渠道模式好与坏,市场是最好的检验。格力电器公司总经理董明珠接受《广州日报》记者采访时表示,格力只与国美的少数分店有合作,此事对格力空调的销售几乎没有什么影响,自己的销售方式也不会为此做出改变。对一个企业来说,对任何经销商都应该一视同仁,不能厚此薄彼。格力对不同的经销商价格都是一样的。格力在各地设立自己的销售公司主要是为了在各个区域进行市场规范管理,保持自己的品牌形象,而销售公司靠服务取得合理利润,价格一直贴近市场。格力空调去年500万台的销量就证明了这一点,因此格力不会改变这种销售方式。对于今后能否与国美继续合作,格力坚持厂商之间的合作必须建立在平等公正的基础上,违背这种合作原则只能一拍两散。

事实上,在国美、苏宁等全国性专业连锁企业势力逐渐强盛的今天,格力电器依然坚持以自身经销网点为主要销售渠道。格力是从2001年下半年才开始进入国美、苏宁等大型家电卖场中的。与一些家电企业完全或很大程度地依赖家电卖场渠道不同的是,格力只是把这些卖场当做自己的普通经销网点,对其他众多经销商一视同仁,因此对国美的供货价格也与其他经销商一样,这是格力电器在全国的推广模式,也是保障各级经销商利益的方式。以北京地区为例,格力拥有着1 200多家经销商。2003年度格力在北京的总销售额为3亿元,而通过国美等大卖场的销售额不过10%。由于零售业市场格局的变化,格力的确已经意识到原来单纯依靠自己的经销网络已经不适应市场的发展，因此从 2001 年开始进入大卖场，但格力以自有营销网络作为主体的战略并没有改变。

而在国美方面，国美电器销售中心副总经理何阳青认为，格力目前奉行的股份制区域性销售公司的"渠道模式"在经营思路以及实际操作上与国美的渠道理念是相抵触的。国美表示，格力的营销模式是通过中间商的代理，然后国美再从中间商那里购货。这种模式中间增加了一道代理商，必定会增加销售成本。格力的这种营销模式直接导致了空调销售价格的提高。同品质的空调，格力要比其他品牌贵 150 元左右，这与国美一直推行的厂家直接供货、薄利多销的大卖场模式相去甚远。国美与制造商一般是签订全国性的销售合同，而由于现在格力采取的是股份制区域性销售公司的经营模式，与格力合作时就不得不采取区域合作的方式，这与国美的经营模式也是不相符的。

（资料来源：邓丽明. 新编市场营销案例与分析. 南昌：江西高校出版社，2007.）

分销策略是整个市场营销组合策略的重要组成部分，对降低企业成本和提高企业竞争力具有重要意义。分销策略与产品策略、定价策略、促销策略一样，也是企业能否成功地将产品打入市场、扩大销售、实现企业经营目标的重要手段。企业生产出来的产品只有通过一定的市场营销渠道，才能在适当的时间及地点，以适当的价格供应给消费者，满足市场需求，实现企业的市场营销目标。

模块一　基 础 知 识

一、分销渠道

分销渠道是指某种货物和劳务从生产者向消费者移动时取得这种货物和劳务的所有权或帮助转移其所有权的所有企业和个人。分销渠道的起点是生产者，终点是消费者或用户，中间环节包括参与商品交易活动的批发商、零售商、代理商和经纪人。

分销渠道的主要作用是对产品从生产者转移到消费者的过程中所必须完成的工作加以组织，其目的在于消除产品或服务与使用者之间分离的矛盾。因此，分销渠道的作用具体包括以下方面。

1. 研究。它是指对企业制订计划和进行交换所必需的信息进行研究。
2. 促销。它是指进行关于所供应的物品的说服性沟通。

3. 接洽。它是指寻找可能的购买者并与之进行沟通。
4. 配合。它是指使所供应的物品符合购买者需要,包括分类、分等、装配、包装等活动。
5. 谈判。它是指为了转移所供物品的所有权,就其价格及有关条件达成最后协议。
6. 物流。它是指组织产品的运输、储存。
7. 融资。它是指为补偿渠道工作的成本费用而对资金的取得与支出。
8. 风险承担。它是指承担与渠道工作相关的全部风险。

按照不同的标准,分销渠道可以划分为若干类型。企业管理者必须了解分销渠道的各种类型,以便合理选择分销渠道。

二、分销渠道的层次

按照商品从生产领域转移到最终消费者或用户过程中经过的流通环节多少的不同,具体包括以下 4 个层次(见图 10-1)。

1. 零级渠道。它是指由制造商直接到消费者。
2. 一级渠道。它是指由制造商通过零售商到消费者。
3. 二级渠道。它是指由制造商—批发商—零售商—消费者,多见于消费品分销;或者是制造商—代理商—零售商—消费者,多见于消费品分销。
4. 三级渠道。它是指制造商—代理商—批发商—零售商—消费者。

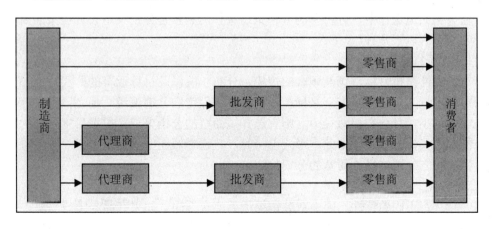

图 10-1 分销渠道的层次

三、分销渠道的宽度

（一）密集式分销

密集式分销是指生产企业同时选择较多的经销代理商销售产品。一般而言，日用品多采用这种分销形式。工业品中的一般原材料、小工具、标准件等也可用此分销形式。

（二）选择性分销

选择性分销是指在同一目标市场上，选择一个以上的中间商销售企业产品，而不是选择所有愿意经销本企业产品的所有中间商。一般来说，消费品中的选购品和特殊品、工业品中的零配件宜采用此分销形式。

（三）独家分销

独家分销是指企业在某一目标市场，在一定时间内，只选择一个中间商销售本企业的产品，双方签订合同，规定中间商不得经营竞争者的产品，制造商则只对选定的经销商供货。一般说，此分销形式适用于消费品中的家用电器、工业品中的专用机械设备，这种形式有利于双方协作，以便更好地控制市场。

四、影响分销渠道选择的因素

企业在分销渠道选择中，分析影响分销渠道选择的因素是分销渠道设计决策的前提。其主要影响因素有以下几种。

1. 目标市场特性

目标市场特性是指目标市场及顾客的规模、分布状况以及目标顾客的购买特性。当目标顾客的需求潜量大，且分布广泛又稀疏，宜选择长而宽的分销渠道；反之，当目标市场顾客的需求潜量小，且分布相对集中，则宜选择短而窄的分销渠道。根据目标顾客的购买特点，当批量购买，且购买频率低、形式单一时，宜选择短而窄的分销渠道，甚至可以考虑直接分销；反之，则选择长而宽的分销渠道。

2. 产品特性

不同产品具有不同的特性，因而对分销渠道的要求不同。如果产品易毁或易腐，则采用短渠道或直接渠道；反之，产品易储运，则采用长渠道或间接渠道。如果产品单价高，可采用短渠道或直接渠道；反之，如果产品单位价值低，则采用长而宽的分销渠道或间接分销渠道。如果是体积大而重的产品，可选择短渠道；反之，体积小而轻的产品，则可选择长渠道或间接销售。如果是技术性复杂、需要安装及维修服务的产品，可采用直接销售；

反之,标准化程度高且附加服务少的产品,则选择间接销售。

3. 企业自身的特性

企业的自身状况和控制分销渠道的要求不同,分销渠道的选择就大不相同。企业实力雄厚、信誉好,则可建立自己的分销网络,实行直接销售;反之,应选择中间商推销产品。如果企业具备丰富的经营管理销售业务的经验和能力,又有一定的营销经验,可选择直接销售渠道;反之,应采用中间商。企业为了有效地控制分销渠道,多半选择短渠道;反之,如果企业不希望控制渠道,则可选择长渠道。

4. 政府有关立法及政策规定

政府的有关立法及政策规定,如专卖制度、反垄断法、进出口规定、税收政策、价格政策等因素都影响企业对分销渠道的选择。诸如烟酒实行专卖制度时,这些企业就应当依法选择分销渠道。

5. 中间商特性

各类各家中间商实力、特点不同,诸如广告、运输、储存、信用、训练人员、送货频率方面具有不同的特点,从而影响生产企业对分销渠道的选择。按照中间商数目多少的不同,又可选择密集分销、选择分销及独家分销。

6. 竞争者状况

企业渠道的选择还会受到竞争者所使用的渠道的影响。当市场竞争不激烈时,可采用与竞争者类似的分销渠道;反之,则采用与竞争者不同的分销渠道。

五、分销渠道的设计

分销渠道设计,是指为了实现企业的营销目标而对各种备选的渠道结构进行深入的评估和选择,进而开发全新的分销渠道或对现有的分销渠道进行改进的过程。

(一)确定分销渠道目标

分销渠道设计需要达到以下 3 个方面的目标:市场覆盖率、渠道控制度以及渠道灵活性。

1. 市场覆盖率

市场覆盖率是由市场性质与企业的市场定位所决定的。市场覆盖率按照从低密度到高密度的覆盖可以分为独家分销、选择分销和密集分销三种类别。

2. 渠道控制度

渠道控制度是指企业需要保持对中间商销售行为进行控制的程度高低或大小。为了实现企业的经营目标,生产商需要经常控制中间商以促使其更加努力地销售产品或提高服务质量。

事实上，市场覆盖率与渠道控制度，在大多数情况下是一种反比关系。因此，作为生产商的企业在大多数情况下只能在一定的市场覆盖率下去追求最大的渠道控制度，或在一定的渠道控制度下去追求最大的市场覆盖率。

3. 渠道灵活性

渠道灵活性又称为渠道的可伸缩性，是指企业营销渠道结构易于变化的难易程度。渠道灵活性对于新产品的市场尤为重要。

（二）设计备选渠道方案

在确定分销渠道目标之后，下一步就可以展开备选渠道方案的设计。在分析市场因素、产品因素、企业因素以及中间商因素等主要因素后，需要确定并设计分销渠道的以下四个变量：中间商的基本类型；每一分销层次所使用的中间商数目；各中间商的特定市场营销任务；生产者与中间商的交易条件以及相互责任。

（三）评估并选择渠道方案

企业在对各备选渠道方案进行评估并比较后，需要确定一条最佳的渠道设计方案。评估的标准有三个，即经济性、控制性和适应性。经济性是最为重要的标准，既要考虑该方案能带来的最大利润，还要考虑采用这一方案所需花费的成本。使用中间商会增加控制上的问题，因此，在确定渠道方案时控制性也是一个必须考虑的标准。适应性是评估生产者是否具有适应环境变化的能力。

六、中间商类型

（一）批发商

批发商是指大批量购进并批量售出商品，通过商品购销获取商业利润的中间商。批发商通常是向生产者或其他批发商购进，其售出对象多数为零售商，也可以是生产性用户或其他批发商，还有购买数量达到一定标准的个人消费者。批发商拥有商品所有权，购销差价构成批发商的毛利。其业务活动结束后，商品仍处于流通领域中，并不直接服务于最终消费者。

1. 商人批发商

商人批发商，又称为商业批发商，是独立企业，对其所经营的商品拥有所有权。他们还可以进一步细分为完全服务批发商和有限服务批发商。

2. 经纪人和代理商

经纪人的主要作用是为买卖双方牵线搭桥，由委托方付给他们佣金。他们不存货，不卷入财务，不承担风险。多见于食品、不动产、保险和证券经纪人。

代理商有几种类型，即：制造代理商；销售代理商；采购代理商；佣金商（或称商行）。佣金商是取得商品实体所有权，并处理商品销售的代理商，一般与委托人没有长期关系。

3. 制造商和零售商的分部和营业所

一是销售分部和营业所，制造商开设自己的销售分部和营业所。销售分部备有存货，常见于木材、汽车设备和配件等行业；营业所不存货，主要用于织物和小商品行业。另一个是采购办事处，与采购经纪人和代理商的作用相似，但前者是买方组织的组成部分。

4. 代销品批发商

代销品批发商一般将批发商品放在零售商的货架上出售，同时保留对未出售商品的所有权，并定期与零售商结清已售出产品的账目。代销品批发商在商业活动中大大减少了零售商的风险，他们的业务被零售商广为接受。

5. 机动式批发商

机动式批发商一般都有一个不太大的仓库和一些运输的车辆，先将商品购进，放在仓库储存，根据订货合同或用户电话临时购货，迅速将商品运达零售商或用户处。例如，肉类、奶制品、面包等商品。一些餐馆的食品原料供应也是由机动式批发商供给的，每天晚上厨房主管只需给机动式批发商打个电话，告知所需的商品，第二天就可得到预计的商品。

6. 仓储式批发商

仓储式批发商不负责货物的运输，不提供商品信用，也不向客户传递市场与商品信息，只把商品销售给来仓库购货的客户，并当时结清账目。例如，目前的水果批发市场属于仓储式批发商。

7. 其他批发商

其他批发商有农产品集货商、散装石油厂和油站、拍卖公司等。

（二）零售商

零售商是指专门从事将商品直接销售给最终消费者的中间商。零售商的购进对象通常主要是批发商或生产者，其销售对象一般是最终消费者，处于商品流通的最终环节。

1. 专业商店

专业商店是专门经营某类或某类中几种商品的零售商。如服装商店、食品商店、钟表商店、家具商店、鞋店、文具店等。

2. 百货商店

百货商店经营的商品种类繁多，有的多达几万种、几十万种，故称百货商店。百货商店多位于闹市区，规格齐全，档次较高，管理先进，设施健全，服务优质。商品有食品、服装、五金、电器、针纺织品，以及文化和体育用品等。

> **小链接**
>
> 1852年，世界上第一家百货商店Bon Marche（廉价商店）在巴黎诞生，至第二次世界大战时，西方百货商店经历了从成长到成熟期的发展，百货商店的定位是综合化的。百货商店经营的商品几乎无所不包，你不必到布店买布，去日杂店买扫帚，去服装店买服装，去帽店买帽子……走进一家百货商店你可以买全几乎所有的日常用品，甚至那时百货商店还卖食品、糕点、咸菜等，它力求满足所有人的所有需要。
>
> （资料来源：http://www.c2cc.cn/news/tactics/yxml/2005/4/22/38390.htm）

3. 超级市场。超级市场是一种规模较大，采取自动售货、薄利多销、一次性结算的大型零售企业，一般设在郊区。超级市场突出的特点是：因为无人销售，成本低，因此价格比一般商店的商品低；购买方便，顾客一次可购买到一周所需的基本食品；有停车场；工作时间较长。

> **小链接：**
>
> 超级市场最早产生于1930年的美国纽约。1930年8月，美国人迈克尔·库仑在美国纽约州开设了第一家超级市场——金库仑联合商店。当时，美国正处在经济大危机时期，迈克尔·库仑根据他几十年食品经营经验精确设计了低价策略，它的超级市场平均毛利率只有9%，这和当时美国一般商店25%～40%的毛利率相比是令人吃惊的。为了保证售价的低廉，必须做到进货价格的低廉，只有大量进货才能压低进价，迈克尔·库仑就以连锁的方式开设分号，建立起保证大量进货的销售系统。它首创了自助式销售方式，采取一次性集中结算。第二次世界大战后，特别是20世纪50、60年代，超级市场在世界范围内得到较快的发展。在超级市场中最初经营的主要是各种食品，以后经营范围日益广泛，逐渐扩展到销售服装、家庭日用杂品、家用电器、玩具、家具以及医药用品等。超级市场一般在入口处备有手提篮或手推车供顾客使用，顾客将挑选好的商品放在篮或车里，到出口处收款台统一结算。
>
> （资料来源：http://baike.baidu.com/view/5278.htm）

4. 连锁商店

连锁商店是由4家以上的零售商店组织在一起，同受一个中心组织管理，统筹进货，商店内外装潢、商品种类以及服务方式具有同一风格的经营组织。

5. 折扣商店

折扣商店以经营家庭日用品为主，商品强调全国性品牌，保证质量，商品都明码标价,但出售时给予一定的折扣,实际售价一贯低于其他零售商店的流行价格,以薄利求多销。

6. 仓库商店

仓库商店没有任何虚设,布置简陋,服务项目很少,一般设在低租金地段,旨在降低企业费用,以低价来招徕顾客。

7. 自动售货机

自动售货机指将硬币投入售货机自动售货的零售形式。自动机售货方便了消费者购买,但销售的商品有限,价格较高。

模块二 案 例 分 析

案例一

九阳公司是如何选择经销商的

济南九阳电器有限公司是一家从事新型小家电研发、生产与销售的民营企业。该公司设立于1993年下半年,起步资金仅有数千元。1994年12月份推出产品豆浆机后,市场连年大幅度扩大,公司已发展成全国最大的家用豆浆机生产厂家,市场遍及除西藏、贵州、甘肃、新疆以外的大部分省市。虽然近年来消费品市场一直处于低迷状态,但1998年该产品市场销量仍保持了50%的增长率。这样一家品牌知名度并不高的中型企业,6年来把豆浆机从无到有,做成了一个产业,创造了每年近百万台的市场需求。虽然现在市场上有了100多家生产豆浆机的企业,但无论从产品性能还是市场营销上,他们还不能对九阳构成真正的威胁。九阳公司销售总经理许发刚说,九阳有技术优势,但与技术上的领先优势相比较,九阳在市场营销上更为成功。特别是在全国160多个地级城市的营销网络,不仅是实现销售和利润的渠道,而且是构筑自身的安全体系,锤炼企业核心竞争力的"法宝"。通过160多个地级市场的建设,九阳形成了一套寻找和管理经销商的思路。

九阳公司根据自身情况和产品特点采用了地区总经销制。以地级城市为单位,在确定目标市场后,选择一家经销商作为该地独家总经销。为达到立足长远做市场、做品牌、共同发展的目标,九阳公司对选择总经销商提出了较严格的要求。

1. 总经销商要具有对公司和产品的认同感,具有负责的态度,具有敬业精神。这是选择的首要条件。一个好的产品,不仅能给经销商创造一定的经营效益,而且能给其带来更大的市场空间和发展动力。经销商只有对企业和企业的产品产生认同,才能有与企业基本一致的对产品及市场的重视程度,才能树立起开拓市场、扩大销售的信心,将九阳的产品作为经营的主项,主动投入所需的人力、物力、财力,同时,对企业经营理念的认同,有助于经销商与企业的沟通和理解，自觉施行企业营销策略，与企业保持步调一致。这些是企业建立成功的网点和良好的合作关系的根本。九阳销售人员注意在帮助经销商分析认识企业的发展前景和产品的市场潜力，培养经销商的这种认同感方面做工作。

负责的态度是指经销商要对产品负责、对品牌负责、对市场负责，这是经销商完成销售工作的保障。唯有如此，经销商才能尽心尽力地推广产品，努力将市场做好，也才能不断提高企业网点的质量，提高企业品牌和市场美誉度。九阳公司在开发重庆市场时，曾有一家大型国有批发企业提议担任总经销，公司在对其全面考察后，认为其虽然具备较强的实力但缺乏这种负责的态度，不利于公司市场发展的需要，否决了这项提议。敬业精神是推动一个企业不断发展的重要动力，具备敬业精神的经销商能够积极主动地投入市场销售与拓展，克服销售障碍，协助企业开展各项市场活动，充分发挥能动性和创造性，通过自身的发展来带动企业销售业绩的提升及市场占有率的扩大，巩固销售网络基础，提高销售网络水平。

2. 总经销商要具备经营和市场开拓能力，具有较强的批发零售能力。这涉及经销商是否具备一定的业务联系面，分销通路是否顺畅，人员素质高低及促销能力的强弱。企业选择总经销商，就是要利用其开拓市场、扩散产品的能力。总经销商的市场营销能力直接决定着产品在该地市场能够在多大范围和程度上实现其价值，进而影响到企业的生产规模和生产速度。在一种新产品进入一个新市场时，如果经销商不具备经营及开拓的能力以打开市场空间，仅靠企业一方的努力是不足以取得成功的。同时，总经销商作为企业产品流通中的一个重要环节，不仅要能够实现一部分终端销售，掌握第一手的市场消费资料，更重要的是要具有经销产品的辐射力和批发能力，拓宽产品流通的出路。

3. 总经销商要具备一定的实力。实力是销售网点正常运营，实现企业营销模式的保证，但是要求实力并不是一味地求强求大。九阳公司在如何评价经销商实力上，采用一种辩证的标准，即只要符合九阳公司的需要，能够保证公司产品的正常经营即可，并不要求资金最多。适合的就是最好的，双方可以共同发展壮大。适用性原则扩大了选择的余地。

4. 总经销商现有经营范围与公司一致，有较好的经营场所。例如，经营家电、厨房设备的经销商，顾客购买意向集中，易于带动公司产品的销售。由于经销商直接面对顾客，经销商的形象往往代表着企业的形象和产品的形象，对顾客心理产生影响，所以对经销商的经营场所亦不能忽视。九阳公司要求总经销商设立九阳产品专卖店，由九阳公司统一制作店头标志，对维护公司及经销商的形象产生了积极的作用。

九阳公司的业务经理们对于开拓市场首先树立了3个信心。

1. 提供的是好产品，满足了消费者的生活需要，有市场需求，产品质量过硬，售后服务完善。

2. 公司的一切工作围绕市场开展，考虑了经销商的利益，拥有先进的营销模式。

3. 坚信有眼光的经销商必定会和九阳公司达成共识，进行合作。

这3个信心保证了业务经理在同经销商的谈判中积极主动，帮助经销商分析产品的优势和市场潜力，理解并认同公司的经营理念和宗旨；认识合作能带来的近期及长远利益，研究符合当地市场特征的营销方案，并且在谈判中坚持公司对经销方式的原则要求，在网点选择上不做表面文章，奠定了整个网络质量的基础。

（资料来源：市场营销学60例. http://www.iboss.cn/bbs/attachment.php?aid=1355）

思考题：
1. 你对九阳公司选择经销商的条件如何评价？为什么？
2. 九阳公司和经销商能否达到双赢的目的？为什么？

案例二

LG电子公司的渠道策略

LG电子公司从1994年开始进军中国家电业，目前其产品包括彩电、空调、洗衣机、微波炉、显示器等种类。把营销渠道作为一种重要资产来经营。通过把握渠道机会、设计和管理营销渠道拥有了一个高效率、低成本的销售系统，提高了其产品的知名度、市场占有率和竞争力。

（一）准确进行产品市场定位和选择恰当的营销渠道

LG家电产品系列、种类较齐全，其产品规格、质量主要集中在中高端。与其他国内外品牌相比，最大的优势在于其产品性价比很高，消费者能以略高于国内产品的价格购买到不逊色于国际著名品牌的产品。因此，LG将市场定位在那些既对产品性能和质量要求较高，又对价格比较敏感的客户。LG选择大型商场和家电连锁超市作为主要营销渠道。因为大型商场是我国家电产品销售的主渠道，具有客流量大、信誉度高的特点，便于扩大LG品牌的知名度。在一些市场发育程度不很高的地区，LG则投资建立一定数量的专卖店，为其在当地市场的竞争打下良好的基础。

（二）正确理解营销渠道与自身的相互要求

LG对渠道商的要求包括：渠道商要保持很高的忠诚度，不能因渠道反水而导致客户流失；渠道商要贯彻其经营理念、管理方式、工作方法和业务模式，以便彼此的沟通与互动；渠道商应该提供优质的售前、售中、售后服务，使LG品牌获得客户的认同；渠道商还应及时反馈客户对LG产品及潜在产品的需求反应，以便把握产品及市场走向。渠道商则希望 LG 制定合理的渠道政策，造就高质量、统一的渠道队伍，使自己从中获益；LG 还应提供的持续、有针对性的培训，以便及时了解产品性能和技术的最新发展；另外，渠道商还希望得到 LG 更多方面的支持，并能够依据市场需求变化，及时对其经营行为进行有效调整。

（三）为渠道商提供全方位的支持和进行有效的管理

LG 认为企业与渠道商之间是互相依存、互利互惠的合作伙伴关系，而非仅仅是商业伙伴。在相互的位置关系方面，自身居于优势地位。无论从企业实力、经营管理水平，还是对产品和整个市场的了解上，厂商都强于其渠道经销商。所以在渠道政策和具体的措施方面，LG 都给予经销商大力支持。这些支持表现在两个方面：利润分配和经营管理。在利润分配方面，LG 给予经销商非常大的收益空间，为其制定了非常合理、详细的利润反馈机制。在经营管理方面，LG 为经销商提供全面的支持，包括：信息支持、培训支持、服务支持、广告支持等。尤其具有特色的是 LG 充分利用网络对经销商提供支持。在其网站中专门设立了经销商 GLUB 频道，不仅包括 LG 全部产品的技术指示、性能特点、功能应用等方面的详尽资料，还传授一般性的企业经营管理知识和非常具体的操作方法。采用这种方式，既降低了成本又提高了效率。

然而经销商的目标是自身利润最大化，与 LG 的目标并不完全一致。因此，对渠道商进行有效的管理，提高其经济性、可控制性和适应性。渠道管理的关键在于价格政策的切实执行。为了防止不同销售区域间的窜货发生，LG 实行统一的市场价格，对渠道高进行评估时既考察销售数量更重视销售质量。同时与渠道商签订合同来明确双方的权利与义务，用制度来规范渠道商的行为。防止某些经销商为了扩大销售量、获取更多返利而低价销售，从而使经销商之间保持良性竞争和互相制衡。

（四）细化营销渠道，提高其效率

LG 依据产品的种类和特点对营销渠道进行细化，将其分为 LT 产品、空调与制冷产品、影音设备等营销渠道。这样，每个经销商所需要掌握的产品信息、市场信息范围缩小了，可以有更多的精力向深度方向发展，更好地认识产品、把握市场、了解客户，最终提高销售质量和业绩。

（资料来源：市场营销学 60 例. http://www.iboss.cn/bbs/attachment.php?aid=1355）

思考题：

1. 分析 LG 电子公司的渠道策略。
2. 分销渠道的选择应该注意哪些问题？

案例三

宝洁渠道之变

佳之兴商贸公司位于北京市东郊一座并不起眼的三层楼中，然而北京市内所有商场、超市卖出的宝洁公司的"飘柔"洗发水，每两瓶中就有一瓶出自这里。在宝洁公司近十年来不断地对中国市场的渠道结构进行调整和优化的过程中，佳之兴已经发展成为宝洁最大的分销商之一，其2003年第二季度的销售额在宝洁上百个分销商中位居第二。从佳之兴公司的发展历程中，我们似乎可以看到宝洁渠道策略跟随市场变化而不断优化的轨迹。

（一）曾经流产的"君子协定"

1988年进入中国的宝洁公司与当时的广州肥皂厂和香港和记黄埔集团成立了国内的第一家合资公司。在最初的五年时间里，宝洁选择的代理商大多是广州肥皂厂在全国各地的商业客户，这些商业客户基本上都是国营的百货批发站、供销社或工贸公司。这些传统的贸易企业在多年的计划体制中，建立了层层的商业辐射网络，自省级站、市级站、县级站一直到村级供销社。然而，这个商业网络却帮助了宝洁公司最初的业务发展，海飞丝、飘柔就是靠这个网络得以成功地推广。

随着生意的初步成功，宝洁加快了各种产品的推出步伐，并提出了全新的分销理念，强调市场工作的4P，即产品、价格、促销和货架的管理工作。而传统的商业客户经营理念落后，又很难改变原来的观念，体制僵化，加之员工积极性不高，以及长期以来形成的拖欠货款的习惯，导致虽然宝洁公司产品供不应求，但对经销商的应收账款却很多难以收回。而宝洁公司最初的销售人员大多是广州肥皂厂的业务员，销售技巧和理念存在很大的局限性。此时宝洁公司招聘的管理实习生已经得到了专业的培训并已在市场中得到了锻炼，很多人业绩相当突出。于是，宝洁公司下定决心在中国培养具有先进营销理念的、可以承担分销职能的分销商。

此时的佳之兴只是北京市供销社下面的一个家用电器销售部。1993年前后，历经了80年代末期家用电器市场从卖方到买方的转变，家电市场开始转向了大批量的批发市场。佳之兴也开始考虑对业务进行转型。此时，宝洁各地的销售经理们在全国各地发动了一场寻找分销商的竞赛活动，很多区域里，甚至设立了分销商拓展的冠军，全国下了出现了数目众多的宝洁分销商。在"两相情愿"、各有所求的契机下，佳之兴开始了与宝洁最初的合作。

据佳之兴商业有限公司副总经理牛俊英介绍：当时，整个北京市共形成了五家宝洁公司的分销商。除了现在的佳之兴，另外四家分别是一商局下属的一商美洁、日化二厂的经营部及另外两家完全由私人参股的香海和通广公司。牛俊英回忆说，之后的几年中，这五家分销商之间"打"得非常厉害。因为当时宝洁给分销商的价格都是统一的，为了争取更多的市场份额，这五家供销商之间的竞争更多的是通过特价和促销的手段来完成的，导致宝洁的市场价格相当混乱，这无疑影响了宝洁的品牌形象。据说，最混乱的时候，当时宝洁公司的北京市场销售总监召集北京的五家分销商签订了一份所谓的"君子协定"。该协定不仅为各分销商划分了固定的分销区域，而且规定，不能跨地区经销，在代理的范围内不能打价格战，等等。

在市场经济充分发展的今天，这份现在看起来颇有些滑稽的"君子协定"，在当时其实也没有发挥多大的作用。牛俊英说，这份"君子协定"没有发挥作用的原因，不仅是因为这五家的基础和体制不一样，并不在同一条起跑线上；而且，搞商业就是要进行市场竞争，这份"君子协定"并不符合市场规律。

（二）"人海战术"的发展瓶颈

在1993年至1998年期间，宝洁发展了大量的经销商，依靠传统的"人海战术"，其产品分销率得到了极大提高。这个时期宝洁推出的护舒宝、舒肤佳等新产品很快被分销到每个商店。随着宝洁公司生意的迅猛发展，各个分销商的生意日益红火起来，有的分销商的年销售额可达几千万甚至上亿元人民币。

但是大量的问题也接踵而至：当时宝洁在全国有300多家分销商，但各家生意规模都比较小，而且竞争激烈，窜货现象严重。而且，零售市场中连锁零售终端大量出现，他们希望和宝洁公司进行直接合作，这无疑挤压了分销渠道的生存空间。而最难的还是宝洁的销售经理们，他们不仅要应对各个方面的挑战、负责众多品牌的推广，而且要负责各个渠道的管理和沟通等事宜。这些都促使宝洁公司的渠道改革势在必行。

据富基公司市场总监穆建伟介绍，在传统的方式下，正常的分销成本要占销售价格的25%左右，即成本为100元的东西要卖到125元以上才能保本，这还不包括另外一些经销商和供货商之间培养感情的费用。当时宝洁分销商的"进销存"都是手工管理，开票有调拨员，库存有仓管员，出货有销售代表，应收账款有财务人员。生意的发展使许多分销商不得不增加大量此类人员，以及准备大量相应票据等，这不仅大大提高了运营费用，而且信息严重滞后。为解决这个问题，宝洁公司花了数亿美元购买了Platium公司的基于DOS系统的分销商生意管理系统（DBS），后来的自动生成电子订单并与宝洁进行实时存货互动的高效分销商补货系统（EDR），以及给分销商管理人员及时准确的报表的分销商一体化运作系统（IDS）。宝洁的目的很简单，就是希望分销商通过这些系统及时、准确地进行信息沟通，从而节约大量的时间和费用，使管理人员从琐碎的细节中解放出来，着眼于全局。

2002年，宝洁公司的年销售额为402亿美元，利润额达到了43.5亿美元。然而这个大家眼中的超重量级"大富翁"给经销商的毛利点并不是很高。牛俊英介绍说，在当时的情况下，由于宝洁分销商的生意规模小，竞争很激烈，加上宝洁给的毛利点很低，经销商的获利能力并不是很高。在这种情况下，经销商之间拼的就是规模、资金实力和内部的管理。

在牛俊英看来，分销商的利润来源只有通过两种方式提高：增加销售额和降低成本。而当时一些由于短视没有安装系统的分销商在以后的竞争中则显得力不从心。在这场经销商之间的较量中，一些没有竞争能力的经销商逐渐淡出宝洁的经销舞台。

（三）"人工合成"双赢渠道

与此同时，宝洁也开始考虑对经过了市场优胜劣汰的分销商队伍再进行一次重新的识别和定位。1999年宝洁公司从现有的300多家分销商中寻找出乐意并有实力和宝洁公司发展战略伙伴关系的100多家分销商进行重点发展，而与余下的分销商中止了合作关系。当然宝洁公司也付出了代价：当年应收账款中呆账近亿元，销售额迅速下降30%以上。但宝洁公司坚信这次改革一定会取得成功。

接下来，宝洁公司需要考虑怎样尽快实现由现有100多家分销商覆盖原来300多家分销商的区域的问题了。于是在2000年，宝洁说服了分销商去异地开办分公司。此时，由于区域扩大，许多分销商的现金流出现问题。对此，宝洁公司增加了它们的信用额度，给予了更长的信用期限，从7天延长到14天。而对自身风险的控制，宝洁公司也采取了相应的措施。宝洁公司要求所有的分销商提供固定资产抵押或第三方担保。为了更好地帮助分销商执行这些职能，宝洁公司投资了两亿多元帮助分销商购买200多辆"依维柯"，用于覆盖中型商店，200多辆面包车用于覆盖小型零售店，并配备PDA进行销售拜访。

宝洁公司减少了分销商的数目，但却通过各种方式帮助经销商获取了更高的销量和利润。2001年前后，宝洁根据经销商进货的多少和资金结算的速度重新调整了原来一成不变的价格制度和授信额度，这无疑大大促进了经销商的积极性。在宝洁采取的各种相关的激励和保护措施下，留下来的宝洁经销商的销售规模和利润都在逐年增长。如潍坊百货公司，1999年，其与宝洁的生意约为8 000万元，而现在可以达到将近1.2亿元，增长近50%。当年北京的五家宝洁分销商虽然如今只剩下了佳之兴和一商美洁两家，但是，它们的生意量和区域却在不断地扩大。如今，佳之兴的年销售额已经从90年代的上千万元发展到现在的数亿元。同时，佳之兴在北京之外的地区设立了四家分公司。

宝洁公司在采用先进的理念和信息系统巩固分销商竞争优势的同时，自己也在其中不断地获取收益。现在，佳之兴每月宝洁品牌的销售额将近1 500万元，通过IDS等先进信息系统的使用，每天库存的占有资金只需要300万元，宝洁产品的库存天数现在只有3天，资金周转率大大增加。而这在以前是难以想象的，回忆起以前的情景，牛俊英不断地感叹："太费劲了！"牛俊英说当时每天有4个人必须一刻不停地开单，但仍然存在着产品断货和滞销的情况，而且库存结构极不合理。虽然当时每个月宝洁品牌的销量只有八九百万元，但库存周期却是现在的近7倍。库存大大降低了，资金周转快了，也就意味着销售额大大增加了。而按照牛俊英的利润来自提高销售额和降低成本的说法，宝洁的经销商无疑获得了最大的发展机会。这不仅使宝洁自身受益匪浅，而且在互利互惠的商业操作中，宝洁公司和经销商之间形成的战略关系也得到了进一步的强化。

（四）"刮骨疗毒"的渠道革命

一直以来，宝洁推行的市场拉动战略是，通过大规模、密集型的广告轰炸，从市场的终端来拉动宝洁产品的销售，而宝洁的渠道一直默默无闻，很少受到关注。事实上，宝洁的渠道力量也一直未能显山露水，为宝洁产品的销售提供额外的推动力。与宝洁的品牌影响力相比较，宝洁的渠道显得非常不匹配。

宝洁有两种渠道模式：一种是直供的方式，一种是通过代理商供货。在直供方式上，宝洁采取"条条代理"的方式，直接通过向大型零售企业统一供货的方式，借助大型零售企业自有的物流配送体系来实现铺货。通过这种方式，宝洁逐步实现了在一线和二线城市的铺货。据知情人透露，宝洁公司近几年来已经逐步控制了超过一半的此类零售企业。这次敢在山东市场如此大刀阔斧地调整，直供比例的上升是宝洁的重要筹码。

对于三、四线的城乡市场和郊县市场，宝洁则依然采取代理经销方式。以往，宝洁借助的是传统的分销渠道，通过向一些地方经销商再转二批、三批的方式覆盖这类市场。宝洁公司需要向这些区域经销商配备人员，并且每年向这些经销商提供一笔不菲的"分销服务费"。此外，宝洁公司还提供了一笔分销覆盖服务费（CSF），即从中小商店的覆盖销量中拿出3%提供给分销商，作为服务费。

由宝洁一手培育起来的区域分销渠道，经过几年的市场运作，已经逐步形成了一定的市场能力并建立了自己的渠道网络。借助渠道网络的优势，宝洁的区域分销商纷纷开展多品牌经营。"做宝洁产品的利润率很低，要维持整个企业的运作，光做宝洁的产品显然非常艰难。"樊晓军透露，"这使得很多经销商纷纷代理很多其他品牌，通过代理其他品牌来增加赢利途径，缓解自身的生存压力。"

正因为如此，大部分区域经销商同时经营包括联合利华、花王、高露洁等作为宝洁竞争对手在内的多个品牌。这种行为大大地分散了分销商运作宝洁产品所需的资金、人力、仓储运输等资源。在宝洁看来，这无疑是在用宝洁的钱替竞争对手办事，按照宝洁公关经理张群翔的说法，"这是宝洁所不能容忍的"。而且，更令宝洁恼怒的是，近几年来，国内市场上的诸如联合利华以及国内二线品牌，已经开始对宝洁品牌形成夹攻趋势。由于宝洁的产品线拉得非常长，在单个细分市场上，一些二线品牌也使宝洁腹背受敌。

宝洁的利润率虽然相对较低，但对经销商而言，"做宝洁的产品却最为轻松，经销商只需要坐着数钱"。樊晓军坦言："宝洁公司和代理商之间是一种'指导'的关系，由宝洁公司在业务上全面指导，代理商不需要做太多的市场推广工作，只要执行好就行。宝洁通常都派员负责当地市场推广的执行和对渠道进行监督。"

宝洁预期，通过终端拉动，建立强大品牌力，实现消费者的高度认同，如果再配以渠道的协助，提升销量几乎没有问题。但经销商的行为没有使宝洁满意，这使得宝洁感到不满。"经销商抱怨宝洁利润低，而宝洁抱怨经销商在用自己的钱替对手办事"。

在宝洁看来，再不调整渠道，约束分销商的行为，势必对宝洁产生更大的负面影响。宝洁大中华区销售总经理聂凯文说过，虽然目前有些经销商做得不错，但仍达不到宝洁长远发展的要求。因此，2004年年底，宝洁提出了"专营专注"的渠道思路，提出经销商必须独立经营宝洁的产品、独立设置账户、独立资金运作、业务员独立办公、宝洁产品拥有独立仓库等硬性规定。宝洁希望据此确保财力、人力、物力等不能随意地被组合和占用，以及不能经营与宝洁有竞争性的品牌。

宝洁在山东等地市场的动作着实让经销商们感到措手不及，这也不符合宝洁的一贯作风。但形势如此严峻，宝洁不得不出此下策。

对于新的经销商的招募，宝洁优先选择的依然是日化类产品经销商，但宝洁提出的条件在传统日化类产品经销商看来显得非常苛刻，使得许多企业望而却步。

传统日化类经销商很难做到"专营专注"，他们本身代理了很多二线品牌，而这些二线品牌的利润相对较高；此外，宝洁合作协议"一年一签"的方式也让经销商顾虑重重："合同到期如果不续签的话对经销商的风险太大！"

而对于非日化类的经销商，比较容易满足宝洁"专营专注"的要求。在新招募的宝洁经销商中，非日化类经销企业比重有所上升。

对于新的经销商，宝洁要求拥有不低于500万元的资产抵押及不低于400万元的流动资金。对于资金方面的要求，宝洁自然也有它自身的考虑，传统分销渠道密集型的网络结构，宝洁也投入了大量人力物力，对于每一个区域经销商，宝洁都要派专门人员负责指导市场推广事务，同一个区域的分销商越多，人员和资金的投入显然也越多。招募资金实力雄厚的代理商，就可以在同一个市场上减少经销商的数量，并尽可能做到跨区域经营。这样做无疑可以节省很多管理和运营成本。

对于宝洁的这次行为，业界是非颇多。更换经销商，最受影响的无疑是三线以下宝洁直供渠道无法覆盖的城乡市场，而这类市场却是宝洁的竞争对手联合利华等二线品牌最活跃的市场。早年"润妍"被迫撤市，很大程度上就是因为在这个市场上受到多方挤压。这次宝洁经销渠道调整，无疑给了竞争对手一个乘虚而入的机会，二线品牌很可能在此期间笼络原宝洁经销商网络，拓展在城乡市场的市场份额。

而一旦宝洁顺利度过这个调整的关键时期，渠道无疑在效率上可以得到一个极大的提升。品牌战略专家李海龙在接受《成功营销》记者专访时说:"宝洁这次渠道改革的决心坚定,动作也非常大胆,结果非常难以预测。作为日化行业的领军企业,宝洁公司一方面在不断制定行业游戏规则,一方面又在不断打破行业游戏规则。"

作为日化行业的标杆企业,宝洁一直致力于不断的营销创新,虽然渠道的推动作用对于宝洁来说不如广告促销那么效果明显,但是每一次的选择和改变都是适应我国国情以及企业发展的需要而进行的。如何正确处理自身与中间商之间的关系,如何调动中间商的积极性,宝洁也做了很多尝试。前几次经过实践的检验应该说基本是成功的,而2005年的渠道大换血是否能取得预期的效果,还有待时间的检验。

(资料来源:刘源. 互联网周刊. 2004-12-19.)

思考题:
1. 简述宝洁自进入中国市场以来的渠道策略及其变革过程。
2. 针对宝洁2005年的渠道大变革,谈谈你的观点。

模块三 实训练习

实训一

【实训目的】

掌握并能够设计分销渠道的层次和宽度。

【组织方式】

学生组成以4~8人为一组的研究性学习项目小组,并确定负责人。通过网络或实地调查的方式,分析分销渠道的层次和宽度。

【实训内容】

1. 找出采用密集式分销的产品,并分析其分销渠道的层次。
2. 找出采用选择性分销的产品,并分析其分销渠道的层次。
3. 找出采用独家分销的产品,并分析其分销渠道的层次。
4. 对采用3种不同宽度分销渠道的产品进行归类,找出共性和异性。

实训二

【实训目的】

掌握影响分销渠道选择的因素,能够设计合理的分销渠道。

【组织方式】

由教师指定某一具体的产品,学生以小组为单位,分析影响该产品分销渠道选择的因素,提交一份完整的分销渠道设计方案。

【实训内容】

1. 分析影响该产品分销渠道选择的因素,如目标市场特性、产品特性、企业自身的特性、中间商特性、竞争者状况及政府有关立法和政策规定。
2. 分析分销渠道设计需要达到的目标。
3. 设计备选渠道方案。
4. 评估各备选方案,选择最合理的分销渠道方案,最终形成书面形式。

实训三

【实训目的】

掌握零售商的各种零售业态及其经营模式、特点、范围和发展趋势。

【组织方式】

学生以小组为单位,分别选择一种零售业态,利用课余时间,对市场上该零售业态进行调查、分析及总结,通过具体的数据、图片形式进行陈述,以课堂讲演形式完成。

【实训内容】

选择一种零售业态(如专业商店、百货商店、超级市场、连锁商店、折扣商店、仓库商店或自动售货机等),对其经营模式、特点、范围和发展趋势进行实地调查、分析及预测。

模块四 单元测试

(一)名词解释

分销渠道　零级渠道　密集式分销　选择性分销　独家分销　批发商

（二）单项选择题

1. 经纪人和代理商属于（　　）。
   A．批发商　　　　B．零售商　　　　C．供应商　　　　D．实体分配者
2. 当生产量大且超过了企业自销能力的许可时，其渠道策略应为（　　）。
   A．直接渠道　　　B．间接渠道　　　C．专营渠道　　　D．都不是
3. 下列情况下的哪一类产品宜采用最短的分销渠道。（　　）
   A．单价低、体积小的日常用品　　　B．处在成熟期的产品
   C．技术性强、价格昂贵的产品　　　D．生产集中、消费分散的产品
4. 市场营销渠道存在的主要原因是（　　）。
   A．缩小经济规模
   B．生产和消费之间在时间、数量、品种、地点等方面的矛盾
   C．提高中间商的利润
   D．降低销售成本
5. 当企业的产品潜在顾客多、市场范围大时，其分销渠道宜选择（　　）。
   A．长渠道　　　　B．短渠道　　　　C．窄渠道　　　　D．宽渠道
6. 在以下几种类型的零售商店中，产品线最深而长的是（　　）。
   A．百货商店　　　B．超级市场　　　C．专业商店　　　D．便利商店
7. 某种产品和服务从生产者向消费者转移过程中，取得这种产品和服务的所有权或帮助所有权转移的所有企业和个人，被称为（　　）。
   A．营销渠道　　　B．中间商　　　　C．分销渠道　　　D．中介机构
8. 分销渠道的每个层次使用同种类型中间商数目的多少，被称为分销渠道的（　　）。
   A．宽度　　　　　B．长度　　　　　C．深度　　　　　D．关联度
9. 消费品分销渠道与工业品分销渠道的显著区别是，后者一般不通过（　　）销售。
   A．批发商　　　　B．零售商　　　　C．代理商　　　　D．个体商人
10. 生产香皂和洗衣的企业最适合采取的分销策略是（　　）。
    A．选择分销策略　　　　　　　　　B．独家分销策略
    C．人员推销策略　　　　　　　　　D．密集分销策略

（三）多项选择题

1. 短渠道的好处是（　　）。
   A．产品上市速度快　　　　　　　　B．节省流通费用
   C．市场信息反馈快　　　　　　　　D．产品市场渗透能力强、覆盖面广
   E．有利于杜绝假冒伪劣

2. 下列哪种情况适宜采取普遍性销售策略？（　　）
   A．产品潜在的消费者或用户分布面广
   B．企业生产量大、营销能力强
   C．产品技术性强
   D．产品体积大
   E．产品易腐易损，需求时效性强
3. 具备下列哪些条件时，企业可选择直接式渠道？（　　）
   A．市场集中
   B．消费者或用户一次需求批量大
   C．中间商实力强、信誉高
   D．产品易腐易损，需求时效性强
   E．产品技术性强
4. 批发商主要有哪些类型？（　　）
   A．商人批发商　　　　B．经销商　　　　C．制造商销售办事处
   D．经纪人或代理商　　E．仓储商店
5. 渠道的交替方案主要涉及（　　）
   A．中间商类型　　　　B．中间商数目　　C．产品性质
   D．顾客的偏好　　　　E．渠道成员的特定任务

（四）简答题

1. 消费品分销渠道结构主要有哪几种？
2. 分销渠道的设计大致包括哪几个步骤？
3. 简述批发商的特点和职能。
4. 概述零售商的种类。

单元十一　促销策略

学习目标：

1. 能解释促销和促销组合。
2. 能够运用各种广告策略，并能选择合理的广告媒体。
3. 能灵活应用人员推销策略，培养推销人员应有的素质，掌握推销技巧。
4. 能够概括营业推广的实施步骤，能运用营业推广的各种方式。
5. 能说出公共关系的实施步骤，运用公共关系的各种方法。

引例

"大堡礁招聘"——世界上最成功的旅游营销推广

从 2009 年年初开始，澳大利亚昆士兰州旅游局面向全球招聘大堡礁看护员。招聘广告内容有：该职位工作时间为半年（2009 年 7 月 1 日至 12 月 31 日）；工作内容是清洁鱼池喂鱼、收发信件、每周发表文章及上传照片、影片、不定期接受媒体采访、巡游大堡礁水域内其他岛屿等；职位薪酬为 15 万澳元/半年；其他待遇还有提供豪华住宿、来回工作地及申请人居住城市的机票、合约期间内的保险、工作期间往来大堡礁水域其他群岛的交通等费用；申请条件要求年满 18 周岁，英语沟通能力良好，热爱大自然，会游泳，勇于冒险尝试新事物。申请人需上网填妥申请表，上传自制 60 秒英文短片，说明自己是该工作最适合人选的理由。

5 月 6 日，在经过最后的面试后，这份被称为"世上最好工作"由英国义工本·绍索尔获得。据估计，这项活动投入 170 万美元，已给旅游局带来超过 1.1 亿美元的公关价值。绍索尔现年 34 岁，来自英国汉普郡。绍索尔自称"疯狂的英国人"，用"喜欢冒险、疯狂、精力充沛"形容自己。蹦极、参加马拉松、徒步穿越非洲、骑鸵鸟、亲吻长颈鹿……在绍索尔报名的 1 分钟视频中就可以看出他对冒险运动的热爱。

大堡礁招聘护岛员耗时半年，从全球 3 万人中进行"海选"，澳大利亚昆士兰州旅游局如此"兴师动众"，醉翁之意不在"聘"。最大的赢家是这次招聘活动的主办方昆士兰州旅游局。他们以 170 万美元的低成本，却收获价值 1.1 亿美元的全球宣传效应，全球媒体被牵着鼻子走，使得他们成功进行了一次超值的旅游营销。

最近几个月，大堡礁招聘事件占据着中外报纸和电视新闻的重要位置，标题千篇一律都是"世界最好工作"。而且由于有几名中国的求职者杀入最后面试环节，我们的媒体也争先恐后地报道了该事件，给大堡礁作了大量的免费广告。这次"世界最好工作"招聘活动本身，因新颖创意和眼球效应将成为世界上最成功旅游推广案例之一。这次旅游营销推广活动有以下特点。

1. 活动目的明确。这是昆士兰州旅游局的一次别具心裁的市场战略，旨在提升大堡礁群岛在国际上的知名度，但候选者必须得经历一次真实的招聘过程。此前没有任何人如此做过，这样做的目的在于通过探索者展示昆士兰独一无二的岛屿经历，向世界游客提供一些与众不同的东西。由于当地旅游受金融危机冲击，旅客量大减。于是，通过这样一个精心策划的活动来推广其旅游产业并创收成为最直接的目的。

2. 金融危机下的诱人饭碗。金融危机下，很多企业裁员、减薪，能有机会获得一份"世界上最好的工作"不啻是天降甘露了。昆士兰州旅游局今年1月开始了"世界上最好的工作"大堡礁护岛人海选活动。在澳大利亚，年薪5万—6万澳元算是中产阶级，因为金融危机，很多澳大利亚人现在不是全职工作，而是同时拥有几份按小时计工资的兼职。因此，半年薪水15万澳元，在全球的人看来也很高，算是"金领"，有点类似国内百万年薪招聘高管。"不要说现在是经济衰退期，就算在经济形势好的时候，在这则极具诱惑力的招聘广告下，有多少人能不动心？"岛主"一职不仅待遇佳，工作内容也颇好——旅游、工作相结合，既可赚钱，又能领略大堡礁风光。

在金融危机、工作难找的现状下，这份"一边度假一边赚大钱"的工作2009年1月9日全球公开招聘以来，共吸引了200多个国家几万人应聘。目前已有数百名中国应聘者，他们来自我国各地，且多为旅游爱好者。北京时间3日上午8时左右，昆士兰州旅游局公布了50位初选候选者名单。分管中国区域的局长Banki说，他们是从34684个申请者里筛选出来的，分别来自22个国家和地区，其中包括3位中国候选者(中国内地2人，台湾地区1人)。接下来，昆士兰州旅游局将从这50位初选者里再筛选出更合适的人选，共计11人，将在4月2日公布名单。主办方挑选其中的10人，另外1个被称作"外卡候选人"的，将通过网络投票选出，也就是说这位幸运儿当属人气选手。11位候选人在5月3日飞赴澳大利亚昆士兰参加面试以及其他考核，比如心理测试、英文书写能力和健康检查等，还有机会亲自体验大堡礁岛上的生活。5月6日，长达4个多月的全球选拔活动结束，全世界上班族最嫉妒的那个人也将产生；而昆士兰州也在中国的牛年里为地方旅游做了最牛的"广告"。

3. 吸引广泛的参与。此类高薪厚职的"美差"，应聘条件理应十分苛刻，然而，此次"岛主"申请条件却较为简单。宽进严出，谁都可以申请谁都没有把握。比半年薪水 15 万元高的招聘可能有很多，但能实现全球轰动的招聘则很少。昆士兰州"世界上最好的工作"海选如此瞩目，很大程度上是因为它的申请低门槛与胜出高门槛。昆士兰州旅游局说，申请"世界上最好的工作"没有学历要求，没有太多年龄限制（需满 18 周岁），工作简单，比如"喂鱼、照看鲸以及可从空中俯览美景的航空邮递"。旅游局首席执行官海斯甚至说："这是一个面向任何人的工作。"在海选活动的官方网站上，共有英语、日语、韩语、中文（简体和繁体）和德语 5 个版本。这一方面为网上申请提供了便利，另一方面也达到了更广泛的宣传效果。然而，在甄选申请者时，主办方设置了高门槛："拥有良好的游泳技巧和英语口语、写作能力，富有探险精神，乐于尝试新鲜事物，热爱大自然以及潜水等等。"尽管"世界上最理想工作"听起来像是精心策划的市场策略和公关手段，但它确实是一份真实的工作，你无法质疑其动机。

4. 巧借网络。互联网被一次又一次利用。此次海选活动的一个规则是："申请者必须制作一个英文求职视频，介绍自己为何是该职位的最佳人选，内容不可多于 60 秒，并将视频和一份需简单填写的申请表上传至活动官方网站。"在活动官方网站上，绝大多数申请者都借助世界著名视频网站 YouTube，来提交自己的英文求职视频。有很多人通过 YouTube 网站进而关注这次活动，而这正达到了主办方想要的宣传效果。目前已经开始的网络投票决出"外卡选手"环节，入选 50 强的选手会不断拉票，而关注活动的人会为心仪选手投票，还有人会持续关注包括投票在内的活动进展，昆士兰州旅游局又一次巧借网络，实现它的宣传目的。

5. 精心的准备。据昆士兰州旅游局公关项目经理 Nicole 女士说："这是一项旅游营销活动，我们筹划了 3 年，经费预算总计 170 万澳元(约合 735 万元人民币)，其中包括了护岛人 15 万澳元的薪水。"昆士兰州旅游局首席执行官安东尼·海斯说："我们一向以开辟市场战略闻名，最好的工作海选是我们第一次真正意义上的全球活动。全世界对海选活动高度关注，为全球旅游市场营销开拓了一个全新领域。"海斯还说，这是一次别出心裁的市场战略，旨在提升大堡礁群岛在国际上的知名度，但候选者必须经历真实的招聘过程。昆士兰州旅游局上海办事处接受快报采访时也承认，这次海选是一次公关活动，目的是促进昆士兰州旅游业。

澳大利亚昆士兰州旅游局主办的"世界上最好的工作"海选活动，表面看，赢家是最终入选、半年薪水高达 65 万元人民币的大堡礁护岛人，实际上，最大赢家是昆士兰旅游局。从今年 1 月 9 日"世界上最好的工作"接受申请开始，至今已轰动了全球。

（资料来源：http://www.soochina.cn/Sale/27083.html）

促销策略 单元十一

企业在提供令消费者满意的产品、制定适当的价格、选择合适的分销渠道之后，还需要采取适当的方式进行促销。促销策略是市场营销组合策略中不容忽视的环节，选择正确的促销策略并合理运用，能够增强企业的市场竞争力，确保获取更大的经济效益。

模块一 基础知识

一、促销和促销组合

促销是指企业通过人员和非人员的方式，沟通企业与消费者之间的信息，引发、刺激消费者的欲望和兴趣，使其产生购买行为的活动。促销的核心是沟通信息。

企业将合适的产品，在适当地点、以适当的价格出售的信息传递到目标市场，一般通过两种方式：一是人员推销，即推销员和顾客面对面地进行推销；另一种是非人员推销，即通过大众传播媒介在同一时间向大量顾客传递信息，主要包括广告、营业推广和公共关系等多种方式。这两种推销方式各有利弊，起着相互补充的作用。此外，目录、通告、赠品、店标、陈列、示范、展销等也都属于促销策略范围。一个好的促销策略，往往能起到多方面作用，如提供信息情况，及时引导采购；激发购买欲望，扩大产品需求；突出产品特点，建立产品形象；维持市场份额，巩固市场地位等。

促销组合是企业根据产品的特点和营销目标，综合各种影响因素，对各种促销方式的选择、编配和运用。促销组合主要包括广告策略、人员推销策略、营业推广策略和公共关系策略。促销组合体现了现代市场营销理论的核心思想，是一种系统化的整体策略，四种基本促销方式则构成了这一整体策略的四个子系统。每个子系统都包括了一些可变因素，即具体的促销手段或工具，某一因素的改变意味着组合关系的变化，也就意味着一个新的促销策略。

二、广告策略

广告，从字面上理解是"广而告之"，英文原意为"注意"、"诱导"。广告是指由法人、公民和其他经济组织以公开的支付费用的方法，为推销商品、服务或观念，通过各种媒介和形式向公众发布的有关信息。广告策略是指广告策划者在广告信息传播过程中，为实现广告战略目标所采取的对策和应用的方法、手段。

（一）广告的作用

1. 从市场看，广告是传播市场商品信息的主要工具。

2．从企业层看，广告是企业竞争的有力武器。

3．从消费层看，广告可以引导消费，刺激消费，甚至创造需求。

4．广告还起着美化环境、教育人们的作用。

（二）广告媒体的选择

1．报纸广告

报纸作为一种印刷媒介，是以刊登新闻为主的、面向公众发行的定期出版物。报纸广告的优势有：传播面广；传播迅速；具有新闻性，阅读率较高；文字表现力强；便于保存和查找；传播费用较低。其局限性在于：时效性短；传播信息易被读者忽略；理解能力受限；色泽较差，缺乏动感。

2．杂志广告

杂志也是一种印刷媒介，它是定期或不定期成册连续出版的印刷品。杂志广告的优势有：时效性长，便于长期保存；内容专业性较强，针对性强；印刷精美，表现力强。其局限性在于：出版周期长，不利于快速传播；理解能力受限。

3．广播广告

广播广告是指利用无线电或有线广播为媒体播送传导的广告。广播广告的优势有：传播面广；传播迅速；广告制作费低。其局限性在于：只有听觉刺激，信息的储存性差，难以查询和记录；被动接受，选择性差。

4．电视广告

电视广告是指以电视为媒体传播放映的广告。电视广告可以说是目前所有广告媒体中最重要的媒介，虽然起步较晚，但发展迅速。电视广告的优势有：形声兼备，传达效果好；纪实性强，有现场感；传播迅速，影响面大；多种功能，娱乐性强；带有强制性。其局限性在于：信息储存性差，难以记录和查询；广告制作成本较高。

5．网络广告

网络广告是一种新兴的广告媒体形式，具有与传统的大众媒介和其他电子媒体不同的传播特征。网络广告的优势有：范围广泛；超越时空；高度开放；双向互动；个性化；多媒体，超文本；低成本。其局限性在于：网络人口相对较少；网民对网络广告的反感增加；广告位置有限；广告受众情况难以调查统计。

6．户外广告

户外广告与我们的经济与社会生活密切相关，它从一个侧面代表着一个国家经济发展与社会文明的水平。常见的户外广告大致有如下几种形式：路牌广告；电动或电子户外广告；灯箱广告；交通广告；海报与招贴；运动场地广告；节日广告；墙体广告等。

另外，由于科学技术的飞速发展以及现代人思维方式的拓展，户外广告在其表现形式上也有许多重大的突破。

7. POP 广告

POP 广告是英文 Point of Purchasing Advertising 的缩写，是指在商品进行销售和购买活动的场所所做的广告。POP 广告分为室内 POP 广告和室外 POP 广告两种。其中，室内 POP 广告指商店内部的各种广告，如柜台广告、货架陈列广告、模特儿广告、圆柱广告、空中悬转的广告、室内电子广告和灯箱广告等；室外 POP 广告是售货场所门前和周围的 POP 广告，包括门面装饰、商店招牌、橱窗布置、商品陈列、传单广告、活人广告、招贴画广告，以及广告牌、霓虹灯、灯箱和电子显示广告等。

三、人员推销策略

人员推销，是人类最古老的促销方式，是指企业通过派出推销人员与中间商、消费者或潜在的消费者进行直接的宣传介绍活动，用以推销商品，使中间商或消费者产生购买行为，促进和扩大销售的方式。

（一）推销人员的工作任务

1．探寻市场

探寻市场即推销人员应该寻求机会，发现潜在顾客，创造需求，开拓新的市场。

2．传递信息

传递信息即推销人员要及时向消费者传递产品和劳务信息，为消费者提供购买决策的参考资料。

3．销售产品。

4．收集情报

收集情报即推销人员在推销过程中还要收集情报，反馈信息。

5．开展售前、售中、售后服务。

（二）推销人员的工作步骤

一般来说，推销员推销商品包括这样几个步骤：寻找顾客；顾客资格审查；接近准备；约见；面谈；成交。

1．寻找顾客

寻找顾客有很多种方法，如地毯式访问法、连锁介绍法、中心开花法、个人观察法、广告开拓法、市场咨询法、资料查阅法等。

2．顾客资格审查

由于在对顾客进行资格审查时，着眼点不一样，结果就不一样，影响到公司的营销策略也就不一样。

3．约见

约见是推销人员事先征得顾客同意而接见的行动过程。

4．接近

主要的接近方法包括产品接近法、利益接近法、问题接近法及馈赠接近法等。

5．面谈

面谈是整个推销过程的关键性环节，可以排除消费者购买异议。如需求异议、财力异议、权力异议、产品异议及价格异议等。

小链接：

在每位顾客的背后，都站着大约250个人，这是与他关系比较亲近的人：同事、邻居、亲戚、朋友。如果一个推销员在年初的一个星期里见到50个人，其中只要有两位顾客对他的态度感到不愉快，到了年底，由于连锁影响，就可能有500个人不愿意和这位推销员打交道，他们知道一件事：不要跟这位推销员做生意。这就是乔·吉拉德的250定律。

（资料来源：http://baike.baidu.com/view/40987.htm）

（三）人员推销的策略

1．试探性策略

试探性策略亦称刺激—反应策略。这种策略就是在不了解客户需要的情况下，事先准备好要说的话，对客户进行试探。同时密切注意对方的反应，然后根据反应进行说明或宣传。

2．针对性策略

针对性策略亦称配合—成交策略。这种策略的特点，是事先基本了解客户的某些方面的需要，然后有针对性地进行"说服"，当讲到"点子"上引起客户共鸣时，就有可能促成交易。

3．诱导性策略

诱导性策略也称诱发—满足策略。这是一种创造性推销，即首先设法引起客户需要，再说明我所推销的这种服务产品能较好地满足这种需要。这种策略要求推销人员有较高的推销技术，在"不知不觉"中成交。

四、营业推广策略

营业推广又称销售促进，是指不同于人员推销、广告和公共关系的销售活动。它旨在激发消费者购买和促进经销商的效率,诸如陈列、展出与展览表演和许多非常规的、非经常性的销售尝试。

(一)营业推广的实施步骤

一个公司在运用营业推广时,必须经过确定目标、选择工具、制订方案、方案试验、实施和控制方案及评价结果的过程。

1. 确定营业推广目标

营业推广目标的确定,就是要明确推广的对象是谁,要达到的目的是什么。只有知道推广的对象是谁,才能有针对性地制订具体的推广方案。

2. 选择营业推广工具

营业推广的方式方法很多,选择合适的推广工具是取得营业推广效果的关键因素。因此,企业一般要根据目标对象的接受习惯和产品特点、目标市场状况等来综合分析选择推广工具。

3. 制订营业推广方案

营业推广方案应该包括这样几项内容:诱因的大小、参加者的条件、营业推广措施的分配途径、营业推广时间及营业推广的总预算。

4. 方案试验

营业推广方案制订好以后,应通过试验确认所选用的工具是否适当,诱因规模是否最佳,实施的途径效率如何。如果经试验认为合适,则可将所定方案正式实施。

5. 实施和控制营业推广方案

营业推广方案的实施是指企业制订实施方案的计划,以及按照计划完成企业的营业推广任务。对于营业推广方案的控制,主要是对方案实施的各个环节加以控制,并对实施过程中出现的各种问题及时进行调整,以保证实现预期的效果。

6. 评价营业推广结果

营业推广效果好坏的评估,对整个市场营销战略的实施具有重要意义,它可以为今后的市场营销活动提供依据。最普遍的一种方法是把推广前、推广中和推广后的销售进行比较。

(二)营业推广的方式

针对消费者的营业推广方式主要有以下几种。

1. 赠送

赠送是指向消费者赠送样品或试用装。赠送样品是介绍新产品最有效的方法,可以挨户赠送,在商店或闹市区散发,在其他商品中附送,也可以公开广告赠送,但是费用也是相对最高的。

2. 优惠券

优惠券是指给持有人一个证明，证明他在购买某种商品时可以免付一定金额的钱。一般来说，优惠券必须提供15%～20%的价格减让才有效果。

3. 廉价包装

廉价包装是指在商品包装或招贴上注明，比通常包装减价若干。它可以是一种商品单装，也可以把几件商品包装在一起。

4. 奖励

奖励是指可以凭奖励券买一种低价出售的商品，或者凭券免费以示鼓励，或者凭券买某种商品时给一定优惠。各种摸奖抽奖也属此类。

5. 交易印花

交易印花是指消费者购买某一种商品时，企业根据其购买额送予一定数量的印花。当消费者手中的印花累计到一定的数量时，可以到指定地点换取现金或实物。这种方法可以吸引顾客长期购买本企业的产品。

6. 现场演示

现场演示是指企业派促销员将自己的产品在销售现场当场进行使用示范表演，把产品的特点、用途和使用方法介绍给消费者。

7. 联合促销

联合促销是指两个或两个以上的品牌或公司在优惠券、付现金折款和竞赛中进行合作，以扩大它们的影响力。

针对中间商的营业推广方式主要有以下几种。

1. 批发回扣

批发回扣是指企业为争取批发商或零售商多购进自己的产品，在某一时期内给经销本企业产品的批发商或零售商加大回扣比例。

2. 推广津贴

推广津贴是指企业为促使中间商购进企业产品并帮助企业推销产品，可以支付给中间商一定的推广津贴。

3. 销售竞赛

销售竞赛是指根据各个中间商销售本企业产品的实绩，分别给优胜者以不同的奖励，如现金奖、实物奖、免费旅游、度假奖等，以起到激励的作用。

4. 代销

代销是指企业的任何商品都可以代销，其中对新产品，进行市场渗透的产品、企业滞销的产品开展代销业务对企业利益最大。

5．业务会议

业务会议是指每年在销售旺季来临之前，举行多方参加的购销业务会议，在短期内集中订货，促成大量交易。

针对推销人员的营业推广方式主要有以下几种。

1．销售竞赛

销售竞赛是指在推销人员中发动销售竞赛，对推销产品有功的人员或销售额领先的推销员给予奖励，用以鼓励推销员，调动推销员的积极性。

2．免费提供人员培训和技术指导

五、公共关系策略

公共关系，是指某一组织为改善与社会公众的关系，促进公众对组织的认识、理解及支持，达到树立良好组织形象、促进商品销售的目的的一系列促销活动。作为促销组合的一部分，公共关系的含义是指这种管理职能：评估社会公众的态度，确认与公众利益相符合的个人或组织的政策与程序，拟订并执行各种行动方案，以争取社会公众的理解与接受。

（一）公共关系的实施步骤

1．调查研究

企业通过调研，一方面了解企业实施政策的有关公众的意见和反应，反馈给高层管理者，促使企业决策有的放矢；另一方面，将企业领导者意图及企业决策传递给公众，使公众加强对企业的认识。

2．确定目标

企业公关的目标是促使公众了解企业形象，改变公众对企业的态度。具体地说，公关目标是通过企业传播信息，转变公众态度，即唤起企业需求。

3．交流信息

交流信息是指企业通过大众传播媒体及交流信息的方式传播信息。可见，公关过程就是信息交流过程。

4．评估公共关系结果

评价的指标可以包括以下几点。

（1）曝光频率。衡量公共关系效果最简易的方法是计算出现在媒体上的曝光次数。企业同时希望报上有字，广播有声，电视有影。

（2）反响。分析由公共关系活动而引起公众对产品的知名度、理解、态度方面的变化，调查这些变动前后的变化水平。

（3）如统计方便，销售额和利润的影响是最令人满意的一种衡量方法。

（二）公共关系的主要方法

1. 媒体宣传

媒体宣传是指通过报纸、杂志、广播和电视等新闻传播工具，以通讯、报道、新闻、特写、专写、专访等形式，向社会传播企业的有关信息，以形成有利的社会舆论，提高并推广企业形象或产品形象。因此，企业应该努力制造新闻点，争取新闻媒介的主动报道，吸引公众注意，达到促销目的。

2. 咨询调研

企业通过设立资讯台、咨询热线电话以及公共场所的免费咨询服务等咨询调查来了解公众对企业生产、经营、产品质量、价格、销售等方面的建议和意见，并及时把改进的情况告诉公众，保持企业与公众之间的良好沟通。

3. 专题活动

企业通过举办新闻发布会、展销会、看样订货会、博览会等各种社会活动，向公众市场教育、推介企业的产品，介绍相关知识，以此获得公众的了解和支持，提高他们对企业产品的兴趣和信心。如企业遇到较重大事件或纪念日，就要策划组织新闻发布会、新产品发布会、成立若干周年纪念日、各种庆祝会等，并邀请新闻记者来采访，把企业的重大信息传播到社会各界。

4. 赞助活动

作为社会中的一员，企业有义务在正常的范围内支持社会的各项公益活动，如节日庆典、基金捐款、救灾赈灾、支持社会福利事业等。这些活动往往为万众瞩目，各种新闻媒介会进行宣传报道，有利于树立企业为社会服务的形象。

小链接：

海尔创业 23 年以来，在"真诚到永远"的理念指导下，一贯积极投身于社会公益事业，用真情回报社会，以海的品格年复一年地为社会默默地奉献。

1993 年开始海尔投资制作了 212 集的动画片《海尔兄弟》；1994 年海尔开始投资参加希望工程；1998 年海尔投资建成海尔科技馆，现已成为全国青少年科普教育基地；2002 年开始赞助"中国少年儿童海尔科技奖"、"海尔之星——我是奥运小主人"等活动。海尔集团先后被云南团省委、青岛团市委、希望办授予"希望工程贡献奖"和"社会的海尔"等奖项。2002 年 9 月 6 日，世界性慈善组织国际联合劝募协会向海尔集团首席执行官张瑞敏授予"全球杰出企业领袖奖"和"最佳捐赠者奖"两项大奖。2004 年 1 月，中国青少年发展基金会授予海尔集团国内企业唯一一块"希望工程特殊贡献奖"牌匾。2005 年 1 月海尔集团首席执行官张瑞敏当选"爱心中国"——首届中国最具影响力慈善人物。2006 年 6

月16日，在由中国公益事业联合会、中国爱心工程主办的"中国公益事业十大功勋人物"评选活动中，海尔集团首席执行官张瑞敏荣获"中国公益事业十大功勋人物"称号，海尔集团荣获"中国公益事业十大贡献集体"称号，是唯一一个荣获个人和集体荣誉称号的单位。据不完全统计，至今海尔集团用于社会教育事业、对口支援帮扶、扶贫救灾助残的捐款、捐物等共计5亿多元。

（资料来源：http://baike.baidu.com/view/4949.htm#8）

5．事件营销

企业可以通过策划、组织和利用一些能够提升企业知名度和美誉度的事件，引起媒体、社会团体和消费者的兴趣与关注，树立良好品牌形象，并最终促成产品或服务的销售目的的手段和方式。

小链接：

2003年3月21日（美伊战争的第二天）以前，对大多数消费者来说，看到或听到"统一"这一品牌，很多人总是联想到来自台湾的统一方便面。而在3月21日以后，这种情形得到了很大的改变。因为就在那一天，统一润滑油的广告巧妙地借用战争话题，以"多一些润滑，少一些摩擦"的创意，非常贴切地迎合了中国观众对和平的期待，给人们留下了深刻的印象。3月21日上午10时，距伊拉克战争爆发不到24小时，"多一些润滑，少一些摩擦"的广告版第一次与全国观众见面，在战争报道中开始有了来自统一润滑油呼唤和平的声音。伴随广告，其内容也形成了新闻，引起媒体的广泛报道。据统计，统一润滑油在2003年3月的出货量比去年同期增加了100%，而且当月销售额历史性地突破了亿元大关。

（资料来源：http://www.globrand.com/2009/217272.shtml）

6．编写案例

企业可以将自身成功的营销案例或先进的营销观念形成文字，发表于报纸、杂志、网络，甚至可以与高校合作编入教材，以提高企业和产品的品牌形象。

7．危机公关

企业处于变幻莫测的商业环境中，时刻面临着不可预知的风险。如果能够进行有效的危机公关，那么这些危机事件非但不会危害企业，反而会带来意想不到的广告效果。一般说来，企业面临的危机主要来自两个方面：社会危机和企业自身的危机。

当社会发生重大危机时，企业可以通过对公益的支持来树立良好的社会形象。

小链接：

在2003年"SARS"横行之前，"威露士"在中国市场的销售一直是不温不火，毕竟一个注重家庭卫生和安全的时代还未完全到来。而在"SARS"事件之中，"威露士"果断采取的一系列"非典"营销实验迅速奠定了其在消毒市场的霸主地位，并狠狠提升了一把品牌的美誉度。威露士的"非典"营销实验共分3个阶段。

第一阶段（2月10日至13日）。2月10日，以生产消毒药水著名的外商独资企业莱曼赫斯公司中国公司营销人员通过各方面的信息收集敏锐地预见到"非典"商机，迅速成立了专门应急的小组，并于2月11日在广州几大主流报媒推出平面广告"预防流行性疾病，用威露士消毒药水"，从而拉开了消毒市场的第一轮战役。

第二阶段（2月11日至17日）。2月11日广州市政府召开了新闻发布会，呼吁广大市民："注意手的清洁和消毒……"新闻发布会上午召开，威露士下午就将原定于2月12日在《南方都市报》投放的消毒药水广告改为"防止病从手入，请用威露士洗手液"。值得称道的是，这个广告刚好和市政府召开新闻发布会的报道同日而出，从而增加了广告的可信度。

第三阶段（2月17日至2月26日）。威露士一举将原来强调功能和品牌的广告诉求改为公益广告——"巩固健康生活请用威露士"，博得公众好感；同时推出新广告词"专业化、更出色，家庭消毒选威露士"，将自身品牌诉求更快地圈定在家庭消毒这一领域。

当众多洗手液广告纷纷出现时，威露士又先发制人，率先与《南方都市报》合作，借助后者的影响力和订户网络，向广深地区无偿捐赠37吨价值100万元的消毒洗手液。这是当时继"非典"事件出现以来第一个率先大规模捐物的品牌，亦引起媒体的高度关注。

（资料来源：http://www.emkt.com.cn/article/103/10394-3.html）

当企业面临自身的危机时，必须及时采取一系列自救行动，以消除影响，恢复形象。企业在面对这类危机时，应采取诚实的态度面对媒体和公众，让公众知道真实的情况。这样才能挽回企业的信誉，将企业损失降至最低，甚至化被动为主动，借势造势进一步宣传和塑造企业形象，将有害的"危"转化为营销的"机"。

小链接：

2008年4月7日，北京奥运会圣火在巴黎的传递遭到"藏独"分子的破坏，网友遂发起抵制法国企业的号召。之后有消息称，由于路易威登-莫特轩尼诗集团(LVMH)涉嫌曾予以"藏独"资金支持，而该集团刚刚成为家乐福的最大股东，因此家乐福一时间成为千夫所指，遭到网友的广泛抵制。

> 随后，法国家乐福集团总裁迪朗22日在接受中国媒体联合采访时表示，家乐福不愿在政治中扮演任何角色。迪朗也坚决否认了家乐福是记者无国界组织合作伙伴的传闻。但是他的声明并没有得到广大中国网民的认可。同时，还有消息传出，家乐福要在"五一"期间展开降价促销活动。事态进一步扩大，最终演变为中法政府的对话。此时，正值"5·12"汶川大地震，家乐福国际基金会当晚宣布，向中国受灾地区捐赠人民币200万元。当然他们也在新闻稿中注明了曾在今年1月中国南方遭受灾害时捐赠人民币200万元，由此表示家乐福的捐赠并不是针对危机的公关行为。
>
> （资料来源：http://www.cpp1.cn/News/2008-9/11/72146.htm）

8．内部公关

企业可以通过宣传橱窗、刊物、广播电台、闭路电视、各种展览/联谊活动、公司领导接待专线电话、统一的服饰徽章、公司的标志图案、公司内部的升旗仪式等形式展开企业内部的公关活动，以增强企业内部员工凝聚力。

模块二 案例分析

案例一

奥迪轿车的中国攻略

在世界高档豪华车市场上，宝马、奔驰都是奥迪最强劲的竞争对手，中国市场上亦是如此。同时，凯迪拉克、沃尔沃、丰田等品牌也在悄悄跟进，争分高档车市场的一杯羹。根据资料统计，截至2003年10月，奥迪取得年度销售4.8万辆的好成绩，奥迪已成为中国高档豪华车市场的绝对霸主，尽管奥迪采取高价位策略。当然这与奥迪"先入为主"、"本土生产"等诸多优势有关，然而更离不开奥迪全球理念下的整合营销策略。那么，奥迪轿车是如何成功博弈中国市场的呢？

（一）广告行销：传播主阵地

奥迪中国总部负责奥迪品牌形象传播事业，包括围绕品牌而开展的品牌塑造、品牌传播、公关企划等作业，这样保证一汽—大众的A4、A6与"进口"A8在品牌方面保持良好的统一性，而产品广告由一汽—大众负责，但共同拥有一个完善的整合营销传播计划，保持良好合作关系。

1. 广告传播主线化

广告传播有四条主线：综合品质、生活方式、销售服务、品牌价值。这是四个最大的主干诉求点，只有在此基础上才有分支诉求点。

2. 广告传播周期化

周期性不仅表现在年度传播计划上，还表现在新产品推广上。以2000年奥迪A6上市为例，营销传播主要分三个阶段进行：第一阶段是宣传奥迪的品质和领先的技术，用这些具体的信息来诠释奥迪品牌价值观中的"远见"；第二阶段则是用奥迪的卓越声誉和所代表的生活方式来诠释"激情"；第三阶段是用先进的服务和销售网络来诠释"领先"。

3. 广告诉求规律化

从理性、概念到感性，有一个容易为受众接受的过程。奥迪广告的主题词丰富多彩，核心概念是强调其卓越的品质与潮流的代表，同时辅以感性诉求并打动消费者，如"奥迪凝聚分享的乐趣"、"奥迪畅快之旅"等。

4. 广告媒体整合化

在媒体组合方面，以报刊、电视等广告投放为主流媒体，每年都要在200种以上报刊发布广告。另外，还包括网站、户外等媒体。对于企业网站，除发布新闻、车型等信息外，还利用网络工具和消费者进行双向沟通。开通奥迪论坛等互动栏目，定期举办在线活动，如邀请出征勒芒2000耐力赛的奥迪车队赛车手进行网上访谈等。

5. 版面大气化

奥迪采用中等篇幅的广告较多，彩色或黑白的横、纵半版是其最常用的方式。另外，1/4版、1/8版、通栏等规格在奥迪行销宣传时被广泛应用，展示出良好的企业实力。

6. 发布时间集中化

发布时间关系到广告到达率，奥迪的平面广告通常选择大多数人群最忙碌的周二到周四发布，而周三又是三天中广告的投放高峰。

7. 版面选择科学化

奥迪主要版面按投放频次排序，依次为新闻类、汽车专版、经济版、文化娱乐等，注重广告版面与目标受众的关联性。

8. 广告投放广泛化

奥迪轿车广告主要宣传地为北京、广州、上海、沈阳、成都等50余座城市，范围广泛，主要是重点营销区域或营销的薄弱区域，以实现整个中国市场上的联动。

9. 核心媒体策略

奥迪广告媒体以报刊为主，核心策略是"地方日报结合部分地方强势晚报再配以在特定领域影响力较广的经济类报纸、专业性杂志"，诸如，《北京青年报》《财富》《IT经理世界》等杂志。

10. 广告运动化

广告传播口号也一直在"运动"着，诸如A6："舒适、安全与技术领先"、"成功与科技互辉映"，乃至继而出现的"奥迪，引领时代"，而"突破科技，启迪未来"则是广告传播的灵魂，使品牌从导入期向推广期平稳过渡。

如何才能让抽象、感性的品牌价值观在中国的目标消费者心里植根并领略奥迪的完美品质？这是整合营销传播要解决的问题，而广告作为传播的核心载体，自然要比其他营销活动承担的要多。因此，必须做到广告传播方案的周密性、良好的计划性：对全年的宣传概念和分阶段的主题，在每一阶段，媒体公关、时间营销、广告等都围绕这些主题进行，按部就班、有条不紊地把奥迪的品牌形象注入目标消费者心里。

（二）公关行销：传播"软武器"

公关行销包括新闻行销、事件行销、公益行销等多种策略形式。奥迪非常重视公关行销，诸如在上海设立奥迪新闻中心、在网站设立网上新闻中心，能够拥有良好的新闻条件和环境。良好的公关环境是奥迪在中国市场快速发展的基础。

1. 事件行销

要知道，营销绝对不是孤立的，在奥迪品牌大举赞助商务、政务、艺术等活动的同时，更是一种事件行销，或者说是注意力行销，目的是吸引目标消费群体的眼球，在社会上引起了不小的轰动。基于目标客户及品牌定位不同，奥迪在公关行销方面较少采取像"2002捷达西部行"、"红旗高空跌落实验"那样的事件行销活动，但也存在诸如"奥迪A4，心动之旅"的试车及路演活动。可以说，奥迪目前缺少的不是知名度，而是美誉度和忠诚度的深入积累，而事件行销却多为知名度传播的一个公关技巧或策略。

2. 社会行销

社会行销是把跨国品牌"镀红"或者说"做土"的秘密武器，作为汽车产业，应密切关注企业社会效益，诸如安全、环保，以及对其他公益事业做出反应，而不是老把经济效益放在首位。企业要想融入中国市场，绝对不仅仅是在产品、技术等理性方面的本土化，还应包括感性方面的本土化。这一点奥迪做得也很好，诸如向环保领域出资、赞助社会公益事业等。

3. 赞助商务会议活动

其实，奥迪一直在努力改变中国消费者对其"官车"的传统心理定位，或者说致力于在拓宽产品的市场口径。于是，采取赞助大规模的经济商务活动的策略：2003年8月作为第七届中国投资贸易洽谈会唯一赞助商赞助高尔夫 20 辆；赞助世界经济峰会中国企业论坛……这是奥迪为争夺商务车市场，塑造商务首选形象的强势出招。

4. 赞助大型政务活动

一汽—大众或大众中国总部赞助了很多大型政务活动，以确保其在官车市场上继续做大的赢家。例如，2002年赞助亚洲博鳌论坛，奥迪A6为唯一指定用车；7月奥迪A6成为第五届亚欧经济部长会议"唯一指定用车"，赞助奥迪A6 30辆；……这是奥迪在争夺政要用车市场的主要举措。

5. 论坛行销

论坛行销又叫研讨会行销，这是以企业为主发起的"主题化"研讨，以此树立企业在业内的权威形象。从上部分我们可以看到，参与企业峰会并非真正的论坛行销，这一方面奥迪似乎还要"补课"。

6. 体育行销

体育行销是利用体育明星的影响力，吸引观众积极广泛地参与体育赛事，赞助体育活动，广告效应必然不凡。奥迪品牌本身就强调"动感"（如奥迪A6的广告语：更激情、更动感、更尊贵），使品牌和体育行销之间产生了一种必然联系，"动起来更精彩"，这拉近了奥迪品牌与体育赛事的距离。当然，奥迪赞助的都是顶级体育赛事或顶级明星，就如奥迪顶级品牌、顶级品质一样。在国内，奥迪抓住体育赛事热点，有两个较为成功的案例：一是赞助泰格·伍兹挑战赛，二是赞助皇马中国行。

（资料来源：http://info.ceo.hc360.com/2005/07/08082114131.shtml）

思考题：

1. 分析大众公司在奥迪品牌营销中所使用的促销策略有哪些。
2. 奥迪的促销成功之处在哪里？你认为还有哪些不足之处？

案例二

玉兰油非专柜促销方案

（一）缜密的前期准备

本次促销活动是在没有玉兰油专柜的商场内进行的店内促销，目的是向消费者传递玉兰油换新包装的信息，让玉兰油时尚、专业、高档的形象深入人心，并通过促销中的买赠活动吸引更多的消费者购买。

本次活动的时间选在2001年9月21日至2002年1月27日的周末,每个周末16小时。为了最大限度地利用资源并达到最好的推广效果,根据超市周末、下午和晚上人流量较大的特点,公司选择了商场内人流量最大的时间段——周五(18:00—20:00)、周六(11:30—20:30)和周日(11:30—20:30)。

玉兰油属于中高档化妆品,消费对象为18~50岁的职业女性,销售区域主要是城市,若只选一些城镇或较小的城市,促进销售和扩大宣传的效果会大打折扣。本次活动就选择在华东、华南、西南区一些经济较发达的城市进行。

在具体的超市选择上,因为本次活动的目的是在增加销售的同时,提高产品的知名度和传递玉兰油换新包装的信息,而在有专柜的超市,促销小姐会进行宣传,在没有专柜的超市,消费者就不一定知道这一信息,所以本次活动选择在没有玉兰油专柜的超市进行。

明确的组织及职责分工,是促销活动稳定有序进行的前提。"惊喜你自己"玉兰油非专柜促销活动有着精简的组织构架与明确的职责分工。

在职责分工方面体现了分工明确的原则。例如本次活动中城市督导的职责就是:负责与商场的沟通;对属下工作人员的培训与工作评估;在工作中给予促销小姐正确的指导;将销售数据和问题及时反馈给公司;监控并收集好赠品发放的数据、证明。

总之,在活动开始之前,确定人员的构架及职责的分工是搞好活动的必要程序。

(二)完善的活动方式

本次活动选取滋养霜、营养霜、洁面乳等6种产品做促销推介,买足98元玉兰油产品的顾客,凭电脑小票可获赠价值68元的伊泰连娜项链。活动以POP广告、形象促销专用台、宣传手册和促销小姐统一黑色的OLAY服装为形式,以玉兰油高档、时尚的形象为表现主题。具体的活动方式如下。

1. POP海报的广泛宣传

POP的设计,应尽量简洁、醒目、生动,让顾客在3秒钟内对活动的时间、内容一目了然,对活动产生兴趣,并有深入了解的愿望。超市入口处或促销台旁为张贴POP的最佳位置。

本次活动的POP采用生动活泼的字体和简洁的语言——"新包装,新上市,买玉兰油满98元,送68元伊泰连娜项链"。通过张贴在超市入口处、促销专用台旁的POP和超市的广播,有效地向消费者传递玉兰油的促销消息,并形成一种良好的购买氛围。

2. 促销专用台的完美形象

国内一些企业是一张桌子、一块桌布就能成为促销专用台,而玉兰油的促销专用台则用玻璃制成,其设计就像高档化妆品店的化妆品陈列柜。比如,根据玉兰油产品的种类,专用台分成四层，每一层放不同系列的产品（如第一层是洁面产品，第二层是润肤产品）。专用台的颜色与产品包装的颜色融为一体，既方便导购，也提高了专用台的形象，体现出产品的高档、时尚形象和宝洁公司"世界一流产品，美化您的生活"的形象。

3. 宣传手册的有效分发

在本次活动中，只对路过促销台或对活动感兴趣的顾客发放宣传手册，而且在宣传手册到达顾客手中之前，促销小姐必须对活动进行简短的介绍。这样保证了目标受众能接受活动的信息，扩大了活动的影响。

4. 促销小姐的热情服务

优秀的促销小姐的热情服务是促销活动取得预期效果的关键，是维护玉兰油品牌和宝洁形象的核心因素。本次活动的促销小姐，不仅注重外表形象，而且服务热情到位，对于每一位顾客都以微笑相迎，在导购过程中首先对顾客的皮肤进行分析，然后根据不同的皮肤，给予正确的购买建议。对于介绍完后没有购买的顾客，她们同样会热情地说"谢谢您的光临"。

（三）严格的项目监控

有效的项目监控体系有利于保证促销的质量。本次促销活动配备了严格、完善的监控体系，主要包括以下工作。

1. 区管及督导的日常巡店

主要是监督促销小姐的出勤情况、服务态度、POP的张贴，有无广播的支持和产品是否充足等。在巡店过程中对促销小姐进行打分，并对一些问题（如销售技巧等）进行当面培训。

2. 报表体系

（1）促销员每日递交日报表，每周递交周报表，并对销售数量和赠品的发放数量进行统计。

（2）赠品领用表，对赠品的使用状况进行监控与统计。

（3）目标销量考核。

督导根据每个店之前三个月的销量，制定出目标销量，对照促销小姐的销量进行奖惩。

3. 奖励计划

（1）在活动的执行过程中，对完成并超过目标销量的城市及促销员按其完成目标销量的比例给予不同的奖励，并设立销量排行榜，大大提高了促销积极性。

（2）"美丽大使"评分奖励：为了鼓励促销员提升销售业绩，开展了"美丽大使"评分活动。即根据促销员的销量及工作表现，每周给予一定的积分，在活动结束后，全国范围内分数最高的10名促销员可获得宝洁颁发的美丽大使证书,并免费到广州参观宝洁公司及旅游。

（资料来源：http://www.szporter.com/wyxz/jygl/200704/13283.html）

思考题：
1. 此次促销计划的目标是什么？
2. 结合本案例，谈谈你对如何有效实施市场营销计划的体会。

案例三

沈阳乳业促销活动方案

（一）活动主题："新鲜到家 如愿以偿"

送奶上户是沈阳乳业特有的渠道，也是最有开发潜力的销售渠道，在分解中我们把"奶站"列为第一类渠道，因此，本次推广"屋顶包"应在这一渠道开发上加大力度。而"新鲜到家"主题的提出首先突出了屋顶包的新鲜，同时也是对订奶消费行为的概括。而"如愿以偿"是给屋顶包的订户无论在对牛奶品质还是使用便捷以及档次提升的感觉上，都能满足订户的需求。而且，这次活动更是针对沈阳乳业屋顶包的上市，面向订奶户进行的有奖推广，整个提出的主题也是对这次活动的提炼。

（二）活动时间

4月20日之前	做好活动准备工作
4月12日—18日	对DM进行设计及印制，促销奖品采购
4月18日—19日	DM投递人员的确定及相关培训，DM印制成品到位至每个奶站
4月20日	按活动方案实施投递
5月初	进行兑奖

（三）活动目标

1. 活动背景

订奶上户活动是为沈阳乳业提供的使"屋顶包"上市企划的专项作业的一个环节，即对市场细分后针对订奶户进行的"屋顶包"扩展方案的制订与运作。在此之前，我们曾经幸运地为沈阳乳业进行过三次咨询服务，因此，无论是对企业的了解还是沟通都显得十分轻松和默契。本次作业的特殊性在于，我们对乳业已经有了较为深入的了解，因此，本次作业的流程似乎与以往不同。第一，没有进行专业化的市场调研，作业的依据主要是沈阳乳业提供的信息、经验判断以及联纵智达对市场的摸底和访谈。第二，作业时间跨度较短，主要考虑到产品在4月中下旬就要进行市场推广，之前不仅要确立实施方案，而且要对人员的到位（相关培训及责任明确）、物品的准备（DM、奖品等）进行筹措。第三，作业的项目内容较为单一，即仅仅是"屋顶包"产品的上市环节中订奶户这一细分市场的企划和运作。

此外，沈阳地区订奶户对屋顶包现有（促销活动开展前）的消费量为不到0.5吨/天。而沈阳地区订奶户牛奶消费总量约为100吨/天，所以订奶户的开发也被列为第一渠道，即重点提升销量的渠道。

2. 作业条件

（1）方案确立

本次活动是通过对新老用户投放DM，用DM内容中对屋顶包的宣传及促销活动奖品的刺激来达到扩大订奶户对屋顶包的订量，因此奖品及规则的确定不仅是活动执行的依据，更是活动实施的前提。此外还要对整个活动作业的流程作一个规划。

（2）人员到位

DM投递人员的募用：考虑到奶站的送奶员对订奶户熟知的因素，DM投递人员从送奶员中选用。而且，要对这些投放DM的人员进行相关培训，使DM的投递准确有效。

（3）物品准备

DM的设计及印刷；奖品的采购（前100名及订购周期不同以相关奖品的档次分类）。

3. 预期目标要求

希望通过本次作业，能够使屋顶包的订量达到5~10吨/天。

（四）活动内容

1. 活动方案

方案是本次活动的构架，DM内容则是方案的关键，是整个活动的决定性因素。

DM的参考样板——见图11-1

大小：32开

格式：单张（两面印刷）

风格：依照沈阳乳业一贯的广告宣传风格，并参考屋顶包的包装风格

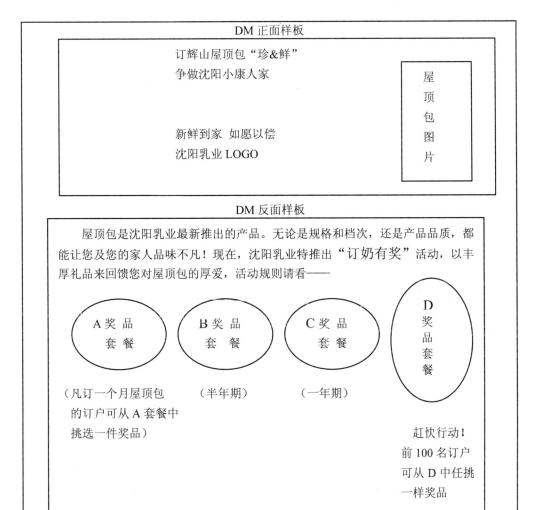

图 11-1　DM 的参考样板

奖品套餐详解：

A 奖品套餐——厨用砧板、削果器、电子打火器

B 奖品套餐——食用油、刨冰机、电热毯

C 奖品套餐——电饭煲、高级餐具、榨汁机、电暖器

D 奖品套餐——电火锅、电熨斗、台式饮水机、高级床上用品

附：所有奖品都须印上沈阳乳业的 LOGO，以及"恭、祝"等字体，以验明奖品"正身"。

2. 整体活动执行方案（见表 11-1）

表 11-1　整体活动执行方案

执行时间	运作事项	负责部门
4月12日—18日	对 DM 进行设计及印制 奖品采购	广告公司及印刷厂 促销活动小组（联络）
4月18日—19日	DM 投递人员确定及相关培训，DM 印品到位至每个奶站	沈阳乳业各奶站 促销活动小组（组织）
4月20日	按活动方案对所有的奶户实施投递	沈阳乳业各奶站
5月初	热线联系 所有屋顶包订奶户凭订奶票进行兑奖	促销活动小组

3. 准备工作

人员准备：促销小组活动人员到位；投递人员到位。

物品准备：DM 印品到位；促销奖品到位。

（五）注意事项

其他相关部门沟通，主要包括：

（1）工商局——审核活动的合法性，处理可能发生的投诉；

（2）税务——中奖人员奖金的所得税；

（3）公证——抽奖的公证；

（4）政府——至少不要出面干涉。

（资料来源：http://www.chinacpx.com/down/down/00943.htm）

思考题：

1. 沈阳乳业的促销方案用的主要是哪种促销手段，在制订方案时要明确哪些问题？
2. 分析评价沈阳乳业的促销活动方案。

模块三　实　训　练　习

实训一

【实训目的】

掌握各广告媒体的优劣势，能够正确选择广告媒体。

【组织方式】

学生组成以 4~8 人为一组的研究性学习项目小组，每组分别选择一种广告媒体，收集该广告媒体承载的具体产品广告，以课堂形式讲解为何采用该广告媒体及其优劣势。

【实训内容】

1. 选择一种广告媒体（如报纸广告、杂志广告、广播广告、电视广告、网络广告、户外广告、POP 广告等），分析该广告媒体的优势和局限性。
2. 收集该广告媒体承载的具体产品广告。
3. 分析并说明该产品为何采用此种广告媒体。

实训二

【实训目的】

熟悉人员推销的步骤、策略、技巧，掌握推销人员的工作任务及其应具备的核心技能要求和综合素质要求。

【组织方式】

由教师指定某一具体的产品，由学生扮演推销员和消费者，进行人员推销现场情景模拟实训。

【实训内容】

1. 扮演推销员的学生须了解产品的定位、特性、价格及同类竞争产品的相关信息。
2. 扮演消费者的学生分析购买该产品的利益诉求点及购买行为。
3. 确定采用何种推销策略，灵活运用各种推销技巧。

实训三

【实训目的】

全面掌握广告、人员推销、营业推广和公共关系四种促销组合策略，并能结合实际情况加以灵活运用。

【组织方式】

学生以小组为单位，自行选择项目，在校园范围内策划一次促销活动，提交促销方案及 PPT 演示文稿。教师从中选择两组有代表性的促销方案，由学生进行讲演、讨论。如有可行性较强的促销方案，可考虑实行。

【实训内容】

1. 结合学校的具体情况和可操作性，选择具体的促销活动项目。
2. 小组成员进行分工合作，形成完整的促销活动方案，并制作 PPT 演示文稿。
3. 预测该方案的效果，评估其可行性。

模块四　单 元 测 试

（一）名词解释

促销　促销组合　广告　人员推销　公共关系　营业推广

（二）单项选择题

1. 营业推广的目标通常是（　　）。
   A. 了解市场，促进产品试销对路
   B. 刺激消费者即兴购买
   B. 降低成本，提高市场占有率
   D. 帮助企业与各界公众建立良好关系
2. 以下哪个是报纸媒体的优点？（　　）
   A. 形象生动逼真、感染力强
   B. 专业性强、针对性强
   C. 简便灵活、制作方便、费用低廉
   D. 表现手法多样、艺术性强
3. 制造商推销价格昂贵、技术复杂的机器设备时，适宜采取（　　）的方式。
   A. 广告宣传　　　　　　　　　　　B. 营业推广
   C. 经销商商品陈列　　　　　　　　D. 人员推销
4. 当产品处在生命周期的成熟期时，应采用（　　）。
   A. 告知性广告　B. 劝说性广告　C. 提示性广告　D. 报纸广告
5. 在以下几种广告媒体中，效果最好、费用最高的是（　　）。
   A. 报纸　　　　B. 电视　　　　C. 杂志　　　　D. 广播
6. 当产品处于其生命周期的试销期时，促销策略的重点是（　　）。
   A. 认识了解商品，提高知名度　　　B. 促成信任、购买
   C. 增进信任与偏爱　　　　　　　　D. 满足需求的多样性

7. 广告的最基本功能就是（　　）。
   A．说服功能　　　　　　　　　　B．认识功能
   C．促进销售功能　　　　　　　　D．引导消费者的功能
8. 对消费品而言，最有效的促销手段是（　　）。
   A．营业推广　　B．人员推销　　C．广告　　D．公共关系
9. 某企业侧重于运用广告进行促销，表明该企业采用的促销总策略是（　　）
   A．推式策略　　B．拉式策略　　C．媒体策略　　D．营业推广
10. 公共关系的活动内容不包括（　　）。
    A．广告宣传　　B．媒体传播　　C．调研活动　　D．外联协调

（三）多项选择题

1. 促销的具体方式包括（　　）。
   A．市场细分　　　　　　B．人员推销　　　　　C．广告
   D．公共关系　　　　　　E．营业推广
2. 与其他促销工具相比，宣传具有下列特点（　　）。
   A．高度可信　　　　　　B．没有防御　　　　　C．戏剧化表现
   D．成本比较高　　　　　E．能够快速建立知晓度
3. 以下属于营业推广的促销方式是哪几种？（　　）
   A．订货会与展销会　　　B．优惠券　　　　　　C．赠品促销
   D．为残疾人举行义演　　E．上门推销
4. 推销员应具备的知识有以下几个方面？（　　）
   A．企业知识　　　　　　B．产品知识　　　　　C．市场知识
   D．心理学知识　　　　　E．生活知识
5. 人员推销的基本形式包括（　　）。
   A．上门推销　　　　　　B．柜台推销　　　　　C．会议推销
   D．洽谈推销　　　　　　E．约见推销
6. 公共关系的活动方式可分为（　　）。
   A．宣传性公关　　　　　B．征询式公关　　　　C．交际性公关
   D、服务性公关　　　　　E．社会性公关
7. 产品进入成熟期后，可同时采用以下促销手段（　　）。
   A．人员推销　　　　　　B．广告宣传　　　　　C．公共关系
   D．营业推广　　　　　　E．季节折扣

8. 以下哪种情况适宜采用人员推销？（　　）
    A．企业产品只在某几个市场销售
    B．技术性强，消费者和用户集中
    C．企业推销能力强
    D．当企业处于介绍期时
    E．价格昂贵的产品

（四）简答题

1．什么是促销组合？企业促销组合的四种方式是什么？
2．比较各广告媒体的优劣势，简述如何选择广告媒体。
3．推销人员应具备哪些素质？
4．简述营业推广的适用性。
5．简述企业公共关系策略。

参 考 文 献

[1] 吴健安. 市场营销学[M]. 北京：高等教育出版社，2007.
[2] 郭国庆. 市场营销学通论[M]. 北京：中国人民大学出版社，2007.
[3] 车慈慧. 市场营销[M]. 广州：广东高等教育出版社，2005.
[4] 吴飞美. 市场营销[M]. 北京：对外经济贸易大学出版社，2007.
[5] 郭松克. 市场营销学[M]. 广州：暨南大学出版社，2008.
[6] 于建原. 市场营销案例[M]. 成都：西南财经大学出版社，2007.
[7] 杨顺勇，牛淑珍，赵春华. 市场营销案例与实务[M]. 上海：复旦大学出版社，2006
[8] 〔美〕路易斯.E.布恩，大卫.L.库尔茨. 当代市场营销[M]. 北京：机械工业出版社，2005.
[9] 谢宗云. 现代市场营销实务[M]. 南京：南京大学出版社，2007.
[10] 〔美〕菲利普·科特勒，加里·阿姆斯特朗. 市场营销原理[M]. 北京：清华大学出版社，2007.
[11] 罗绍明. 市场营销实训教程[M]. 北京：对外经济贸易大学出版社，2006.
[12] 陈子清，喻昊. 市场营销实训教程[M]. 武汉：华中科技大学出版社，2006.
[13] 连漪. 市场营销：理论与实务[M]. 北京：北京理工大学出版社，2007.
[14] 〔英〕罗杰·卡特赖特. 市场营销学[M]. 北京：经济管理出版社，2008
[15] 张传忠. 市场营销理论与实务[M]. 广州：暨南大学出版社，2006
[16] 李永平. 市场营销：理论、案例与实训，北京：中国人民大学出版社，2007
[17] 崔译文，谢声. 现代市场营销与实训教程[M]. 广州：暨南大学出版社，2008
[18] 〔英〕马科姆·麦当那，马丁·克里斯托弗. 市场营销学全方位指南[M]. 北京：经济管理出版社，2008.